위험한 기독교

위험한 기독교

(당신의 구원은 안전합니까?)

하늘빛출판사

추천의 글 1

우리의 신앙생활에 있어서 구원받아 천국 가는 것보다 중요한 것은 없습니다.

천국은 잠시 잠깐이 아닌 영원히 우리가 거주할 곳이기 때문에, 영원한 영광의 나라 천국에 입성하는 것 자체가 우리에게는 영광이며 어마어마한 축복입니다.

우리 기독교에는 많은 가르침이 있지만 죄인 된 우리가 어떻게 하면 죄 사함 받아 천국에 입성하느냐의 문제를 다루는 구원론처럼 중요한 것은 없습니다.

그동안 우리 기독교는 그토록 중요한 구원론을 너무나 쉽고 간단하게 가르쳤습니다. 누구든지 예수만 믿으면 구원받아 천국에 들어간다고 가르쳤습니다. 그러나 또 다른 주장도 있어서 구원받았더라도 하나님의 버림을 당하여 심판의 대상이 될 수 있다는 두 주장이 팽팽히 맞서 있는 상황이었습니다.

성경의 핵심 교리인 구원론이 이렇듯 갈피를 못 잡고 정확한 해답을 찾지 못하는 것이 현실적인 심각한 우리 기독교의 문제 중의 문제였습니다.

그러던 중에 하나님께서는 강성교회의 노 목사님을 통해 이것을 명백하게 풀어서 더 이상 헷갈리지 않게 정리해 주신 것은 너무나 큰 하나님의 은혜입니다.

또한 우리 기독교인들이 천국에 입성하기까지 조심해야 할 위

위험한 기독교

험한 것들이 무엇이며, 갖추어야 할 것들이 무엇인지를 성경을 통해 입증하였으므로 성경을 아는 사람이라면 누구라도 이 글에 공감할 수밖에 없으며, 수긍할 수밖에 없어 보입니다.

이 책을 통해 우리는 그동안 그토록 중요하고도 중요한 기독교의 핵심이라고 할 수 있는 구원론을 수박 겉핥기식으로 알아 왔고 또한 성도들에게 거짓된 구원론을 가르친 것에 대해 가슴을 치는 회개가 있어야 한다고 보며, 이렇듯 천국에 갈 수 있는 길을 다시금 새롭게 깨우친 이 책을 목회자들은 모든 성도들도 볼 수 있도록 강권해서 볼 수 있게 해야 한다고 생각합니다.

하나님께서는 시대마다 하나님의 종들에게 성령으로 기름 부으셔서 하나님의 뜻을 이루게 하셨습니다. 하나님께서는 노 목사님을 통해 이러한 하늘의 비밀을 알리시기 위해서 얼마나 준비시키셨으며, 얼마나 연단했는지를 읽고 많은 은혜 받았습니다.

아무쪼록 이 책이 전국의 기독교를 넘어 세계의 기독인들 모두에게까지 읽혀져서 천국 길을 잘 준비하였으면 하는 저의 소원입니다.

이 책은 기독인들에게 천국의 입성을 준비시키는 최상의 선물이 될 것임을 확신합니다.

하늘비전교회 원로 목사 오관석

추천의 글 2

성경은 하나님께서 우리에게 주신 최고의 선물입니다.

우리는 하나님의 말씀 성경을 통해 하나님을 알 수 있고, 또한 영원한 천국백성으로 준비됩니다. 성경에는 많은 가르침이 있지만 제일 중요한 가르침은 뭐니 뭐니 해도 구원론입니다.

어떻게 하면 죄 많은 우리가 죄 사함 받고 영원한 천국에 입성 하느냐의 문제처럼 더 중요한 문제는 없습니다. 그러므로 예수님 께서도 "사람이 온 천하를 얻고도 제 목숨을 잃으면 무엇이 유익 하겠느냐 사람이 무엇을 주고 제 목숨을 바꾸겠느냐"고 말씀하셨 습니다. 우리는 이 세상에서 돈. 명예. 권세를 중요시하고 부귀영 화를 최상의 복으로 추구하지만, 그러나 주님의 말씀은 그런 것들 을 뛰어넘어 온 천하를 다 얻는 어마어마한 복을 받는다고 하더라 도 목숨보다 귀한 것은 없고 목숨과 바꿀 수 있는 것은 세상에 어 느 것도 없다는 말씀입니다.

잠시 사는 목숨이 그렇게 중요하다면 성경은 영생(영원한 생명) 의 길을 알려주는 하나님 말씀입니다. 그러므로 성경은 하나님께 서 우리에게 주신 최고의 선물입니다.

하나님께서는 성경을 통해 분명한 영생의 길을 우리에게 알려주 셨지만, 문제는 성경을 왜곡하고 제멋대로 해석하는 사람들이 문 제입니다. 그러므로 우리 기독교는 구원론이 두 가지이며, 서로 다 른 의견이 대립된 상태로 논쟁만 지속되어 왔습니다.

하나님의 말씀은 결코 둘이 될 수 없는 절대 진리임에도 이 중대하고도 중대한 문제가 하나가 아닌 둘이 된 이유는 성경을 제멋대로 해석하는 것이 가장 큰 이유이며, 또한 잘못된 교리에 세뇌되는 것이 가장 큰 이유라고 생각합니다.

이러한 와중에 강성 침례교회의 노성철 목사께서 '위험한 기독교'라는 책을 출판하게 되어 매우 기쁘게 생각합니다. 이 책은 책 제목 그대로 우리 기독교의 위험한 요소를 일깨우는 책으로서 너무나 성경적이라서 성경을 아는 사람이라면 누구라도 공감할 수 있는 책입니다.

특히 '천국에 넉넉히 들어가려면' 어떻게 해야 하는지에 대해서 우리는 성경을 보면서도 눈여겨보지 않았던 베드로서의 이 말씀은 다시금 우리를 정신 차리게 하는 글입니다. 하나님께서는 시대적으로 하나님의 종들을 세우셔서 하나님의 뜻을 이루게 하셨습니다.

이 책은 영원한 천국 입성을 위해 모든 목회자뿐만 아니라 평신도까지 반드시 읽어야 할 책이라고 생각되어 적극 추천합니다.

대전 중문교회 장경동 목사

차례

추천의 글 1   4

추천의 글 2   6

들어가는 글   12
기독교 핵심 구원론을 쓰게 된 경위   12

1. 기독교의 핵심 구원론   23
당신의 구원론은 안전합니까?   23
1) 견인교리가 진리가 아닌 이유   24
  (1) 믿음을 통한 증거   24
  (2) 회개를 통한 증거   27
  (3) 죄를 통한 증거   30
  (4) 성령을 통한 증거   33
  (5) 열매를 통한 증거   36
2) 왜 엇갈린 주장들이 나올까?   38
3) 하나님은 의로우신 재판장   41
4) 견인교리를 따르는 결과   42
  (1) 성도의 경우   42
  (2) 목회자의 경우   43

2. 선악과의 비밀   47

1) 선악과는 무엇인가?   47

  첫째, 선악과를 동산 중앙에 두셨습니다.   48

  둘째, 나무의 이름에 비밀이 있습니다.   49

  셋째, 사탄의 입에서 나온 말이 증거합니다.   50

2) 먹으면 반드시 죽는다는 의미   53

  (1) 육체의 죽음   53

  (2) 영의 죽음   55

  (3) 둘째 사망(지옥)   56

3) 현 시대에 있어서 선악과는 무엇인가?   59

  (1) 선악과는 하나님의 말씀   59

  (2) 선악과는 성령님   89

결론 135

3. 서기관과 바리새인의 의   136

1) 불의한 자가 된 이유   140

  (1) 성령 없는 신앙생활   140

  (2) 외식   144

  (3) 정의, 긍휼, 믿음을 저버림   148

  (4) 십일조   161

  (5) 안식일   167

  (6) 회개하지 않음   169

4. 천국에 넉넉히 들어가려면 갖추어야 할 덕목들
174

1) 믿음   176
2) 믿음에 덕   178
3) 덕에 지식   184
4) 지식에 절제   186
5) 절제에 인내   188
6) 인내에 경건   191
7) 경건에 형제우애   195
8) 형제우애에 사랑   197
  (1) 맹인   200
  (2) 실족   201
  (3) 열매   202

5. 천국에 넉넉히 들어가려면 지켜야 할 계명   205

1) 천국에 들어가려면   206
2) 가장 큰 법과 계명   209
  (1) 마음을 다하여 하나님을 사랑하라.   210
  (2) 목숨을 다하여 하나님을 사랑하라.   220
  (3) 뜻을 다하여 하나님을 사랑하라   231
  (4) 힘을 다하여 하나님을 사랑하라.   237
3) 두 번째 큰 계명   249
  (1) 네 이웃을 네 자신같이 사랑하라   249
  (2) 왜 이렇게 가혹한가?   253

6. 하나님의 뜻을 이루려면 257

1) 오직 성령으로 258
2) 기독교가 범하는 오류 중의 오류 260
3) 하나님의 뜻을 이루려면 261
  (1) 항상 기뻐하라 261
  (2) 쉬지 말고 기도하라 264
  (3) 범사에 감사하라 268
4) 성령을 소멸치 않으려면 271
  (1) 예언을 멸시하지 말라 271
  (2) 악은 어떤 모양이라도 버리라 273

7. 천국과 지옥을 결정하는 성경 푸는 법(원리) 277

1) 무식한 자들과 굳세지 못 한 자 278
2) 성경은 누구에게 배워야 하나? 279
3) 성경을 푸는 절대적인 원리 282
4) 서신서를 어떻게 볼 것인가 283
5) 로마서를 어떻게 보아 하는가 287
6) 권도인가 명령인가? 294

부록 301

간증: 나를 세 번 살리신 하나님 301

들어가는 글

기독교 핵심 구원론을 쓰게 된 경위

황해도가 고향인 저의 아버님은 기독교인이었고 어머님도 신앙은 별로 없었지만 함께 신앙생활하시는 가운데 저도 어렸을 때, 부모님을 따라 교회에 다니게 되었습니다.

그러나 부모님이 교회를 떠나면서 어린 저도 교회를 떠나게 되었고, 그때부터 가정은 어려워지기 시작했습니다. 제법 잘 살았던 저의 가정이 부동산 문제로 8년간의 민사재판을 하면서 가세가 완전히 기울게 되었고, 이제는 먹을 양식을 걱정할 지경에 이르게 되었습니다.

저의 성장과정은 이런 처절한 가난 속에서 보내게 되었고, 군에 입대를 하게 된 저는 전우의 전도로 그때부터 다시 교회를 다니게 되었습니다. 군 제대를 한 후로는 신앙을 저버리고 술 먹고 방탕한 삶을 살다가 갑자기 질병이 찾아와 어려움을 당하게 되었습니다. 병을 고치려면 약을 먹어야 하는데 어찌된 일인지 약만 먹으면 혀가 굳어오고 죽을 것만 같은 고통이 오게 되었습니다. 그런 고통 가운데 문득 군 생활 때에 읽었던 책이 생각났습니다. 그것은 '나는 할렐루야 아줌마'라는 책으로서 중점적인 내용은 경기도 파주에 있는 오산리 기도원에 가면 많은 병자가 치유되고 기적이 나타난다는 글이었습니다.

저는 앞길이 막막한 가운데 그곳을 가기로 작정하고 짐을 싸서 가게 되었고, 5일간의 금식 기도를 하는 중에 하나님께서는 시간마다 강권적으로 눈물, 콧물의 회개기도를 하게 하셨고, 금식 기도 후에는 기적같이 모든 병이 치유되고 성령세례까지 받게 되었습니다. 하산할 때는 하나님께서 꿈으로 역사하셔서 능력의 지팡이를 받는 신령한 꿈을 주셨고, 꿈속에서 그 지팡이로 큰 구렁이 세 마리를 쓰러뜨려 죽였습니다.

하산 후 교회를 정해서 신앙생활을 하는 가운데 어느 날 대학생 선교회의 간사라는 분이 와서 저에게 "형제님은 모세입니다"라고 말하는 것이었습니다. 그런 일이 있은 후에 저는 꿈에서 하나님께 받은 지팡이와 모세라고 말한 간사의 말을 연결해 볼 때 주의 종으로 가야 한다는 확신을 갖게 되었습니다. 그런 가운데 신앙생활을 하면서 저의 소망은 어떻게 해서라도 가난의 굴레를 벗어나는 것이었습니다. 부모로부터 이어진 가난을 벗어나기 위해 열심히 일했지만 벗어날 수가 없었습니다.

그러던 중에 어느 교회의 부흥회에 참석하게 되었는데, 그 교회는 건축을 위한 부흥회였습니다. 그래서 그런지 메시지의 주된 주제는 하나님의 복을 받으려면 하나님께 헌금을 바쳐야 한다는 것이었습니다. 저는 부흥회에서 은혜를 받고 당장에 온전한 십일조를 드리기로 작정했습니다. 그때 저의 한 달 수입은 50여만 원이었는데 그동안은 2만원의 십일조를 드렸던 것입니다. 그리고 은혜를 받고 주일에 당장 5만원의 십일조를 드렸습니다. 그런데 이것이 웬일일까요? 십일조를 바치고 그 주간에 기적이 나타났습니다. 불과 엿새 동안 한 달 수입을 다 번 것입니다. 가난해서 점포도 없이 주로 관공서에 가전제품을 방문 판매하러 다녔는데 기적이 나타난 겁니다. 기적은 그 다음 주에도 또 그 다음 주에도 계속되었습니다. 한 달 수입이 50만원에서 2백만 원으로 네 배로 뛰었습니다. 저는 그때부터 십일조를 드리는 것이 너무 기뻐서 새 돈이 들어오면 모아서 바쳤습니다. 얼마 안 가서는 한 달 수입이 4백만 원으로 올랐습니다. 그때(약 35년 전) 저의 어머니에게 집 한 채 사드린 것이 1150만원이었는데, 서너 달 벌면 집 한 채 살 정도로 엄청나게 넘치는 복을 받은 것입니다.

저는 그때부터 성경에 기록된 하나님의 약속을 확신하게 되었습니다. 그동안 그토록 가난의 굴레를 벗어나는 것이 저의 소망이어서 거기서 헤어나려고 발버둥 쳐 보았지만 그렇게도 안 되던 것이 말라기 3장의 십일조에 대한 말씀을 순종하므로 대박이 터지게 되었으니 저는 감격하지 않을 수 없었고 하나님 말씀에 대한 확신이 생긴 것입니다.

저는 그때부터 성경 암송을 시작했습니다. 누구에게 배워서 하는 것도 아니었고 스스로 성경을 써서 항상 품고 다니며 암송했습니다. 길을 갈 때도, 운전할 때도, 잠자리에서도, 심지어는 밥 먹을 때도 암송했습니다. 그 결과 저는 신약 전체를 통째로 암송했고, 구약의 중요한 사건들을 암송했습니다.

그러던 중에 저에게는 엄청난 시련이 오게 되었습니다.

출석하는 교회의 목회자 문제로 교회에 어려움이 오게 되어 성도들과 목회자가 갈등하면서 교회는 큰 혼란에 빠지게 되었습니다. 교회가 파탄 날 지경에 이르러 하나님께서는 끝까지 저에게 기도하게 하셨습니다. 그 결과 교회가 큰 말썽 없이 현재의 담임 목회자가 떠나고 새로운 목회자가 부임하는 열매를 얻게 되었습니다. 그러나 이후에 성도들이 교회를 하나둘씩 떠나면서 저도 새 목회자와는 성격적으로 안 맞는 것 같아서 다른 교회로 떠나려고 생각할 때에 저에게 큰 영적 고통이 오게 된 것입니다. 교회를 지키지 못하고 교회를 옮기려고 생각한 저에게 하나님의 징계가 온 것입니다. 사울 왕처럼 성령이 떠나고 어두움의 영에 사로잡히게 되었습니다.

저는 이러한 영적인 문제가 마귀로부터 제 마음을 지키지 못해서 이러한 고통이 일어난 것으로 알고 내 안에 어둠의 권세를 쫓는 기도를 반복해서 했지만, 하나님께서는 저의 무지함을 이렇게 깨우쳐 주셨습니다.

어느 날 제가 가르치는 주일학교 이형석이라는 아이가 저에게 말하기를 "선생님 주일 오후에 성경동화대회가 열리는데 '삼손과 고모라'에 대한 이야기를 하려고 해요. 이 이야기가 주는 교훈을 써주세요"하면서 동화책에서 이미 내용을 적어서 가져 왔습니다. 그것을 보고 결론적으로 교훈을 쓰는데 하나님께서 지혜를 주시는 것이 느껴졌습니다. 내 머리에서 나오는 지혜는 골몰히 생각하고 막히는 부분이 있지만, 하나님이 주시는 지혜의 특징은 너무나 술술 풀리며 번개같이 떠오르고 명쾌했습니다.

그래서 삼손과 데릴라의 교훈을 이렇게 썼습니다. "삼손은 이스라엘의 사사로서 블레셋으로부터 백성들을 지키고 인도할 사명이 있음에도, 그것을 저버리고 이방 여인 데릴라의 유혹에 빠지므로 사명을 잃고, 적군에게 포로가 되어 두 눈이 뽑히고 감옥에 갇히는 비참한 신세가 되었다. 우리도 말씀에 순종하여 자기 자리를 지키자"는 내용이었습니다. 교훈 쓰기를 마쳤을 때 주님의 음성이 들렸습니다. "그게 바로 너야!"

저는 그때서야 저의 영적인 문제가 사울 왕처럼 말씀에 순종하지 않아서 성령이 떠나고 어둠의 영에 사로잡힌 줄 알게 되었습니다.

교회에서 목회자가 새로 부임하면 누구보다도 협력자가 필요해서 교회를 안정시킬 때임에도 그 사명을 저버린 저에게 혹독한 영적인 고통이 온 것입니다.

고통이 너무 커서 오산리 금식기도원에 가서 20일 장기 금식을 했고, 금식 7일째 하나님께서는 요한삼서 1장 2절 "사랑하는 자여 네 영혼이 잘됨같이 네가 범사에 잘되고 강건하리라"는 말씀을 주셨습니다. 이 말씀은 당시의 저의 영적 상황에서는 무척이나 위로가 되는 하나님의 약속의 말씀으로서 장차 네 영혼이 잘되리라는 약속이었습니다. 그러나 영혼이 잘 되리라는 약속을 받았음에도 하산 후 저의 영적 상태는 전과 다를 바 없었습니다. 이 때는 기도를 해도 아무 감동이 없어서 염불을 외는 것 같은 느낌이었고, 성령이 떠난 저의 얼굴 모습은 은혜롭지 못한 추한 형상이었으며, 그렇게도 모든 성도들의 귀감이 되며 인정받던 신앙은 하루아침에 밑바닥으로 추락했고, 오히려 성도들이 저를 회피하는 지경에 이

위험한 기독교

르렀습니다. 약속만 주시고 영적인 문제를 해결해 주지 않으셨습니다. 이제는 저의 영적인 문제가 저만 아니라 저의 어린 아들과 딸에게도 영향을 미치는 것이 느껴졌습니다.

그래서 저는 죽기를 각오하고 다시 기도하자는 다짐으로 수동 금식기도원을 찾아 영적인 문제가 해결되면 하산하리라는 다짐으로 금식을 시작했는데 역시 7일째 되는 날 기도하는 가운데 말씀을 주셨습니다.

"약속된 복을 기다리라. 내가 너를 ㅇㅇㅇ처럼 쓸 것이다."라는 약속의 말씀이었습니다. 그래서 저는 기다리며 계속 금식기도 하라는 뜻인 줄 알고 40일 금식을 마쳤습니다. 하산해서 저의 영혼을 보니 전과 다를 바 없이 그전 그대로였습니다. 마음은 강팍해지고, 너무나 실망스러웠고 성령 없는 신앙생활을 간신히 꾸려나갔습니다.

그 후 성탄절이 가까워오므로 성탄트리를 만들어서 추위를 무릅쓰고 교회지붕에 올라가서 설치했습니다.

새벽기도에 나가보니 성탄트리에 불이 켜져 있어야 하는데 꺼져 있어서 저도 모르게 한숨이 나오며 제 속으로 이런 탄식을 했습니다. "왜 내가 하는 일은 다 이 모양이고 헛수고로 끝나는 건가? 열심히 수고해도 도무지 열매가 없으니 왜 이지경이지!" 이런 탄식을 하는 그때 하나님의 음성이 들렸습니다.

"네 묵은 땅을 기경하라"

저는 이 말씀을 받고 이것은 구약에 있는 말씀임을 알고, 다시 금식하여 네 마음 밭을 갈아엎으라는 뜻으로 알아들었습니다. 그러나 저의 마음은 강퍅해져 있었습니다. 두 번의 장기금식 후에 저의 마음은 너무나 완고하게 '이제는 금식을 하나봐라.'의 원망과 불평으로 가득 차 있었습니다. 저는 그 말씀을 받은 후 몇 달을 그냥 지냈습니다.

그 후 늦여름에 김장배추를 심으러 밭에 갔습니다. 전문 농사꾼이 아니라서 농기계도 변변치 않아 삽으로 밭을 일구고 있었습니다. 그때 하나님의 음성이 들렸습니다.

"야 이놈아, 너는 왜 밭을 일구느냐? 밭을 갈아엎지 않고서야 어떻게 씨를 뿌려 열매를 맺을 수 있느냐?"는 음성이 함성처럼 들려왔고 온 대지가 소리치는 것 같았습니다.

저는 그러한 하나님의 음성을 듣고 오산리 금식기도원으로 갔습니다. 그동안 장기금식으로도 안 되었으니 열흘만 하자는 마음으로 10일 금식을 시작했습니다. 7일째 되는 날 벤치에 앉아서 이런 생각을 했습니다. 하나님께서는 항상 7일째 말씀을 주셨는데 이번에는 언제 주시려나 하고 생각할 때 하나님의 음성이 들렸습니다.

"70일째 역사하리라"

저는 이 음성을 듣고 놀라지 않을 수 없었습니다. 그동안 영적인 환난을 겪으며 금식한 날 수가 20일, 40일 그리고 10일 모두를 합치면 70일이었기 때문입니다. 다시 말하면 하나님께서는 10일 금식 마치는 날이 70일이므로 그날 역사하시겠다는 약속이었습니다. 금식한 지 9일째 되는 저녁예배 때였습니다. 저는 항상 장기금식 때는 힘든 몸을 조금이라도 덜고자 하는 마음으로 제 몸을 예배에 집중시키기 위해 맨 앞자리로 가서 예배를 드립니다.

위험한 기독교

그 당시 오산리 기도원은 앞자리가 방처럼 꾸며져 있었는데, 예배드리는 가운데 갑자기 방바닥이 뜨듯해져 오는 것이었습니다. 며칠을 같은 자리에서 있었지만 이런 일이 전혀 없었는데 이상하다 싶어서 방바닥을 만져보니 방에는 불이 들어오지 않아 미지근하지도 않았습니다. 참으로 이상한 현상이었지만 하나님께서는 성령을 회복시켜 주실 것을 이런 징조로 미리 알려 주셨습니다. 드디어 다음날 10일 째는 집회의 마지막 날이었고 마지막 시간에 목사님들이 안수해 주실 때, 제 몸이 진동하기 시작했고 그렇게 고대하고도 고대하던 성령이 다시 저에게 회복되는 것이었습니다.

영적인 환난을 당한지 정확하게 7년째였으며, 환난당한 후 모두 세 번 70일 금식기도를 마친 날 하나님께서는 약속대로 다시 성령충만을 주셔서 제 영혼을 회복시켜 주셨습니다. 하산해서 신앙생활 하는데 놀라운 일이 생겼습니다.

그때 저는 어린이 주일학교 교사였는데 너무 말주변이 없어서 설교 한번 하려면 문장 전체를 암송해서 겨우 설교하곤 했습니다. 그런데 이게 웬일인가요? 성령의 신령한 말씀의 은사가 저에게 온 것입니다. 그 은사는 눈 깜박할 사이에 하나님의 말씀이 전체로 제 마음에 임하는 은사입니다. 기억에도 없어서 전혀 생각나지도 않은 지식들을 성령께서 생각나게 하셨고, 눈 깜박할 새에 설교 한편이 전체로 떠오르게 하셨습니다. 그것을 아이들에게 전하면 아이들이 쥐 죽은 듯이 말씀에 집중하고 빨려왔습니다.

그때 하나님께서는 어린이 구역(쎌)을 만들어 인도하라 지시하셨고, 그 결과로 주일학교는 60여 명에서 100여 명 이상이 출석하는 부흥을 이루었습니다.

그 후에 저는 늦은 나이에 신학을 가게 되었고, 원주에서 강성 침례교회를 개척해서 20여년 목회를 하고 있습니다. 그동안 하나님께서는 어떠한 기독교 단체에 불의가 있는 경우에 그곳에 말씀을 외치게 하셨고, 불순종 거역하는 곳에 정확하게 심판하신 경우가 몇 차례 있었지만 이러한 간증은 그 당시의 당사자들의 입장을 고려해서 생략하겠습니다. 성경 전체가 제 마음에 새겨져 있었고 하나님께서는 그 새겨진 말씀으로 진리의 대자보를 제 가슴에 순식간에 임하게 하셨고 그것을 쓰게 하셨습니다. 제가 받은 대자보는 거의 다 새벽 기도 때 받은 말씀들로서 그 시대의 상황에 적합한 하나님의 말씀들이었습니다.

최초의 대자보 '민족주의는 하나님 뜻인가'를 쓸 때의 시대상황은 좌파 대통령이 통치하면서 그는 어떻게 해서라도 북한과 하나가 되려는 뜻을 가진 자였습니다. 많은 국민들이 그가 추구하는 정책이 진정한 평화통일로 가는 길이라 생각했고, 우리 기독교인마저 그동안 기도해왔던 남북통일이 이렇게 이루어져가는 것이구나! 라고 당연하게 여기는 분위기였습니다.

그때 하나님께서는 민족주의는 진리가 아니라는 것을 성경을 통해 증거하는 말씀을 주셨습니다. 저는 이 글을 쓰고는 국민일보 대자보에 낼 자신이 없었습니다. 그래도 기독교인들을 대표하는 복음신문으로서 많은 기독인들을 깨우치기 위해서는 국민일보에 말씀을 싣는 것이 가장 효과적이라 생각했지만 문제는 광고비였습니다. 무려 5백 만원이 드는 광고비 때문에 주저하고 있을 때 하나님께서는 이런 꿈으로 저의 무지를 깨닫게 하셨습니다.

어느 날 꿈에 대통령의 비서실장 ㅇㅇㅇ이 사람들의 머리를 잘라서 그 머리를 지하로 내려보내는데 머리들이 살아서 얼굴을 찡그리며 안 내려가려고 하는 것입니다. 바로 이어서 꿈에 거대한 배가 있는데 이 배는 키를 잡은 선장이 없어서 배가 좌충우돌의 위기를 겪고 있었습니다. 저는 그것을 보고 즉시 배에 올라가서 키를 잡고 조정하는 꿈이었습니다. 꿈을 꾸고 나서 하나님께서는 즉시로 그것이 무엇을 의미하는지 알게 하셨습니다.

머리가 잘리면 당연히 죽어야 하는데 안 죽는 것은 영혼을 의미하는 것으로 기독교인을 의미하는 것이며, 머리를 절단 낸 좌파정권의 하수인들은 사탄을 의미하는 것으로서, 지금 대한민국은 사탄과의 영적전쟁 중으로서 세계선교 2위 국가인 대한민국을 전복시켜 김정은의 손아귀에 바치려는 사탄의 계교라는 것을 알게 하셨고, 그것도 모르고 갈 바를 모르고 방향을 잃은 한국기독교인들을 키를 잡지 않은 거대한 배로 보여 주신 것이며 이 역할을 네가 하라는 의미인 것이었습니다.

그러므로 방향을 잃은 기독교인들을 진리로 바로 인도하라는 주님의 명령으로 깨닫고 즉시로 국민일보 대자보로 내게 된 것입니다. 대자보 2탄 '정교분리는 하나님 뜻인가'를 주님께로부터 받을 때의 시대 상황은 전광훈 목사께서 강하게 좌파정권에 항의하고 애국 운동을 할 때, 주변의 분위기는 왜 기독교가 정치에 개입하느냐는 비판적인 여론이었고, 기독인들마저도 비난하고 등 돌릴 때 주신 말씀입니다. 계속해서 하나님께서는 시대 상황에 따라 새벽마다 말씀을 주신 것이 국민일보에 대자보로 발표하게 된 것입니다.

　하나님께서는 시국에 대한 대자보를 쓰게 하시다가 구원론에 대해 쓰라는 지시가 있으셔서 그동안 기독교 역사에서 풀리지 않는 구원론을 썼습니다. 기독교의 가장 핵심인 구원론이 두 가지로서 칼빈주의는 '하나님께서 만세 전에 택한 자녀의 구원은 결코 버림받지 않고 천국에 간다.'는 견인교리이고 알미니안주의는 구원받은 자라도 버림받아 지옥에 갈 수 있다'는 주장인데 이 두 주장이 서로 대립되어 논쟁의 대상이었던 것을 확실하게 밝히게 된 것입니다.

　이 구원론에 대한 국민일보 대자보가 발표되었을 때 많은 목회자들로부터 칭찬과 격려가 있었으므로 저는 격려에 힘입어서 구원론에 대한 책을 내기에 이른 것입니다. 그동안 기독교에서 풀리지 않는 수수께끼 같은 구원론에 대하여 부족한 저를 통해 정리되게 하신 하나님께 영광을 돌립니다.

　저는 이 글을 쓰게 된 것이 주님의 지시였고 칼빈주의를 공격하기 위한 글이 절대로 아님을 말씀드리며, 다만 잘못된 비진리의 길에서 돌이켜서 모든 믿음의 동지들이 다 같이 천국에 입성하기를 소망하는 마음으로 주님이 주신 감동으로 쓰게 되었음을 고백합니다.

　　　　　　　　　　　　　　　　　　위험한 기독교

1. 기독교의 핵심 구원론

당신의 구원론은 안전합니까?

기독교에는 많은 가르침들이 있습니다. 그중에서 구원론이 가장 중요한 기독교의 핵심이라고 말할 수 있는 것은, 죄 많은 우리 인생이 어떻게 하면 구원받아 천국에 들어갈 수 있는가의 가르침이기 때문에 이것처럼 더 중요한 것은 없습니다. 그러나 안타깝게도 우리 기독교의 구원론은 두 가지로 나뉘어서 우리를 헷갈리게 합니다.

칼빈주의는 하나님께서 만세 전에 택한 백성은 결코 버림받지 않고 천국까지 책임지신다는 견인교리로서, 다시 말하면 결코 버리지 않고 천국에 입성하도록 끝까지 끌고 간다는 주장입니다.

그러나 알미니안주의는 하나님께서 택한 자녀라도 하나님의 은총으로부터 버림받을 수 있고 지옥에 들어가는 대상이 될 수 있다는 주장입니다. 이 두 주장이 기독교 안에서 팽팽히 맞서있는 상황으로 모든 목회자들이나 성도들은 이 두 주장에서 갈피를 못 잡고 있는 현실입니다.

그러면 무엇 때문에 가장 중요한 핵심 교리가 이렇게 나뉘어져 있을까요?

이것이 정상일까요?

분명히 이것은 정상이 아닙니다. 왜냐하면 진리는 결코 둘이 될 수 없기 때문입니다.

주제넘게 제가 이 문제를 다루는 것은 하나님께서 이것을 밝히라는 사명을 주셨기 때문입니다. 시국에 대해서 4번의 국민일보 대자보를 낸 후에, 다음에는 구원론에 대해 쓰라는 주님에 지시가 있으셨기에 순종하는 마음으로 이글을 쓰는 것이며 주님께서 그동안 저를 연단하셨고 남다른 말씀훈련과 성령의 깊은 은사를 받았기에 하나님께서 주신 은혜로 이 글을 씁니다.

먼저 저는 견인교리가 얼마나 잘못된 가르침인가를 성경을 통해서 증거하고, 왜 이런 주장이 나오게 되었으며, 이러한 잘못된 주장을 따를 때 어떠한 위험한 결과가 오게 되는가를 성경을 통해 증거하고자 합니다.

1) 견인교리가 진리가 아닌 이유

(1) 믿음을 통한 증거

마르틴 루터로부터 시작된 종교개혁은 당시의 세속화된 가톨릭에 반기를 들고 "오직 의인은 믿음으로 말미암아 살리라"(롬 1:17).는 한 구절을 붙들고 '이신칭의' 교리(믿음으로 의인이 되어 구원받는다)를 주장하면서 오늘까지도 그의 후예라고 할 수 있는 기독인들은 그대로 따르고 있습니다. 그러나 마르틴 루터에 대한 역사기록을 보면 그는 야고보서의 "행함이 없는 믿음은 죽은 것이니라"(약 2:26b)는 말씀을 보고 야고보서는 지푸라기 서신이라고 평가한 사람입니다. 다시 말하면 야고보서는 지푸라기처럼 가치가 없는 것으로서 성경으로 보기 어렵다는 말로 들립니다. 참으로 우리 개신교는 어처구니없게도 성경의 일부를 성경으로 보지 않는 사람에 의해서 시작되었습니다.

그러면 마르틴 루터의 오류는 무엇일까요? 그 오류는 야고보서를 사람이 쓴 것으로 착각한 것입니다. 야고보서는 야고보가 썼지만 실제로 쓰신 분은 성령님입니다. 그렇다면 야고보서에서 '믿음'을 설명할 때 '행함 없는 믿음은 죽은 믿음'이라고 성령님께서 정의했으면 모든 성경에서의 '믿음'이라는 단어 속에는 당연히 '행함'이 포함되는 믿음인 것입니다. '오직 의인은 믿음으로 살리라'는 그 믿음은 당연히 행함이 포함된 믿음을 말하는 것은 두말할 나위 없는 것입니다. 한 성령님의 입에서 나온 말씀이기 때문입니다. 그 증거로 로마서는 계속 행함 있는 믿음이 의인임을 증거합니다.

"하나님께서 각 사람에게 그 행한 대로 보응하시되 참고 선을 행하여 영광과 존귀와 썩지 아니함을 구하는 자에게는 영생(천국)으로 하시고 오직 당을 지어 진리를 따르지 아니하고 불의를 따르는 자에게는 진노와 분노(영원형벌)로 하시리라"(롬 2:7)

하나님께서는 선을 행하는 자는 천국, 진리를 행하지 않는 자는 영원형벌임을 분명히 말씀하고 있고, 행함의 믿음이 의인임을 말씀합니다.

"하나님 앞에서는 율법을 듣는 자가 의인이 아니요 오직 율법을 행하는 자라야 의롭다 하심을 얻으리니"(롬 2:13)

율법은 '하라'는 법과 '하지 말라'는 법으로 되었으며 그것을 지키며 행하는 자가 의인임을 말씀합니다. 물론 우리는 십자가 은혜로 구원받아 의인이 됩니다. 이것은 하나님의 선물입니다. 그러나 믿음으로 의인된 구원받은 백성들은 하늘시민으로서 하나님의 법인 율법을 지켜서 행해야 의인이며 천국시민이 되는 것이고, 율법을 지켜 행하지 않으면 죄인 되어 심판의 대상이 됨을 잊지 말아야 합니다. 그런데 이 시대는 행함의 믿음이 의인(구원)임을 강조하면 율법주의자로 또는 행위 구원론자로 판단하고 이들을 이단으로 정죄합니다. 율법주의란 믿음을 떠나서 율법을 지킴으로 구원에 이른다는 것을 말하는 것이고, 성경에서 말하는 구원에 이르는 믿음은 행함이 동반된 믿음입니다.

"나더러 주여 주여 하는 자마다 천국에 들어갈 것이 아니요 다만 하늘에 계신 내 아버지의 뜻대로 행하는 자라야 들어가리라"(마 7:21).

예수님께서 천국 들어가는 기준으로 세우신 것도 주여 주여 라고 애절하게 입으로만 부르는 믿음도 아니고 오직 행함(순종)의 믿음이 천국에 들어가는 기준으로 세우셨음을 명심해야 합니다. 다시 말하면 주님을 믿는 믿음으로 시작된 신앙은 반드시 행함의 순종이 아니면 영생의 천국에 못 들어간다는 예수님의 말씀으로서 견인교리가 얼마나 잘못된 것인가를 증거하는 것입니다.

(2) 회개를 통한 증거

예수님의 첫 메시지는 "회개하라 천국이 가까이 왔느니라(마 4:17)."는 말씀으로 시작하셨습니다. 다시 말하면 천국은 회개하는 자가 들어간다는 뜻입니다. 성경은 이 세상 모든 사람이 죄인임을 말씀합니다(롬 3:23 참조). 그러면 누가 의인이 되어 천국에 갑니까? 진정으로 회개하고 하나님께로 돌아와서 십자가 은혜를 입고 하나님의 뜻대로 사는 사람입니다.

우리는 천국에 들어가는 구원을 말할 때 예수님의 십자가 우편 강도를 연상할 때가 있습니다. 그는 너무 쉽게 구원을 받은 듯이 보이며, 그는 평생 강도짓만 했는데 "예수께서 이르시되 내가 진실로 네게 이르노니 오늘 네가 나와 함께 낙원에 있으리라(눅 23:43)." 는 놀라운 구원의 약속을 받았기 때문입니다. 그러나 우편 강도가 구원에 이르기까지 얼마나 통회 자복하는 회개를 했으며 예수님을 하나님이라고 고백한 것을 우리는 알아야 합니다. 그의 진정한 회개는 특히 누가복음에 자세히 기록되었습니다.

"네가 동일한 정죄를 받고서도 하나님을 두려워하지 아니하느냐? 우리는 우리가 행한 일에 상당한 보응을 받는 것이니 이에 당연하거니와 이 사람이 행한 것은 옳지 않은 것이 없느니라. 하고 이르되 예수여 당신의 나라에 임하실 때에 나를 기억 하소서"(눅 23:40-42).

우편 강도의 이 고백은 예수님을 비방하는 왼편 강도를 꾸짖으면서 예수님께 드린 고백입니다. 그는 지금 십자가의 가장 처절한 죽음의 고통을 당하면서 이 고백을 하는 것입니다. 그가 회개한 고백을 보면 '이 십자가의 고통은 우리가 행한 악에 대한 당연한 형벌'이라는 것입니다. 당시의 로마제국은 십자가의 형벌이 얼마나 처절하고 잔인한 것이므로 자기 동족은 십자가형을 안 내렸습니다. 십자가의 고통이야말로 말로 표현할 수 없는 잔인한 극형이기에 예수님께서도 "할 수만 있으면 이 십자가의 잔을 피하게 해 달라"고 땀방울이 피 방울이 되도록 절규하며 세 번이나 기도하셨습니다. 그런데 지금 우편 강도는 최악의 죽음의 저주스런 고통의 자리에서 하늘과 땅을 저주하고 하나님을 저주하고 원망할 수 있는 자리에서 우리가 지은 죄에 상당한 보응으로 이 십자가의 죽음이 당연하다고 예수님 앞에서 회개하는 것입니다. 그리고 나서 그는 "당신의 나라에 임하실 때에 나를 기억하소서."라고 기도합니다. 이 기도는 주님께 칭찬 받은 베드로의 신앙고백 "주는 그리스도시오 살아계신 하나님의 아들이십니다."라는 고백과 다를 바 없는 신앙고백입니다. 진정한 회개의 결과로 얻어진 진정한 하나님의 선물이며 하나님께로부터 받은 은혜인 것입니다. 그때 주님은 그에게 천국을 약속하셨습니다. 우리는 우편 강도의 회개로 인한 구원을 보면서 초신자라도 진정한 회개가 있을 때 구원(천국)에 이르는 것임을 확신합니다. 그러나 성경은 믿음이 성숙한 사람들의 타락한 죄에 대하여는 회개할 수 없다는 예외가 있음을 말씀합니다.

"한 번 빛을 받고 하늘의 은사를 맛보고 성령에 참여한바 되고 하나님의 선한 말씀과 내세의 능력을 맛보고도 타락한 자들은 다시 새롭게 하여 회개하게 할 수 없나니 이는 그들이 하나님의 아들을 다시 십자가에 못 박아 드러내 놓고 욕되게 함이라. 땅이 그 위에 자주 내리는 비를 흡수하여 밭가는 자들이 쓰기에 합당한 채소를 내면 하나님께 복을 받고 만일 가시와 엉겅퀴를 내면 버림을 당하고 저주함에 가까워 그 마지막은 불사름이 되리라"(히 6:4-8).

이 말씀은 다시 말하면 하나님의 생명(빛)이 임하고, 성령을 받고 은사도 받고, 말씀의 능력을 경험한 성숙한 성도가 타락하면 회개가 안 되고 새롭게 할 수 없다는 것입니다. 성경에서 말하는 '타락'은 죄와 불순종의 자리에 머무는 것을 말합니다. 회개할 기회를 주었는데도 회개하지 않고, 죄의 자리에 머무니 성령은 떠나가고, 어둠의 영의 지배를 받으며 회개의 기회를 놓쳤으므로 이제는 양심이 화인 맞아 아무 가책을 못 느끼는 상태입니다. 그런데 왜 이 말씀 끝에 밭가는 농부에 대해 말씀하시며 농부가 쓰기에 합당한 채소를 내면 복을 받고, 가시와 엉겅퀴를 내면 불사름으로 경고하실까요? 그 이유는 요한복음 15장에 하나님은 농부로 우리는 예수께 붙은 가지로서, 오직 농부이신 하나님은 우리가 열매를 많이 거두도록 말씀을 순종케 하시고, 성령을 주시고 성령의 은사와 열매도 주셨습니다. 그러나 사울 왕처럼 회개하지 않아서 성령이 떠나고 어둠의 영이 들어와서 농부이신 하나님이 원하시는 열매 아닌 가시와 엉겅퀴를 낼 때 불사름의 지옥형벌에 심판한다는 말씀입니다. 이 말씀은 견인교리가 얼마나 잘못된 교리임을 또다시 증거합니다.

(3) 죄를 통한 증거

죄란 하나님의 법을 어기는 것을 말합니다. 하나님의 법은 '하라'는 법과 '하지 말라'는 법으로서 유대인들은 613가지로 나누어서 지켰습니다. 우리 기독교인들은 주의 은혜로 구원받았다고 하면서 하나님의 법에 대해서는 유대인들보다 소홀히 여기는 경향이 많습니다. 물론 우리는 십자가 은혜로 의인이 되어 천국에 들어갑니다. 그러나 성경의 하나님에 법은 네가 주의 십자가 은혜로 의인이 되었으니 의인의 삶을 살기 위해서는 하나님의 법을 지키고 행하라는 것입니다. 그렇잖고 하나님의 법을 어기면 반드시 심판이 있다는 것을 성경이 증거합니다.

"너희가 육신대로 살면 반드시 죽을 것이로되"(롬 8:13).

육신대로 살도록 유혹하는 마귀의 꾐에 빠져 죄를 지으면 반드시 죽는다는 것은 육신의 죽음을 말하는 것이 아닙니다. 그 증거는 육신대로 살아도 육신은 바로 죽지 않습니다. 여기에서 말하는 죽음은 둘째 사망 지옥을 말하는 것으로서 육신대로 사는 죄는 반드시 둘째 사망 지옥이라는 경고입니다.

"너희 자신을 종으로 내주어 누구에게 순종하든지 그 순종함을 받는

위험한 기독교

자의 종이 되는 줄을 너희가 알지 못하느냐? 혹은 죄의 종으로 사망에 이르고 혹은 순종의 종으로 의에 이르느니라"(롬 6:16).

이 말씀은 죄의 배후인 마귀의 유혹으로 죄를 지으면 마귀(죄)의 종이 되어 반드시 둘째 사망 지옥의 형벌을 받게 된다는 말씀입니다. 반면에 말씀에 순종하는 자는 의인으로서 영생의 주인공이 됩니다. 그러므로 주님께서는 "너희가 죄와 싸우되 아직 피 흘리기까지는 대항하지 아니하고"(히 12:4).라고 하십니다. 왜 죄에 대해 피 흘리기까지 싸우라 할까요? 죄는 반드시 심판이 있어서 둘째 사망에 이르게 되기 때문입니다.

"항상 복종하여 두렵고 떨림으로 너희 구원을 이루라"(빌 2:12).

이 말씀은 구원받은 자라도 두렵고 떨리는 마음으로, 죄로부터 자신의 구원을 지키는 길은 말씀에 복종하는 길이라는 말씀입니다. 말씀에 복종하지 않는 죄는 의인을 죄인 되게 하여 의인들이 가는 나라 천국에서 이탈시키기 때문입니다. 그러므로 바울 같은 위대한 사도도 "내가 내 몸을 쳐 복종하게 함은 내가 남에게 전파한 후에 자신이 도리어 버림을 당할까 두려워함이로다"(고전 9:27).

신약의 위대한 종 바울조차도 버림을 당할까 두렵다고 했습니다. 왜 그런가요? 육신에게 져서 육신대로 사는 죄에 빠지면 반드시 둘째 사망이라고 자신의 입으로 선언했기에 자신의 몸을 쳐서 말씀에 복종시킨다는 것입니다.

또한 죄는 경범이 있고, 중한 범죄가 있듯이 하나님 앞에서도 사형에 해당하는 죄가 있습니다.

"누구든지 형제가 사망에 이르지 아니하는 죄 범하는 것을 보거든 구하라. 그리하면 사망에 이르지 아니하는 범죄자들을 위하여 그에게 생명을 주시리라. 사망에 이르는 죄가 있으니 이에 관하여 나는 구하라 하지 않노라. 모든 불의가 죄로되 사망에 이르지 아니하는 죄도 있도다"(요일서 5:16-17).

이 말씀에서 '형제'는 믿는 자를 말하며, "사망'은 둘째 사망 지옥을 말합니다. 다시 말하면 믿는 성도가 사망(지옥)에 이르지 않는 가벼운 죄를 범하면 그를 위해 기도하라는 것이며, 그 중보기도가 그를 영생으로 회복시키지만, 반면에 성도가 사망(둘째 사망 지옥)에 이르는 중범죄를 범했을 때는 그를 위해 기도도 하지 말라는 것입니다. 성경에서 예수님이 경고한 대표적인 용서받지 못할 중범죄는 성령모독(훼방)죄입니다.

"형제에 대하여 미련한 놈이라 하는 자는 지옥 불에 들어가게 되리라"(마 5:22).

지옥에 던져지는 경고로서의 '미련한 놈'이란 욕설은 주석에 보면 '종교적 욕설'로서 성령 훼방 죄와 맥락을 같이 합니다. 마태복음 12장 31절 이하에 보면 성령을 훼방한 죄는 결코 오는 세상에도 용서받지 못할 죄로 주님께서 경고하셨는데, 오늘날도 기독교계에서 흔히 일어나는 악행으로서 성령의 역사가 일어나면 이단으로 몰아가는 분별력 없는 짓이며, 그들은 지옥형벌의 경고를 잊지 말아야 합니다. 아무리 하나님께서 만세 전에 택했더라도 중범죄를 범하면 지옥에 들어간다는 것을 잊지 말아야 하며, 이 또한 견인교리가 얼마나 잘못된 주장인가를 증거 합니다.

(4) 성령을 통한 증거

마태복음 25장의 열 처녀의 비유는 성도들의 천국 들어가는 기준이 '성령'임을 증거합니다.

신랑 예수를 밤새 기다리는 열 처녀들은 우리 성도를 의미하는 것은 두 말할 나위 없습니다.

그러나 애석하게도 그들은 밤새 신랑 예수를 학수고대하며 기다렸지만 슬기로운 다섯은 성안(천국)에 들어갔지만, 미련한 다섯은 못 들어갔습니다. 그 이유는 슬기로운 자들은 등과 함께 기름을 여유로 가져갔지만 미련한 처녀들은 등만 가져갔습니다. 그러나 문제는 신랑이 더디 오므로 미련한 자들이 슬기로운 자들에게 "우리 등불이 꺼져가니 너희 기름을 좀 나눠달라."(8)고 간청했지만 거절당했고, 기름을 사러 간 사이에 신랑 예수께서 오셨고 문은 닫혔습니다. 열어달라고 간청하니 "진실로 너희에게 이르노니 내가 너희를 알지 못하노라."(12)

결국은 천국에 입성 못하는 비극을 맞게 됩니다. 그러면 미련한 자들의 문제는 무엇일까요? 그들의 등에도 기름(성령)이 있었는데 말입니다. 주님께 외면당해 버림받은 이유는 기름이 떨어져 등불이 꺼져가는 것이 이유였습니다.

"우리 등불이 꺼져가니 너희 기름을 좀 나눠다오.(8)"

이 말씀에서 우리가 결코 잊지 말아야 할 것은 우리 안에 계신 성령은 꺼져갈 수(소멸) 있다는 것입니다. 그러면 왜 성령이 소멸될까요? 성경은 그 이유를 이렇게 말씀합니다.

"성령을 소멸하지 말며 예언을 멸시하지 말고 범사에 헤아려 좋은 것을 취하고 악은 어떤 모양이라도 버리라"(살전 5:19-22).

이 말씀은 성령을 소멸치 않으려면 예언을 멸시하지 말라는 것입니다. 사울왕은 성령 충만 받았던 왕으로서 왜 성령이 떠나고 악신이 들어가 패망의 길로 갔나요?

사무엘 선지자의 예언을 멸시하고 회개하지 않았기 때문입니다. 또한 성령소멸 않으려면 '좋은 것을 취하고 악은 버려야 된다.'는 말씀입니다.

하나님의 말씀은 '하라'는 법과 '하지 말라'는 법인데 이것을 지키라는 것입니다. 이것을 어기면 죄이기 때문에 거룩한 성령은 죄인과 함께 할 수 없기 때문에 성령은 반드시 죄인을 떠나고(소멸) 맙니다.

또한 이 말씀은 성령을 받더라도 지속적으로 충만하게 받아야 천국에 입성한다는 말씀입니다. 우리의 믿음은 성령으로 시작됩니다.

"성령으로 아니하고는 누구든지 예수를 주시라할 수 없느니라"(고전 12:3).

우리는 이 고백으로 천국에 간다고 말하지만 그러나 여기에서 머물러선 안 되며 충만하게 받아야 천국에 입성하게 된다는 것이 주님의 말씀입니다.

"영으로서 몸의 행실을 죽이면 살리니"(롬 8:13).

몸이 짓는 죄를 어떻게 이기느냐. 성령으로서 몸의 행실(죄)를 이겨야 '산다'는 말씀입니다. 여기서 '산다'는 것은 육체의 생명을 말하는 것이 아니고, 영생을 의미하는 것으로서 천국에 들어간다는 말씀입니다. 이 열 처녀의 비유의 결론은 "그런즉 깨어 있으라."(13)입니다. '깨어 있으라'는 말은 기도하라는 말씀이며 끝까지 죄와 싸워 이기라는 말씀입니다. "시험에 들지 않게 깨어 있어 기도하라"(마 26:41).

마귀의 시험에 들어 죄 가운데 거하면 성령이 소멸되고 어둠의 영이 들어와 영원형벌의 대상이 됨은 성경이 증거하는 것으로서 견인교리가 거짓임을 또 한 번 증거하는 것입니다.

(5) 열매를 통한 증거

요한복음 15장은 하나님을 농부요, 예수님은 포도나무요, 성도를 가지로 표현합니다. 다시 말하면 농부 하나님께서는 성도를 예수님께 붙어 있는 가지로 말씀하셨습니다.

왜인가요? 오직 열매를 거두기 위해서입니다. 성도는 예수님께 붙어 있는 가지이지만 열매가 안 맺히면 잘라버리십니다.

"무릇 내게 붙어 있어 열매를 맺지 아니하는 가지는 아버지께서 그 것을 제거해 버리시고"(요15:2).
"사람들이 그것을 모아다가 불에 던져 사르느니라."(6)

그 증거로 이스라엘이 버림당한 이유에 대해 로마서 11장 17절 이하에 보면 참 감람나무인 이스라엘이 열매가 없으므로 잘라버리고 돌 감람나무인 우리 이방인들을 참 감람나무에 접붙였다는 것입니다. 그리고 경고하십니다.

"옳도다. 그들은 믿지 아니하므로 꺾이고 너는 믿음으로 섰느니라. 높은 마음을 품지 말고 도리어 두려워하라. 하나님이 원가지들도 아끼지 아니하였은즉 너도 아끼지 아니하리라"(롬 11:20-21).

이스라엘은 우리보다 더욱 월등한 하나님의 택한 백성이었지만 천국에 들어가지 못했습니다.

위험한 기독교

"그 나라의 본 자손들은 바깥 어두운데 쫓겨나 거기서 슬피 울며 이를 갈리라"(마 8:12).

왜일까요?

"이미 도끼가 나무뿌리에 놓였으니 좋은 열매 맺지 않는 나무마다 찍혀 불에 던져지리라"(마 3:10).

세례요한이 경고한 대로 좋은 열매가 없었기 때문입니다.

우리는 잊지 말아야 합니다. 우리가 예수를 믿는다는 것은 예수께 붙는 것에 불과한 것입니다. 그것은 하나님의 크신 은혜이지만 그것으로 천국 가는 것이 절대로 아니고, 천국입성은 반드시 열매가 있어야 된다는 것을 잊어선 안 됩니다. 하나님의 최고한 법인 하나님 사랑, 이웃 사랑의 열매들을 맺되 너희는 할 수 없으니 너희를 도우시기 위해 보내신 성령의 은혜로 하라는 것이 하나님의 말씀입니다.

"소망이 우리를 부끄럽게 하지 아니함은 우리에게 주신 성령으로 말미암아 하나님의 사랑이 우리 마음에 부은바 됨이니"(롬 5:5).

이 또한 '한번 구원은 영원한 구원'이라는 견인교리가 얼마나 거짓된 교리인가를 증거합니다.

2) 왜 엇갈린 주장들이 나올까?

하나님의 속성이 '사랑'과 '공의'라는 것을 기독인이라면 누구를 막론하고 거의 아는 사실입니다. '사랑'은 우리를 위해 독생자라도 희생시키신 하나님이시고. '공의'는 행한 대로 갚으시는 심판의 하나님을 말합니다. 하나님은 이 두 가지 속성을 가지고 만민을 다스리십니다.

하나님의 말씀을 기록한 성경에는 하나님의 사랑과 공의로 가득합니다.

우리는 예수님의 십자가 사랑은 잘 알면서 십자가를 통하여 우리를 향하신 하나님의 요구(공의)는 잘 모릅니다.

"아무든지 나를 따라오려거든 자기를 부인하고 날마다 제 십자가를 지고 나를 따를 것이니라"(눅 9:23).

"그리스도 예수의 사람들은 육체와 함께 그 정욕과 탐심을 십자가에 못 박았느니라"(갈 5:24).

이 말씀들은 예수께서 너를 위해 죽었으니 너의 욕심과 정욕도 고집도 죽어야 한다는 것입니다. 왜인가요? 욕심이 잉태한즉 죄를 짓고 죄가 장성한즉 둘째 사망 지옥이기 때문입니다(약 1:15, 롬 6:23 참조).

열 처녀의 비유에서도 우리 같은 죄인을 만왕의 왕의 신부로 선택해 주신 것은 하나님의 사랑입니다. 그러나 밤새 신랑 예수를 기다리는 그들에게 기름이 떨어져 간다고 천국에 입성시키지 않고 슬피 울며 이를 가는 자리에 보내는 냉정함은 하나님이 정하신 공의인 것입니다.

요한복음 15장에서 농부이신 하나님께서 그의 아들 예수께 우리를 붙이신 것은 하나님의 사랑입니다. 그러나 열매가 없다고 가지를 잘라서 불에 던져 사르게 하시는 하나님은 행한 대로 갚으시는 공의의 하나님이십니다. 성경에는 곳곳에 천국에 못 들어갈 경고성의 공의가 가득합니다.

"불의한 자가 하나님의 나라를 유업으로 받지 못할 줄을 알지 못하느냐? 미혹을 받지 말라. 음행하는 자나 우상숭배하는 자나 간음하는 자나 탐색하는 자나 남색하는 자나 도적이나 탐욕을 부리는 자나 술 취하는 자나 모욕하는 자나 속여 빼앗는 자들은 하나님의 나라를 유업으로 받지 못하리라"(고전 6:9-10).

"육체의 일은 분명하니 곧 음행과 더러운 것과 호색과 우상숭배와 주술과 원수 맺는 것과 분쟁과 시기와 분냄과 당 짓는 것과 분열함과 이단과 투기와 술 취함과 방탕과 또 그와 같은 것들이라 전에 너희에게 경계한 것 같이 경계하노니 이런 일을 하는 자들은 하나님의 나라를 유업으로 받지 못할 것이요"(갈 5:19-21).

이 말씀에 주목합시다.

'이런 일을 하는 자들은 천국을 유업으로 받지 못한다.'

이 말씀은 영원형벌을 받는 심판의 대상이 된다는 하나님의 공의에 대한 경고입니다. 이 경고는 불신자를 향한 경고가 아닙니다. 바울의 모든 서신은 교회 성도들에게 주시는 말씀입니다. 위에 나열된 죄목들은 어찌 보면 죄 같지도 않은 죄목들입니다.

하나님의 말씀은 천국은 의인이 가는 나라이기에 결코 사소한 죄까지도 용납이 안 된다는 것이 하나님이 정하신 공의입니다. 성경은 이렇게 명백하게 천국에 입성 못할 죄를 경고하는데 칼빈주의자들은 어떻게 한번 구원은 영원한 구원이라고 외치는 것인가요?

견인교리를 주장하는 사람들의 심각한 문제는 신앙의 균형을 잃어버리고 있은 것입니다.

그들은 입으로는 하나님의 속성이 사랑과 공의라고 가르치면서 실제로는 사랑만 있고 공의가 없는 교리를 강조합니다. 견인교리는 사랑만 있고 공의가 없는 균형을 잃은 교리입니다. 거대한 배도 균형을 잃으면 침몰하듯이 이들이야말로 성경을 왜곡하여 믿는 사람들을 멸망에 이르게 합니다.

한국이 낳은 세계적인 신학자 김세윤 박사는 '한국의 기독교는 구원파적 구원론이다'라고 했습니다. 이단 구원파가 외치는 것은 '구원받은 의인은 회개할 필요 없다'는 것으로 어찌 보면 견인교리도 맥락이 비슷하므로 이단성이 있다는 것이 김세윤 박사의 지적입니다. 이것은 하나님을 '사랑'으로만 아는 무지에서 나온 것들입니다. 이들이 위험한 것은 사랑의 하나님으로만 알고 '사랑'에만 세뇌가 되어서 '공의'에 대해서는 무감각합니다. 성경에는 버림받을 죄목들이 가득한데도 이들의 눈에는 그것이 안보이니 참으로 위험한 길을 가는 사람들인 것이 틀림없습니다.

3) 하나님은 의로우신 재판장

시편 7장 11절과 디모데후서 4장 8절에서 하나님을 표현하기를 '의로우신 재판장'이라고 했습니다.

의로우신 재판장이란 뜻은 법대로 심판한다는 뜻입니다. 반대로 불의한 재판장들은 법대로 심판하지 않고 제 맘에 꼴리는 대로 합니다. 법이라는 것은 일단 만들어지고 공포되면 통치자라도 그대로 따라야 하는 것이 법입니다.

다니엘의 대적자들이 엉터리 법을 만들어서 왕이 공포했을 때, 그 법이 다니엘을 죽이려는 엉터리 법일지라도 왕은 법대로 따라야 했습니다. 왕이 다니엘을 사자 굴에 던져놓고도 그를 얼마나 사랑했는지 모릅니다.

"왕이 궁에 돌아가서는 밤이 새도록 금식하고 그 앞에 오락을 그치고 잠자기를 마다하니라. 이튿날에 왕이 새벽에 일어나 급히 사자 굴로 가서"(단 6:18-19).

다리오왕은 다니엘을 법대로 심판했지만, 그를 아끼고 사랑해서 밤새 다니엘을 위해 금식까지 했습니다. 그러나 일단 공포된 법이었으므로 그것이 엉터리 법일지라도 법대로 다니엘을 사자 굴에 던져 넣어야 했습니다. 이것이 법이 가지고 있는 권위이며 특성입니다. 잠시 세상도 그렇다면 영원하신 하나님은 의로우신 재판장으로서 그분의 입으로 만민 앞에 선포한 율법과 계명대로 반드시 심판한다는 것을 잊지 말아야 합니다.

"진실로 너희에게 이르노니 천지가 없어지기 전에는 율법의 일점일획도 결코 없어지지 아니하고 다 이루리라"(마 5:18).
"천지는 없어지겠으나 내 말은 없어지지 아니하리라"(눅 22:33).
"그런즉 우리가 믿음으로 말미암아 율법을 파기하느냐? 그럴 수 없느니라. 도리어 율법을 굳게 세우느니라"(롬 3:31).

4) 견인교리를 따르는 결과

(1) 성도의 경우

영생의 천국길이 굉장히 위험합니다. 왜냐하면 사랑의 하나님에만 빠져버리면 공의의 하나님이 눈에 들어오질 않습니다. 위에 나열한 대로 천국 못 들어갈 경고성의 죄는 성도들이 흔히 짓는 죄들인데 이런 경고가 왜 안 믿어지나요? 그것은 이미 사랑의 하나님으로만 세뇌가 돼서 그렇습니다. 천국 가는 길을 속지 마십시오. 유대인들도 영생의 길을 속았습니다.

"그 나라의 본 자손들은 바깥 어두운데 쫓겨나 거기서 슬피 울며 이를 갈게 되리라"(마 8:12).

왜 이런 비극적인 일이 생겼을까요?

"그들은 맹인이 되어 맹인을 인도하는 자로다. 만일 맹인이 맹인을 인도하면 둘이 다 구덩이 에 빠지리라"(마 15:14).

말씀에 깨어 있어야 할 인도자가 영적인 분별력 없는 맹인이었던 것이 그 이유였습니다.

기독교의 역사는 구약시대는 거짓 선지자, 신약시대는 거짓 인도자, 거짓 선생들이 영생 길을 속였습니다. 지금 이 시대도 다를 바 없습니다. 미혹되지 마십시오.

"어떤 사람이 여짜오되 주여 구원을 받을 자가 적으니이까? 그들에게 이르시되 좁은 문으로 들어가기를 힘쓰라. 내가 너희에게 이르노니 들어가기를 구하여도 못하는 자가 많으리라"(눅 13:23-24).

구원의 길에서 탈락하는 자가 많으리라는 것이 주님의 경고입니다. 왜 많을까요? 공의로 심판하시는 하나님 앞에 불의한 자로 판결되면 못 들어가기 때문입니다.

(2) 목회자의 경우

목회자가 견인교리에 빠지면 주의 종이라도 기필코 심판의 대상이 됩니다. 에스겔서 33장 8절 이하에 하나님께서 영적 파수꾼인

인도자들에게 경고하시기를 죄로 말미암아 둘째 사망 지옥에 가는 자들에게는 '너 죽는다!'고 지옥을 경고하라는 것입니다. 만일 경고하지 않아서 그가 멸망으로 가면 그 피 값을 인도자인 너에게 찾겠다고 경고하십니다.

"너희는 선생 된 우리가 더 큰 심판받을 줄 알고 많이 선생이 되지 말라"(약 3:1).

심판의 대상이 되는 '많이 선생 되지 말라'는 것은 무슨 의미일까요? 성경을 있는 그대로 계명과 법을 그대로 가르쳐서 성도들에게 지옥에 대한 경각심을 갖도록 하라는 것입니다.

견인교리는 죄에 대한 경고, 지옥에 대한 경고가 없습니다. 지옥 갈 사람들에게도 천국에 간다고 속이고 안심시킵니다. 진정한 회개의 길을 가로막습니다. 성경의 모든 경고는 사랑의 하나님에 엄포라고 속입니다.

오늘날 기독교가 빛을 잃어서 세상의 지탄거리가 된 것도 거짓 인도자들의 탓인지도 모릅니다. 이런 인도자들을 향한 주님이 경고하십니다.

"그러므로 누구든지 이 계명 중의 지극히 작은 것 하나라도 버리고 또 그같이 사람을 가르치는 자는 천국에서 지극히 작다 일컬음 받으리라"(마 5:19).

이 말씀은 주께서 율법과 계명대로 영원토록 반드시 심판하게 될 것이며, 또한 그것이 영원한 것이므로 계명을 소홀히 여겨 경솔하게 가르치는 자에 대한 경고입니다. 견인교리를 주장하는 사람들은 계명이 필요 없습니다.

거짓 선지자가 되지 마십시오. 거짓 선지자는 항상 거짓말을 해서 거짓 선지자가 아닙니다. 아합왕의 400명 거짓 선지자들은 전국에서 뽑히고 뽑힌 사람들로 평소에는 예언들이 적중했을 겁니다.

그 증거로 최고의 절대 권세인 왕이 그들을 불러서 예언을 들을 정도이니 말입니다. 그러나 그들은 왕의 생명에 대한 예언은 거짓말로 속여서 왕을 죽음에 이르게 했기에 그들은 거짓 선지자가 된 것입니다.

현 시대도 마찬가지라고 봅니다. 목회자들이 성경을 성경대로 잘 가르칩니다. 그러나 영생의 길을 속이면 당신의 모든 공로는 수포로 돌아갑니다. 왜인가요?

'지극히 작은 계명을 버리고 가르치는 자는' 혹시나 천국에 들어가더라도 '지극히 작은 자가 되리라'는 것이 주님에 경고이기 때문입니다.

믿거나 말거나 서사라 목사의 천국지옥 간증에 칼빈이 영원한 형벌에 들어가 있다는 간증을 들었습니다. 저는 그것이 확실히 믿어집니다. 왜인가요? 견인교리는 수많은 사람을 속여서 지옥 보내는 교리이기 때문입니다. 성경은 그러한 거짓된 자들을 향해 이렇게 경고합니다.

"또 그들을 미혹하는 마귀가 불과 유황 못에 던져지니 거기는 그 짐승과 거짓 선지자도 있어 세세토록 밤낮 괴로움을 받으리라"(계 20:10).

2. 선악과의 비밀

  몇 해 전 우리 기독교계에서 구약학의 권위자라 할 수 있는 분이 원주에 오셨습니다. 이 분은 목회자라면 누구라도 알 수 있는 자타가 공인하는 구약학의 권위자이며 근동 고고학 박사이며, 신학대학 총장을 지낸 분으로서 그분의 명예를 위해서 이름은 밝히지 않겠습니다. 이 분이 몇 시간 강의하면서 점심때가 되자 숙제를 냈습니다. 이 분의 말은 "목회자라면 선악과에 대해 확실히 알아야 한다."는 것이며, 선악과에 대해 어떻게 알고 있는지 각자가 점심 먹으면서 생각해보고, 식사 후의 모임에서 발표해 보라는 것입니다.

  저는 이 말을 듣고 그동안 선악과에 대해 조금도 생각한 적이 없던 터였기에 곰곰이 생각에 잠겼습니다. 그때 하나님께서 번쩍이는 지혜로 역사하셨습니다. 성경에 대한 비밀은 성경에 다 있습니다. 그러므로 저는 칼빈주의의 견인교리가 잘못된 엉터리 교리란 것을 성경을 통해 다섯 가지로 증명한 적이 있습니다. 성경에 나타난 증거들은 그 누구라도 부인할 수 없는 명백한 것입니다. 저는 점심식사 후 저의 차례가 되어서 선악과의 비밀을 세 가지로 증거 했습니다.

1) 선악과는 무엇인가?

  먼저 선악과가 무엇이냐는 질문에 대해서 선악과는 하나님을 상징하는 나무라고 말했습니다.

첫째, 선악과를 동산 중앙에 두셨습니다.

하나님께서 에덴동산을 창조하시고 첫 사람 아담과 하와에게 맡기신 에덴동산은 풍요의 낙원이었습니다. 하나님께서는 낙원의 실과를 모두 먹을 수 있으나 '선악과만은 먹지 말라. 먹으면 반드시 죽는다.'고 하셨습니다. 그러면 하나님께서는 그 선악과를 어디에 두셨나요? 에덴동산의 중앙에 두셨습니다.

"동산 가운데에는 생명나무와 선악을 알게 하는 나무도 있더라"(창 2:9b).

"여자가 뱀에게 말하되 동산 나무의 열매를 우리가 먹을 수 있으나 동산 중앙에 있는 나무의 열매는 하나님의 말씀에 너희는 먹지도 말고 만지지도 말라. 너희가 죽을까 하노라 하셨느니라"(창 3:2-3).

하나님께서 선악과를 에덴동산 중앙에 두시므로 동서남북 어디서나 볼 수 있게 하셨다는 것은 굉장한 의미가 있는 것으로서 이것은 항상 창조주 하나님을 네 삶의 중심에 두라는 것이며, 이것은 이스라엘이 광야 생활할 때 항상 하나님의 임재가 있는 성막을 중앙에 두고 동서남북으로 세 지파씩 진을 치고 살았다는 것과 맥을 같이 하는 말씀입니다. 이스라엘은 광야 생활에서 항상 그들의 중앙에 있는 성막을 중심으로 생활했습니다. 성막은 항상 하나님의 임재가 있는 곳으로서, 광야에서 성막이 하나님을 상징한 것이었다면 에덴동산의 중앙에 있는 선악과도 이와 같이 하나님 자신을 상징하는 나무라고 할 수 있는 것입니다.

둘째, 나무의 이름에 비밀이 있습니다.

이 나무의 이름은 선악과입니다. 더 자세히 말하면 '선악을 알게 하는 나무'입니다.

"여호와 하나님이 그 사람에게 명하여 이르시되 동산 각종 나무의 열매는 네가 임의로 먹되 선악을 알게 하는 나무의 열매는 먹지 말라. 네가 먹는 날에는 반드시 죽으리라 하시니라"(창 2:16-17).

하나님의 말씀대로 선악과는 '선악을 알게 하는 나무'입니다. 그러면 이 말을 다른 말로 표현하면 선악을 알게 하는 분은 누구인가요? 그분은 하나님이십니다. 선악을 알게 하시는 분은 오직 이 세상을 창조하시고 인간을 창조하신 유일한 하나님밖에 없습니다. 그 예를 들어 봅시다. 십계명 중 첫 계명에 '너는 나 외에 다른 신을 섬기지 말라.'는 명령은 하나님이 제정하신 법입니다. 이것을 지키면 선이고, 어기면 악입니다. 그러나 세상에서는 이것을 지키지 않고 다른 신을 섬겨도 세상에서는 절대로 악으로 따지지 않습니다. 2계명, 3계명, 4계명도 마찬가지입니다. 하나님께서 제정하신 이 계명들을 지키지 않아도 세상에서는 악으로 여기지 않는 것들입니다.

그러나 세상에서는 죄와 악으로 여기지 않는 이 계명들을 하나님께서는 세상에서 최악의 범죄로 다스리는 살인, 간음, 도적질보다 더 심각한 큰 죄로 따지는 것이 분명합니다. 왜냐하면 하나님의 법은 사람에게 행한 범죄보다 하나님께 대한 범죄를 더 중범죄로 보시기 때문입니다.

이 세상에서는 그것을 어겨도 악(죄)으로 보지 않는 것들이 하나님 앞에는 최악의 지옥 형벌로 다스리는 것입니다. 왜 그런가요? 그것은 창조주 하나님이 제정하신 법이 곧 선과 악을 가름하는 기준이기 때문입니다.

그러므로 선과 악을 알게 하는 나무는 곧 선악을 알게 하는 하나님이신 것입니다.

셋째, 사탄의 입에서 나온 말이 증거합니다.

성경에서 사탄이란 존재에 대해서 요한복음 8장 44절에 '거짓말쟁이'로, 또는 '미혹하는 자'로 표현합니다. 미혹한다는 것은 속이는 것을 말합니다.

그런데 중요한 것은 사탄이 사람을 속일 때는 황당한 거짓말로 속이지 않는다는 사실입니다. 다시 말하면 사탄은 새빨간 거짓말로 속이지 않습니다. 만일 그렇게 한다면 사탄에게 속을 사람이 없습니다. 사탄은 반드시 그 사람이 알고 있는 지식을 이용해서 그럴듯하게 속입니다.

예를 들어서 사탄이 예수님을 유혹할 때, 사탄은 세 가지로 유혹했습니다. 그것은 떡(돈), 명예(인기), 권세였습니다.

예수님께서 육체를 입은 분이기 때문에, 육체를 가진 인간들에게는 이 세 가지를 귀하게 여기는 것임을 모든 사람이 지식적으로 알고 있습니다. 만일에 이 세 가지가 별 볼일 없는 것으로 사람들이 지식적으로 알고 있다면 사탄은 이런 것으로 유혹하지 않습니다.

다시 말하면 사탄은 속임수를 쓸 때 그 사람이 알고 있는 지식을 이용한다는 말입니다. 전혀 알지 못하는 것으로는 누구도 속지 않으며, 아예 신경도 쓰지 않으므로 속을 필요도 없습니다.

그렇다면 하와는 선악과가 하나님을 상징하는 나무임을 알고 있었을까요? 우리는 그 해답을 사탄의 유혹하는 말에서 찾아야 합니다.

"너희가 그것을 먹는 날에는 너희 눈이 밝아져 하나님과 같이 되어 선악을 알 줄 하나님이 아심이니라"(창 3:5).

우리는 사탄이 유혹하는 말 중에 만일 선악과를 먹기만 하면 '하나님과 같이 되어 선악을 알게 된다.'는 말에 주목해야 합니다. 선악과 먹으면 '하나님 같이 될 수 있다.'는 유혹은 이미 하와가 지식적으로 선악과는 하나님인줄 알고 있었기 때문에, 사탄은 네가 그것을 먹으면 하나님 같이 된다고 유혹한 것입니다.

"여자가 그 나무를 본즉 먹음직도 하고 보암직도 하고 지혜롭게 할 만큼 탐스럽기도 한 나무인지라. 여자가 그 열매를 따먹고 자기와 함께 있는 남편에게도 주매 그도 먹은지라"(창 3:6).

이미 사탄의 유혹에 넘어간 하와가 선악과를 보았을 때, 선악과의 모습은 '지혜롭게 할 만큼 탐스러운 나무'로 보였다고 말합니다. 이 세상에 지혜롭게 하는 나무는 없습니다. 오직 지혜는 하나님이 주십니다. 그러므로 지혜롭게 할 만큼의 탐스러운 나무는 하나님을 상징하는 것이 틀림없습니다.

저는 위의 세 가지를 성경을 증거로 구약학 박사께 저의 소견을 말했습니다. 그때 그분은 '어 심플하다'고 평가했습니다. 그런데 그분은 선악과에 대해서 자신 있게 알고 있는 듯이 숙제까지 냈지만 선악과에 대해 아무 설명은커녕 자신의 지식을 전혀 공개도 못하고 얼버무리듯 끝마치고 말았습니다. 아마도 그분의 논리는 제가 말한 성경의 세 가지 증거에 훨씬 못 미치는 것이 틀림없는듯했습니다

저는 다시 한 번 성경은 저자가 성령이시므로, 성령께서 풀어주셔야 명쾌한 해답을 얻을 수 있다는 것을 실감했습니다.

"진리의 성령이 오시면 그가 너희를 모든 진리 가운데로 인도하시리니"(요 16:13).

"사람의 일을 사람의 속에 있는 영외에 누가 알리요? 이와 같이 하나님의 일도 하나님의 영외에는 아무도 알지 못하느니라"(고전 2:11).

그러면 에덴동산의 선악과를 통해서 오늘날 이 시대에 우리 기독인들이 깨우쳐야 할 중요한 교훈들을 나누어 보고자 합니다. 단순하게 선악과가 하나님을 상징하는 나무로만 아는 것은 별로 의

위험한 기독교

미가 없습니다. 선악과를 먹으면 반드시 죽는다는 말씀의 영적인 의미와 오늘날에 하나님께서 정하신 선악과는 무엇인가를 알아야 합니다.

2) 먹으면 반드시 죽는다는 의미

에덴동산은 오늘날 이 세상이라고 표현해도 지나치지 않은 표현입니다. 왜냐하면 첫 사람 아담과 하와가 장수해서 그 자손의 자손을 퍼프렸다면 에덴동산은 아마도 어마어마한 세상이 되었을 것이기 때문입니다. 그런데 중요한 것은 에덴의 중앙에 하나님을 상징하는 선악과를 두시고 먹지 말라고 명령하셨고, 왜 그것을 먹으면 반드시 죽는다고 하셨을까요?

하나님의 '반드시 죽는다.'는 경고는 무엇을 의미할까요?

(1) 육체의 죽음

아담과 하와는 범죄하고 회개하지 않은 것이 틀림없습니다. 그들이 하나님의 명령을 거역하고 선악과를 따먹었을 때 하나님께서는 그들을 찾아와서 부르십니다.

"여호와 하나님이 아담을 부르시며 그에게 이르시되 네가 어디 있느냐? 이르되 내가 동산에서 하나님의 소리를 듣고 내가 벗었으므로 두려워하여 숨었나이다"(창 3:10).

하나님께서 아담을 부르시며 네가 어디 있느냐고 물으신 것은 그가 어디 있는지 몰라서 묻는 것이 아니라 그가 말씀을 떠나 죄의 자리에 있으므로 회개를 촉구하시는 음성인 것입니다. 그러나 아담과 하와는 회개는커녕 핑계대기에 급급합니다.

"아담이 이르되 하나님이 주셔서 나와 함께 있게 하신 여자 그가 그 나무열매를 내게 주므로 내가 먹었나이다. 여호와 하나님이 여자에게 이르되 네가 어찌하여 이렇게 하였느냐? 여자가 이르되 뱀이 나를 꾀므로 내가 먹었나이다"(창 3:12-13).

창조주 하나님의 명령 '선악과 먹지 말라 먹으면 반드시 죽는다'는 사형 죄에 해당하는 하나님의 엄중한 명령이었음에도 불구하고, 그것을 어긴 아담과 하와의 반응은 회개하는 모습이 전혀 없습니다. 그러한 그들에게 내려진 심판은 이랬습니다.

"너는 흙이니 흙으로 돌아갈 것이니라 하시니라"(창 3:19b).

죄의 결과로 육체의 죽음이 온 것입니다. 하나님께서는 인간을 창조하실 때 죽음 없는 영생하는 존재로 창조하신 것이 틀림없습니다. 그 증거는 에녹이나 엘리야는 죽음을 영원히 보지 않고 영생하는 존재로 승천했으니 말입니다. 그 비결은 무엇인가요? 하나님과 동행하므로 죄를 이기는 것이 비결입니다. 그러나 첫 사람 아담과 하와는 중범죄를 범하고도 회개하지 않으므로 하나님의 경고대

위험한 기독교

로 육체의 죽음이 온 것입니다.

"죄의 삯은 사망이요"(롬 6:23a).

(2) 영의 죽음

범죄의 결과로 육체의 죽음이 오는 것보다 더 심각한 문제는 영적인 죽음입니다. 그러면 영적으로 죽는다는 것은 무엇인가요? 하나님께서 인간이나 동물을 창조하실 때 그 육체를 흙으로 창조하셨습니다. 그러나 인간은 동물과 달리 하나님의 영을 넣으셨음을 성경은 증언합니다.

"여호와 하나님이 흙으로 각종 들짐승과 공중의 각종 새를 지으시고"(창 2:19).
"여호와 하나님이 땅의 흙으로 사람을 지으시고 생기를 그 코에 불어넣으시니 사람이 생령이 되니라"(창 2:7).
"하나님이 자기 형상 곧 하나님의 형상대로 사람을 창조하시되 남자와 여자를 창조하시고"(창 1:26).

하나님께서는 인간을 창조하시되 하나님의 형상대로 창조하셨음을 말씀합니다. 또한 성경은 하나님은 영이심을 증언합니다. 영은 형체가 없습니다. 그러므로 하나님의 형상대로 창조했다는 말은 하나님의 영(성령)을 받은 존재로 창조했다는 말씀입니다. 그러므로 지구상의 모든 동물가운데 인간만이 유일하게 하나님의 영을 받은 영혼을 가진 존재로 창조한 것이며, 또한 영적인 존재로 창조했기 때문에 영이신 하나님과 교제할 수 있는 것입니다.

그러면 성도들에게 오신 성령은 영원토록 모든 성도들과 함께하실까요? 절대 그렇지 않습니다.

"성령을 소멸하지 말며 예언을 멸시하지 말고 범사에 헤아려 좋은 것을 취하고 악은 어떤 모양이라도 버리라"(살전 5:19-22).

성령이 소멸되는 이유는 하나님께로부터 온 예언(말씀)을 멸시하여 불순종하든지, 하나님께서 '하라'는 명령을 지키지 않든지, 또한 하나님이 하지 말라고 하신 명령을 거역할 때는 그것이 죄입니다. 그러므로 성령은 거룩한 하나님이시기 때문에 죄의 자리에 머무실 수 없으므로 죄를 범한 사람에게서 떠나신다(소멸)는 것입니다.

그러므로 영적인 죽음은 성령이 떠난(소멸) 상태입니다. 죄를 범한 사람이 성령을 떠나지 않게 하는 방법은 철저한 회개입니다. 그러나 아담과 하와는 회개하지 않았으므로 성령이 떠나는 영적인 죽음이 온 것임이 분명한 것은 성경이 증언하는 영적인 원리인 것입니다.

(3) 둘째 사망(지옥)

성경은 지옥에 던져지는 것을 둘째 사망으로 표현합니다. 육체의 죽음 후에 던져지는 영원한 형벌이 있는 지옥을 말하는 것으로서 거기서는 너무 고통스러워서 죽으려 해도 죽을 수 없는 곳으로 영원한 저주가 있는 곳입니다.

그러면 그곳에는 누가 가는 것인가요?

예수님께서는 지옥 불을 경고하실 때 이렇게 증언하셨습니다.

"또 누구든지 나를 믿는 이 작은 자들 중 하나라도 실족하게 하면 차라리 연자 맷돌이 그 목에 매여 바다에 던져지는 것이 나으리라. 만일 네 손이 너를 범죄하게 하거든 찍어버리라. 장애인으로 영생에 들어가는 것이 두 손을 가지고 지옥 곧 꺼지지 않는 불에 들어가는 것보다 나으니라. 만일 네 발이 너를 범죄하게 하거든 찍어버리라. 다리 저는 자로 영생에 들어가는 것이 두 발을 가지고 지옥에 던져지는 것보다 나으니라. 만일 네 눈이 너를 범죄하게 하거든 빼버리라. 한 눈으로 하나님의 나라에 들어가는 것이 두 눈을 가지고 지옥에 던져지는 것보다 나으니라. 거기에서는 구더기도 죽지 않고 불도 꺼지지 아니하느니라. 사람마다 불로서 소금 치듯 함을 받으리라"(막 9:42-49).

예수님께서는 복음서 곳곳에서 지옥의 끔찍한 실상을 생생하게 경고하셨습니다. 지옥은 사람의 살을 파먹는 구더기조차도 불 가운데서 죽지 않는 곳이므로, 그곳은 영원히 죽지 않고 불속에서 고통 받는 곳임을 증언하셨습니다. 마치 소금을 불속에 넣으면 소금이 튀듯이 그곳은 사람들이 영원히 죽지 않고 뜨거워서 소금 튀듯 몸부림치는 곳임을 증언하셨습니다.

그러면 지옥은 누가 가는 것인가요?

예수님의 말씀에 의하면 죄 때문에 갑니다. 죄를 짓는 손, 발, 눈으로 인하여 지옥에 가게 된다고 경고하십니다. 하와가 선악과를 눈으로 보는 순간 먹음직하고 지혜롭게 할 만큼 탐스러워보여서 손으로 따먹습니다. 다윗이 이웃집 여인의 목욕하는 장면을 눈으로 보자마자 죄악 된 행동(손, 발)이 나옵니다. 그러므로 예수님께서는 죄는 몸의 지체들에 대해 경각심을 갖게 하는 경고인 것입니다.

그런데 지금 지옥을 경고 받은 사람들은 누구인가요?

'누구든지 나를 믿는 이 작은 자들 중 하나라도 실족하게 하는 자'입니다(마 18:6 참조). 믿는 하나님의 자녀를 실족케 하는 자들은 지옥 불에 들어갈 것을 경고하신 것입니다.

말씀의 문맥을 보면 불신자가 아닙니다. '누구든지'라는 말씀은 불신자든 믿는 자든 어느 누구를 막론하고 믿는 자를 실족시키는 자를 의미합니다. 실제로 믿음 생활하다가 시험에 들어서 믿음을 포기한(실족한) 사람들의 사유를 보면 거의 다 교회 안에서 성도들이나 때로는 목회자들로 인해 시험에 들어 실족합니다. 실족시키는 자들은 누구를 막론(목회자 및 성도)하고 지옥 불에 들어갈 것을 경고하셨음을 잊지 말아야 합니다.

이와 같이 죄의 결과는 지옥이기 때문에 우리는 죄로부터 자신을 지키고, 혹시라도 범죄한 것에 대해서는 진정한 회개가 있어야 하는 것입니다.

3) 현 시대에 있어서 선악과는 무엇인가?

하나님께서는 첫 사람 아담과 하와를 위하여 에덴 낙원을 창조하셔서 그들로 하여금 그곳에서 살게 하셨습니다.

"여호와 하나님이 동방의 에덴을 창설하시고 그 지으신 사람을 거기 두시니라(창 2:8).

"여호와 하나님이 그 사람에게 명하여 이르시되 동산 각종 나무의 열매는 네가 임의로 먹되 선악을 알게 하는 나무의 열매는 먹지 말라. 네가 먹는 날에는 반드시 죽으리라 하시니라"(창 2:16-17).

이 말씀은 에덴 낙원의 모든 실과는 네 것으로 하여 먹되, 선악과는 나 곧 내 것이니 먹지 말라. 먹으면 반드시 죽으리라는 경고였습니다. 선악과는 하나님을 상징하는 나무입니다. 그러나 선악과가 하나님이라는 말은 아닙니다.사탄은 첫 사람을 유혹해서 하나님의 것까지 먹게 한 것입니다. 그러면 현 시대에 있어서 하나님의 것이라 할 수 있는 선악과는 무엇인가요?

(1) 선악과는 하나님의 말씀

선악과가 하나님을 상징하는 나무라면 이 시대에 선악과는 하나님의 말씀입니다.

"태초에 말씀이 계시니라. 이 말씀이 하나님과 함께 계셨으니 이 말씀은 곧 하나님이시니라. 그가 태초에 하나님과 함께 계셨고 만물이 그로 말미암아 지은 바 되었으니 지은 것이 하나도 그가 없이는 된 것이 없느니라"(요 1:1~3).

하나님께서는 사도 요한을 통해 '말씀은 곧 하나님'이라고 말씀하십니다. 또한 말씀이신 하나님께서는 만물을 창조하실 때도 말씀으로 창조하셨음을 성경은 증언하는 것이며 에덴동산을 창조하신 하나님께서는 첫 사람들에게 '선악과는 먹지 말라. 먹으면 반드시 죽는다.'는 말씀을 에덴동산의 법으로 정해 주셨습니다.

하나님의 말씀은 창조주 하나님께서 피조물인 우리에게 제정하신 법이며 약속입니다. 창조주 하나님 앞에 피조물인 우리가 하나님께서 제정하신 법대로 살 때는 복을 약속하셨고, 그렇지 않을 때는 저주를 약속하셨습니다(신 28장 참조). 선악과를 먹지 말라는 법도 마찬가지입니다.

① 율법과 계명

성경은 하나님의 법을 율법과 계명이라고 말씀합니다. 율법(律法)은 한자로 법 '률'에, 법 '법'자입니다. 율법은 하나님께서 제정하신 법입니다. 하나님께서는 모세를 통해 십계명을 주셨으므로 일반적으로 십계명을 중심한 모세 오경을 '율법'이라고 하며 다른 말로는 '계명'이라고 합니다. 계명(誡命)은 한자어로 경계할 '계'자에 생명 '명'자입니다. 다시 말하면 계명이란 단어의 뜻은 하나님의 법을 우리의 삶에 항상 경계해서 지켜야 할 이유는 죽느냐 사느냐의 생명이 달린 중요한 문제라는 것이 그 뜻입니다.

계명을 지키는 일이 이렇듯 중요하기 때문에 이스라엘은 하나님의 명령으로 '하라'는 계명을 248가지로, '하지 말라'는 계명을 365가지로 도합 613가지 계명을 나누어서 나름대로 철저하게 지키려고 노력했습니다.

그럼에도 불구하고 이스라엘은 하나님의 택한 백성이었지만 항상 복이 아닌 하나님의 징계를 받았고, 그 결과 남 유다와 북 이스라엘이 모두 망한 것은 하나님의 계명을 어겼기 때문입니다. 또한 세상에서만 망한 것이 아니라 영원한 천국입성도 못하고 심판의 대상이 되었음을 성경은 증언합니다.

"나라의 본 자손들은 바깥 어두운데 쫓겨나 거기서 슬피 울며 이를 갈게 되리라"(마 8:12).

성경의 이스라엘은 남의 얘기가 아닙니다. 우리에게 주신 구약성경은 이스라엘의 역사이면서, 또한 이스라엘은 영적으로 택함받은 성도를 의미하는 것입니다. 그러므로 구약성경을 통해서 우리는 하나님이 원하시는 삶이 무엇인가를 배워야 합니다.

"그들 가운데 어떤 사람들과 같이 너희는 우상숭배하는 자가 되지 말라. 기록된바 백성이 앉아서 먹고 마시며 일어나서 뛰논다함과 같으니라. 그들 중의 어떤 사람들이 음행하다가 하루에 이만 삼천 명이 죽었나니 우리는 그들과 같이 음행하지 말자. 그들 가운데 어떤 사람들이 주를 시험하다가 뱀에게 멸망하였나니 우리는 그들과 같이 시험하지 말자. 그들 가운데 어떤 사람들이 원망하다가 멸망시키는 자에게 멸망하였나니 너희는 그들과 같이 원망하지 말라. 그들에게 일어난 이런 일은 본보기가 되고 또한 말세를 만난 우리를 깨우치기 위하여 기록되었느니라. 그런즉 선 줄로 생각하는 자는 넘어질까 조심하라"(고전 10:7~12).

성경은 분명히 말씀합니다. 이스라엘이 실패한 구약성경의 기록은 말세를 당한 우리 성도를 깨우치기 위함임을 증언하고 있습니다. 그러므로 우리는 결코 구약성경을 통해 우리를 향하신 하나님의 심정을 읽어야 합니다. 이스라엘의 실패는 '내가 거룩하니 너희도 거룩하라.'는 하나님의 명령을 따르지 못한 것이 그 이유입니다. 그러므로 거룩한 삶은 죄악에서 떠난 삶을 말하므로 하나님의 율법과 계명을 지키는 삶인 것입니다.

② 율법과 계명을 대하는 기독교의 입장

하나님께서는 구약에서 이스라엘의 실패를 통해 말세를 당한 우리를 깨우치기 위하시는 것입니다. 그러므로 구약성경을 우리에게 주셨음에도 불구하고 오늘날 우리 기독교인들은 어떠한가요? 한마디로 말하면 오늘날 기독교는 율법과 계명 앞에 중구난방으로 갈피를 못 잡습니다.

마르틴 루터로 시작된 기독교의 '이신칭의' 교리는 믿음으로 의인 되어 천국에 간다는 교리로서 이들에게는 율법과 계명이 필요 없는 듯합니다. 무조건 믿기만 하면 구원받아 천국에 간다고 말합니다. 구원받아 천국에 갈 수 있는 믿음은 율법과 계명을 지켜야 한다고 하면 '율법주의자' 또는 '행위 구원론자'라고 규정하고 이단으로 정죄합니다.

이것은 마치 예수님 시대에 있어서 진짜 이단은 유대교임에도 불구하고, 그들은 하나님이 보내신 하나님의 아들을 이단의 괴수로 몰아서 십자가에 처형했던 것과 다를 바 없습니다. 지금 이러한 일이 기독교 안에서 일어나고 있는 것입니다. 성경은 남의 얘기가 아닙니다. 영적인 원리는 예나 지금이나 똑같습니다.

진짜 이단은 기독교 안에 있습니다. 기독교를 시작한 마르틴 루터를 생각해 봅시다. 마르틴 루터는 그 당시의 천주교 신부입니다. 그는 아마도 하나님의 말씀을 바로 아는 온전한 사람이 아닌 것이 분명합니다. 왜냐하면 "오직 나의 의인은 믿음으로 말미암아 살리라"(롬 1:17). 이 한 구절을 붙들고 이신칭의 교리를 만들었습니다. 그러나 그는 '행함 없는 믿음은 죽은 믿음'을 강조한 야고보서를 지푸라기 서신으로서 아무 가치 없는 서신이라고 말한 사람이기 때문입니다. 그렇다면 그가 말하는 이신칭의의 믿음은 행함과 함께하는 믿음이 아니고 마음으로만 믿는 것을 말하는 것은 두말할 나위 없습니다. 그러므로 오늘날 그 후예들은 그의 영향으로 행함으로 구원받음을 강조하면 이단으로 정죄합니다. 우리는 기독교의 개혁자인 마르틴 루터에 대해 좀 더 심도 있게 살펴볼 필요가 있습니다. 그것이 중요한 이유는 성경을 떠나서 무조건 믿는 것은 망하는 길이며 영원형벌의 심판의 대상이 될 수 있기 때문입니다.

신약성경 27권에 대해, 이것은 절대적인 하나님의 말씀인 정경으로 결정된 것은 주후 397년에 카르타고 교회회의에서 결정되었습니다. 그런데 반해 마르틴 루터는 출생연도가 주후 1483년입니다. 다시 말하면 마르틴 루터가 태어나기 1000여 년 전부터 신약 27권은 이미 절대적인 하나님의 말씀이 성경으로 확정되어서 읽혀져 왔습니다. 그런데 마르틴 루터는 주제넘게도 절대적인 하나님의 말씀인 야고보서를 가치 없는 지푸라기 같은 서신이라고 하나님의 말씀을 업신여기고, 평가절하하였습니다. 지푸라기라는 말은 쓰레기라는 말이나 다를 바 없는 것으로서, 마르틴 루터는 성경의 일부분만을 믿은 사람으로서 이것은 어린아이 신앙임이 분명합니다.

왜인가요?

어린아이들은 앞뒤가릴 것 없이 맛있는 것만 편식합니다. 우리 영의 양식인 하나님 말씀을 일부는 맛없어 보인다고 팽개쳐 버린 사람이 마르틴 루터입니다. 이런 사람이 기독교의 개혁자니 기독교가 온전할 수가 없습니다. 오늘날 마르틴 루터처럼 서신서 일부분은 쓰레기 서신이라고 말한다면 아마도 그는 당장 이단으로 정죄될 뿐 아니라 '미친놈'이란 낙인이 찍힐 것입니다. 이것이 오늘날 기독교를 개혁한 사람의 실제적인 실정입니다. 그런데 더욱더 심각한 문제는 현재의 기독교가 분별력 없이 마르틴 루터의 말을 하나님처럼 믿는 것이 더 심각한 문제 중의 문제인 것입니다.

그러면 마르틴 루터는 무엇이 잘못된 것인가요?

우리는 우리 죄를 대속하신 예수님을 믿는 믿음으로 회개하여 의인되어 구원받습니다. 여기까지는 이신칭의가 맞습니다.

그러나 성경에서 요구하는 구원은 네가 예수의 피 값으로 의인이 되었으면 의인의 삶을 살기 위해서는 말씀을 행하라는 것입니다.

그러면 의인의 삶은 무엇을 행해야 하는 것인가요?

그것은 두말할 것도 없이 율법과 계명을 지켜 행해야 되는 것입니다. 그렇잖고 율법과 계명을 범하면 다시 죄인이 되는 것은 두말할 나위가 없습니다. 이것은 구약시대와도 맥을 같이 합니다.

구약의 사람들이 죄에서 사함 받고 의인이 되는 길은 흠 없는 양이나 소(장차 오실 예수님을 상징)를 희생시킴으로 용서받고 의인이 되었습니다. 그러면 죄 사함 받은 이스라엘은 왜 멸망으로 갔나요? 그들은 계속하여 율법과 계명을 어겼기 때문입니다. 이와 같이 신약시대에도 영적인 원리는 구약시대와 맥락이 같은 것입니다.

③ 반드시 지켜야 할 율법과 계명

신앙생활에 있어서 구원받은 성도들이 하나님의 율법과 계명을 지켜야 하는 것처럼 중요한 것은 없습니다. 왜냐하면 율법과 계명은 영원한 천국과 지옥을 결정하는 문제이기 때문입니다. 율법과 계명을 어기면 죄가 되고 죄를 회개하지 않으면 둘째사망 지옥에 이르기 때문입니다.

그러면 하나님께서 정하신 율법과 계명을 어디까지 지켜야 되는 것인가요?

하나님께서 명하신 율법과 계명은 크게 도덕법과 제사법과 음식에 대한 법으로 나눌 수 있습니다. 제사법은 희생제물을 바치도록 규정하신 법입니다. 이 희생제물은 장차 이 땅에 오셔서 세상 죄를 지고 가는 하나님의 어린양 예수를 상징하는 것으로서, 이것은 예수님께서 십자가에 희생당하시고 다 이루었으므로 구약의 제사법은 예수님의 십자가의 보혈로 대체되었습니다.

"염소와 송아지의 피로 하지 아니하고 오직 자기의 피로 영원한 속죄를 이루사 단번에 성소에 들어 가셨느니라. 염소와 황소의 피와 및 암송아지의 재를 부정한 자에게 뿌려 그 육체를 정결하게 하여 거룩하게 하거든 하물며 영원하신 성령으로 말미암아 흠 없는 자기를 하나님께 드린 그리스도의 피가 어찌 너희 양심을 죽은 행실에서 깨끗하게 하고 살아 계신 하나님을 섬기지 못하겠느냐?"(히 9:12~14).

그러면 구약시대에 하나님께서 먹지 말라고 명령하신 부정한 음식을 오늘날 우리는 먹어서는 안 되는 것인가요? 이 문제 역시 성경에서 해답을 찾아야 합니다.

사도행전에 보면 기독교의 복음이 택한 백성 이스라엘로부터 이방인에게로 확산되어 갈 때, 예수님의 제자들에게도 많은 갈등이 있었던 것으로 보입니다. 이방인들에게 성경에서 금하는 음식까지 규제한다면 복음 전파에 상당한 지장을 초래할 것이 뻔한 일이므로 제자들이 예루살렘 총회를 열고 결론을 내렸습니다.

"그러므로 내 의견에는 이방인 중에서 하나님께로 돌아오는 자들을 괴롭게 하지 말고 다만 우상의 더러운 것과 음행과 목매어 죽인 것과 피를 멀리 하라고 편지하는 것이 옳으니"(행 15:19-20).

위의 20절을 현대어 성경은 이렇게 번역했습니다.

"다만 우상에게 제물로 바쳤던 고기를 먹지 말고 모든 음란한 행동을 하지 말고 목 졸라 죽인 짐승의 고기와 피를 먹지 말라고 써서 보내는 것이 좋으리라고 봅니다"(20).

이 말씀은 당시의 예루살렘 총회에서 총회장인 야고보가 내린 결론입니다. 우리가 이 말씀을 권위 있는 하나님의 말씀으로 받아야 하는 이유는 야고보가 총회에서 내린 결론은 성령의 감동으로 내려진 것이므로 하나님의 말씀으로 성경이 되어졌기 때문입니다.

그러므로 구약시대의 음식에 대한 법은 신약시대에 와서 거의 해제되고 다만 우상에 바쳤던 제물과 목 졸라 죽인 고기와 피를 먹지 말라고 규정하였으며, 또한 음행하지 말라고 규정한 것입니다. '음행'은 현대어 성경에 '모든 음란한 행동'으로 번역했습니다. 또 다른 성경에서는 '음행'을 '부도덕한 자'로 번역한 곳도 있습니다.

그러면 하나님 앞에 '모든 음란한 행동'과 '부도덕 한 자'는 무엇인가요?

하나님의 율법과 계명은 크게 '도덕법'과 '음식에 대한 법'과 '제사법'으로 나눠집니다.

'도덕법'은 우리가 하나님과 이웃에게 지켜야 할 법들입니다. 음식에 대한 법과 제사법은 신약시대에 거의 폐지가 되었지만 도덕법은 오히려 더욱 더 강화되었습니다. 왜냐하면 예수님께서는 율법을 폐하러 오신 것이 아니라 완전케 하러 오셨다고 말씀하시면서 마음으로 음욕을 품는 죄를 간음죄로, 마음으로 미워하는 죄를 살인죄로 규정하셨기 때문입니다.

그러므로 천국과 지옥을 결정하는 율법과 계명은 도덕법인 것입니다. 도덕법은 두 가지로 성도가 하나님께 지켜야 할 법과 이웃에게 지켜야 할 법입니다.

하나님께서 모세를 통해 주신 십계명도 도덕법으로서 우리가 하나님께 지켜야 할 법이며 또한 이웃에게 지켜야 할 법인 것입니다. 성경에는 십계명 외에도 천국에 못 들어갈 도덕법들이 너무나 많기 때문에 우리는 성경을 보면서 하나님께서 경고하신 율법과 계명(도덕법)을 반드시 알아야 합니다.

④ 율법과 계명은 의인이 의인 되는 길

율법에 대해서 우리를 헷갈리게 하는 성경 구절들이 있습니다. 로마서 3장이 대표적인 예라 할 수 있습니다.

"그러므로 사람이 의롭다하심을 얻는 것은 율법의 행위에 있지 않고 믿음으로 되는 줄 우리가 인정하노라"(롬 3:28).

기독교 개혁자 마르틴 루터가 의인은 믿음으로 되는 것이라는 이신칭의 교리를 만들 때 위의 구절에서 더 확신을 가졌다고 합니다. 이 말씀은 의인은 믿음으로 되는 것이지 결코 율법의 행위가 아니라는 것입니다.

아마도 현대 기독교 지도자들이 행함을 강조하는 사람들에게 '행위 구원론자' 혹은 '율법주의자'로 몰아서 이단으로 정죄하는 것은 이 성구를 근거로 그렇게 하는 듯싶습니다. 이 말씀을 앞뒤 문맥을 안 보고 풀면 그렇습니다. 항상 이단은 성경구절만 보고 판단해서 자기 교리를 만들고 자기가 주장하는 것들을 합리화시킵니다. 참으로 중요한 것은 문맥을 보아야 합니다.

"모든 사람이 죄를 범하였으매 하나님의 영광에 이르지 못하더니 그리스도 예수 안에 있는 속량으로 말미암아 하나님의 은혜로 값없이 의롭다 하심을 얻은 자 되었느니라"(롬 3:24).

"그런즉 자랑할 데가 어디냐? 있을 수 없느니라. 무슨 법으로냐 행위로냐 아니라. 오직 믿음의 법으로니라. 그러므로 사람이 의롭다하심을 얻는 것은 율법의 행위에 있지 않고 믿음으로 되는 줄 우리가 인정하노라"(롬 3:27-28).

이 말씀은 죄인에서 의인이 되는 길은 오직 우리 죄를 위해 십자가에 피 흘리신 예수님의 십자가의 공로를 믿음으로서 죄 사함 받아 의인이 되는 것이지 결코 율법의 행위로 의인되는 것이 아니므로 우리에게는 자랑할게 없다는 것입니다. 다시 말하면 천국에 가는 의인이 되는 것은 오직 우리 죄를 대속하신 예수님을 믿는 믿음이지 믿음 떠난 율법의 행위가 아니라는 말씀입니다. 여기까지는 이신칭의 교리가 맞습니다. 그러나 성경은 결론을 중요하게 보아야 합니다. 결론에는 항상 전체의 내용이 요약되는 중점적인 내용을 담습니다.

"그런즉 우리가 믿음으로 말미암아 율법을 파기하느냐? 그럴 수 없느니라. 도리어 율법을 굳게 세우느니라"(롬 3:31).

이 말씀은 참으로 아이러니 합니다. 율법의 행위가 아닌 믿음으로 의인되어 구원받았으면 율법을 약화시켜야 하는데 도리어 믿음으로 의인된 우리는 율법을 더 강화하고 율법을 더욱더 굳게 세운다는 말씀입니다.

왜 그런가요?

그것은 믿음으로 의인된 우리가 주님 부르실 때까지 의인의 신분을 유지하는 길은 율법과 계명을 지켜야 하기 때문입니다. 다시 율법을 범하면 불법자가 되어 의인의 길에서 이탈하게 되어 심판의 대상이 되기 때문에 믿음으로 의인된 우리는 율법을 더 굳게 세운다는 말씀임을 가슴에 새기고 결코 잊지 말아야 합니다.

또한 하나님께서는 바울의 입을 통해 이렇게 말씀하셨습니다.

"너희 몸은 너희가 하나님께로부터 받은바 너희 가운데 계신 성령의 전인 줄을 알지 못하느냐? 너희는 너희 자신의 것이 아니라 값으로 산 것이 되었으니 그런즉 너희 몸으로 하나님께 영광을 돌리라"(고전 6:19-20).

이 말씀은 첫 사람 아담의 범죄로 말미암아 원죄를 지니고 태어난 우리들은 사탄의 종노릇하며 죄 가운데 살았던 우리들이었지만 하나님의 독생자께서 희생제물이 되셔서 그 고귀한 피 값으로 우리를 하나님의 것으로 값 주고 사셨으므로, 이제는 성령 하나님이 내주하시는 거룩한 성전이 되었다는 말씀입니다. 그러나 여기에서 끝나면 안 됩니다. 이렇게 하나님의 태산 같은 은혜를 입은 존재이니, 그런즉 너희 몸으로 하나님께 영광 돌리라는 말씀입니다.

이전에는 사탄이 이끄는 대로 살았던 죄의 종이었지만, 이제는 예수님의 고귀한 피 값을 주고 합법적으로 하나님의 것이 되었으므로 이제는 너희 몸으로 하나님께 영광을 돌리라는 말씀은 계명을 지키라는 것입니다.

하나님께서 가증하게 여기셔서 '하지 말라'고 명령하신 것들을 일삼는다면 그는 하나님의 영광을 가리는 것입니다. 또한 이것은 하나님이 '하라'는 명령을 하지 않는 것도 하나님의 영광을 가리는 것입니다.

"내가 거룩하니 너희도 거룩할지어다(벧전 1;16)."

첫 사람 아담과 하와에게 심판이 임하고 택한 백성 이스라엘이 버림받은 이유는 거룩한 길을 가지 않았기 때문입니다. '거룩'은 죄와 완전히 분리된 상태를 의미합니다. 그러면 하나님께서 원하시는 거룩한 삶은 무엇인가요?

그것은 율법과 계명을 지키는 것입니다. 이것을 지키지 않으면 거룩한 길이 아닌 죄의 길을 가는 것으로서 공의의 하나님 앞에 반드시 심판을 받습니다. 거룩한 삶은 의인이 반드시 가야 할 길로 그것은 율법과 계명을 반드시 지켜야 거룩한 삶이 되는 것입니다.

⑤ 율법과 계명을 어긴 자들에 대한 하나님의 경고

그러면 중요한 것은 우리라고 하는 존재가 이렇듯 고귀한 피 값으로 하나님의 것이 되었으면 그 지위가 영원히 하나님의 것일까요? 하나님 말씀은 절대로 그렇지 않습니다.

"진실로 진실로 너희에게 이르노니 죄를 범하는 자마다 죄의 종이라"(요 8:34).

이 말씀은 아담 시대나 이 시대나 어느 시대를 막론하고 율법과 계명을 어기고 죄를 범하는 자마다 죄의 종, 다시 말하면 사탄의 종이 된다는 경고입니다.

"그런즉 어찌하리요? 우리가 법 아래 있지 아니하고 은혜 아래 있으니 죄를 지으리요? 그럴 수 없느니라. 너희 자신을 종으로 내주어 누구에게 순종하든지 그 순종함을 받는 자의 종이 되는 줄을 너희가 알지 못하느냐? 혹은 죄의 종으로 사망에 이르고 혹은 순종의 종으로 의에 이르느니라(롬 6:15~16).

이 말씀은 구약의 율법시대가 아닌 지금 은혜시대에 살아가는

위험한 기독교

우리라도 율법과 계명을 어기므로 결코 죄를 지을 수 없다는 것입니다. 그 이유는 율법과 계명에 순종하는 순종의 사람이 의인되어 천국에 가지만, 율법과 계명을 어기고 죄의 종이 되었을 때는 첫 사람들과 같이 반드시 둘째 사망 지옥에 이른다는 경고인 것입니다.

"하나님 앞에서는 율법을 듣는 자가 의인이 아니요 오직 율법을 행하는 자라야 의롭다 하심을 받으리니"(롬 2:13).

이 말씀은 믿음으로 구원받아 하나님의 말씀(율법)을 듣는 사람이 의인이아니라, 율법을 지키고 행하는 사람이 의인이라는 말씀입니다. 이 말씀을 역으로 하면 율법을 행하지 않는 자는 죄인이라는 말씀입니다. 죄인은 절대로 천국에 못 들어가며 의인이 가는 나라가 천국입니다.

"그런즉 가라지를 거두어 불에 사르는 것 같이 세상 끝에도 그러하리라. 인자가 그 천사들을 보내리니 그들이 그 나라에서 모든 넘어지게 하는 것과 또 불법을 행하는 자들을 거두어 내어 풀무 불에 던져 넣으리니 거기서 울며 이를 갈게 되리라. 그때에 의인들은 자기 아버지 나라에서 해와 같이 빛나리라. 귀 있는 자는 들으라"(마 13:40~43).

이 말씀에서 풀무 불에 들어갈 사람들이 누구인가요? '불법을 행하는 자들'입니다. 다시 말하면 율법과 계명을 지키지 않는 자들입니다.

성경은 이렇게 명백한데도 오늘날 기독교는 왜 구원을 남발하는 것인가요?

그 이유는 이신칭의 교리에 세뇌가 되었기 때문입니다. 또한 칼빈의 견인교리에 세뇌된 사람들은 이런 경고들을 무시합니다. 심지어 하나님의 지옥에 대한 경고는 엄포를 놓는 것이라고 말합니다.

이런 자들은 성경을 엉터리로 풀어서 자기도 멸망으로 가고 양들도 멸망으로 인도해 갑니다.

"만일 맹인이 맹인을 인도하면 둘이 다 구덩이에 빠지리라"(마 15:14).

성경은 너무나 방대한 말씀이기 때문에 자신의 교리가 잘못되었어도 얼마든지 그 잘못된 교리에 맞는 말씀들을 맞출 수 있습니다. 그러므로 이단이 나오는 것입니다. 중요한 것은 문맥입니다. 문맥보다 더 중요한 것은 성경 전체적인 문맥이 맞아야 합니다. 왜인가요? 하나님께서는 한 입으로 두 말을 하지 않으시기 때문입니다.

"나더러 주여 주여 하는 자마다 다 천국에 들어갈 것이 아니요 다만 하늘에 계신 내 아버지의 뜻대로 행하는 자라야 들어가리라. 그날에 많은 사람이 나더러 이르되 주여 주여 우리가 주의 이름으로 선지자 노릇하며 주의 이름으로 귀신을 쫓아내며 주의 이름으로 많은 권능을 행하지 아니 하였나이까 하리니 그때에 내가 그들에게 밝히 말하되 내가 너

위험한 기독교

희를 도무지 알지 못하니 불법을 행하는 자들아 내게서 떠나가라 하리라"(마 7:21~23).

예수님의 이 경고는 믿음으로 의인되어 천국에 간다는 이신칭의 교리가 얼마나 진리와 어긋나는지 알 수 있습니다.

이들의 믿음을 보십시오. 대단한 믿음입니다. 주의 이름으로 선지자 노릇하고, 귀신을 쫓아내고, 많은 권능까지 행했습니다. 이런 사역하는 사람들은 거의 다 능력 있는 목회자들입니다. 이들은 이런 은사를 받기까지 얼마나 많은 금식과 철야 기도가 있었을까요? 그러나 주님은 마지막 영혼의 때에 너희를 모른다고 하셨습니다. 왜인가요? 그 이유는 '불법'을 행했기 때문입니다. 다시 말하면 율법과 계명을 지키지 않았기 때문입니다. 이들이 이렇듯 주님의 일을 한다고 일생을 주님께 드렸건만 결과는 주님이 너희를 모른다 하셨으니 이들은 천국입성이 아닌 영원형벌의 장소에 가게 되는 것은 불 보듯 뻔한 사실입니다.

왜 실컷 주의 일하고 이런 일이 일어나는 것인가요?

하나님의 계명과 율법을 수박 겉핥기식으로 건성으로 알았기 때문임이 틀림없습니다. 이렇게 하나님께서 세운 법을 건성으로 알게 되는 계기는 잘못된 교리가 큰 원인입니다.

칼빈주의의 견인교리는 하나님께서 택한 백성은 결코 버리지 않고 천국까지 보장한다는 것으로서, 이런 교리에 세뇌된 사람들은 하나님의 율법과 계명을 중요하게 생각하지 않습니다. 이미 천국 백성이 되었는데 율법과 계명을 목숨 걸고 지킬 이유가 없는 것입니다. 그러나 착각하지 마십시오.

'계명(誡命)'은 경계할 '계'자에 목숨 '명'자입니다. 계명은 글자 자체가 목숨이 걸려있다는 뜻입니다.

⑥ 율법과 계명을 가르치는 목회자들에게 경고

예수님께서는 계명이 이렇듯 중요하고 생명이 딸린 중요한 문제이기 때문에 가르치는 목회자들에게 이렇게 경고하셨습니다.

"내가 율법이나 선지자를 폐하러 온 줄로 생각하지 말라. 폐하러 온 것이 아니요 완전하게 하려 함이라. 진실로 너희에게 이르노니 천지가 없어지기 전에는 율법의 일점일획도 결코 없어지지 아니하고 다 이루리라. 그러므로 누구든지 이 계명 중의 지극히 작은 것 하나라도 버리고 또 그같이 사람을 가르치는 자는 천국에서 지극히 작다 일컬음 받을 것이요 누구든지 이를 행하며 가르치는 자는 천국에서 크다 일컬음을 받으리라. 내가 너희에게 이르노니 너희 의가 서기관과 바리새인보다 더 낫지 못하면 결코 천국에 들어가지 못하리라"(마 5:17~20).

이 말씀은 예수님께서 이 땅에 오심은 거짓 인도자들의 주장대로 십자가 복음으로 율법을 폐하러 온 것이 아니라는 것입니다. 오히려 율법을 완전하게 하러 오셨다는 말씀입니다. 실제로 예수님께서는 십계명의 간음하지 말라는 법을 다시 해석하셔서 '음욕을 품고 여자를 보는 자마다 이미 간음한 자'라고 하셨고, 살인하지 말라는 십계명도 '형제를 미워하는 자마다 살인한 자'라고 규정하시므로 구약의 행위로만 따지던 법을 이제는 마음으로 범하는 죄도 같은 범법자로 규정하셨습니다.

또한 예수님께서는 '천지는 없어져도 율법의 일점일획도 없어지지 아니하고 다 이루리라.'는 말씀은 율법과 계명은 하나님께서 제정하신 법이기 때문에 천지는 없어질지라도 율법은 결코 없어지지 아니하고 어느 시대 어느 누구를 막론하고 그 법대로 심판하여 다 이루신다는 말씀입니다. 그러므로 디모데후서 4장 8절에서는 하나님을 '의로우신 재판장'이라고 표현한 것은 하나님은 율법과 계명대로 심판하시기 때문입니다.

불의의 재판장들은 뇌물을 받고 법에서 벗어나 제멋대로 심판을 하므로 유전무죄 무전유죄라는 말이 생기기도 합니다. 세상 재판장들은 육법전서가 법이지만 하나님께서는 율법과 계명이 심판하시는 법입니다. 하나님의 율법과 계명으로 말미암아 영생에 나라에 들어가느냐, 그렇잖으면 영원한 형벌에 처해지느냐가 결정되는 것입니다. 그러므로 예수님께서는 가르치는 자들게 이렇게 경고합니다.

"누구든지 이 계명 중의 지극히 작은 것 하나라도 버리고 또 그같이 사람을 가르치는 자는 천국에서 지극히 작다 일컬음 받으리라"(마 5:19a).

이 말씀은 오늘날 성도를 가르치는 목회자들에게 하시는 경고입니다. 목회자들은 주의 종으로서 주님의 일을 하는 사람들입니다.

모든 것을 버리고 주를 위해 사는 사람들입니다. 그런데 성경 어디를 보더라도 주의 종에게 천국에서 작은 자가 되더라도 '지극히 작은 자'가 되리라는 경고는 어디에도 없는 것 같습니다. 주를 위해 사는 주의 종들은 천국의 큰 상을 기대하며 사는 사람들입니다. 그런데 천국에서 큰 상은커녕 '지극히 작은 자'가 되리라는 경고는 아마도 부끄러운 구원을 받는 자가 되리라는 경고인 듯 보입니다. 그러면 왜 그런 경고를 하셨나요? 그것은 지극히 작은 계명이라도 그것을 소홀히 여기고 가르치지 않는 자들에게 대한 경고인 것입니다. 왜 주님께서는 계명에 대해 이렇게까지 경고하시는 것일까요? 그것은 계명이 글자의 뜻대로 목숨이 딸린 문제로 영생천국에 들어가느냐, 못 들어가느냐를 결정하는 것이기 때문입니다.

"내 형제들아 너희는 선생 된 우리가 더 큰 심판을 받을 줄 알고 선생이 많이 되지 말라"(약 3:1).

가르치는 목회자가 더 큰 심판이 있으리라는 경고입니다. 왜 심판을 받나요. 선생이 많이 되지 말라는 경고는 하나님의 율법과 계명을 하나님께서 정하신 지극히 작은 계명 하나라도 그 계명(법)을 그대로 가감 없이 가르치라는 말씀입니다.

서사라 목사의 천국지옥 간증을 들으면 누구라도 존경할 수 있는 장로교 대형교회 목사님이 천국에 있지 않고 감옥에 있다는 말을 들었습니다. 그것을 본 서사라 목사님도 너무 믿어지지가 않아서 '주님 저분이 왜 저기 계시나요?' 그때 예수님의 말씀은 '저 사

위험한 기독교

람은 짖지 않는 개다.'라고 하더랍니다.

짖지 않는 개가 무슨 뜻인가요?

개가 하는 일은 마치 파수꾼과 같이 도둑이 오면 짖어서 주인에게 경각심을 주는 것이 개가 할 일이라는 것입니다.

그런데 감옥에 있는 그 목사는 성도들에게 율법과 계명을 소홀히 가르치므로 성도들에게 경각심을 주지 않았다는 것입니다.

저는 그의 간증을 듣고 감옥에 있다는 그 목사의 책을 저의 서재에서 찾았습니다. 너무나 유명한 목사이기에 그 목사의 책은 어느 목사라도 없는 사람이 없을 겁니다. 저는 그분의 책 제목을 통해서 '아 이 사람도 지독한 칼빈주의이구나!'하는 것을 알았습니다.

왜 그런가요? 한번 구원은 영원한 구원이라는 견인교리는 율법과 계명이 필요 없습니다. 이렇게 가르치는 자는 거짓 선지자이며 성도들을 지옥에 보내는 것입니다.

저는 개인적인 체험으로 '기독교 핵심구원론'을 국민일보 대자보에 실어서 많은 칭찬과 격려를 받았습니다.

그러던 어느 날 꿈을 꾸었는데 신학대학교에 다닐 때 교수님이 제 앞에 있는 겁니다. 그런데 그분은 옷을 입었음에도 목 부분까지 시커먼 문신이 보였습니다. 경건해야할 교수님이 어떻게 이런 모습일까를 생각하고 이것이 무슨 의미일까를 생각할 때 하나님께서 즉시 이런 깨달음을 주셨습니다.

꿈에 본 그 교수님은 제가 신학교 다닐 때 지독한 칼빈주의자였습니다. 그분의 몸에 굵은 문신이 있는 것은 깡패 건달들의 모습이며, 그들에게는 법이 없는 무법자로서 그렇게 악행을 저지르다가 결국은 법의 심판을 받게 된다는 것을 암시하는 꿈 내용이었습니다.

"맹인 된 인도자가 맹인을 인도하면 둘 다 구덩이에 빠지리라"(마 15:14).

⑦ 율법과 계명 앞에 사도 바울의 자세

천국 입성은 이렇듯 예수님을 믿고 하나님의 법을 지키는 자가 가는 곳이기 때문에 신약의 위대한 사도 바울은 성령의 감동으로 이렇게 말합니다.

"그러므로 나의 사랑하는 자들아 너희가 나 있을 때뿐 아니라 더욱 지금 나 없을 때에도 항상 복종하여 두렵고 떨림으로 너희 구원을 이루라"(빌 2:12).

이 말씀은 바울이 빌립보교회의 성도들에게 쓴 편지로서, 바울이 빌립보 성도들과 함께 있을 때나 없을 때나 두렵고 떨리는 마음으로 너희 구원을 이루어가라는 경고성에 권면입니다.

그러면 구원을 이루는 길은 무엇인가요?

그것은 '항상 복종'입니다. 복종이라는 단어는 반드시 명령이 있을 때 가능한 동작으로서 그것은 순종보다 더 강력한 동작입니다. 그러면 누구에게 복종하라는 건가요? 그것은 두말할 나위 없이 하나님의 명령인 율법과 계명에 복종하라는 말씀입니다.

바울의 이 경고는 이신칭의 교리나 견인교리와 얼마나 어울리지 않는 것인가요?

이신칭의는 믿음으로 이미 구원받아 천국백성이 됐다는 주장이고, 바울은 아직 천국백성은 확실한 것이 아니니 항상 두렵고 떨리는 마음으로 율법과 계명을 복종하므로 네 구원을 이루어가라는 말씀입니다.

이렇게 경고성의 권면을 한 바울 자신은 어떠한 자세로 주의 길을 갔나요?

"운동장에서 달음질하는 자들이 다 달릴지라도 오직 상을 받는 사람은 한 사람인줄을 너희가 알지 못하느냐? 너희도 상을 받도록 이와 같이 달음질하라. 이기기를 다투는 자마다 모든 일에 절제하나니 그들은 썩을 승리자의 관을 얻고자 하되 우리는 썩지 아니할 것을 얻고자 하노라. 그러므로 나는 달음질하기를 향방 없는 것 같이 아니하고 싸우기를 허공을 치는 것 같이 아니하며 내가 내 몸을 쳐 복종하게 함은 내가 남에게 전파한 후에 자신이 도리어 버림을 당할까 두려워함이로다"(고전 9:24~27).

이 말씀은 바울 자신이 하나님의 일을 하는 신약의 위대한 사도임에도 '내가 내 몸을 쳐서 복종한다고 했습니다'

왜인가요? '내가 남에게 복음을 전파한 후에 도리어 자신이 하나님의 버림을 당할까 두렵기 때문이라'는 것입니다. 그러면 바울은 버림을 받지 않기 위해 무엇에 자신의 몸을 쳐서 복종시킨다는 것인가요? 그것은 두말할 나위 없이 율법과 계명에 대한 복종입니다.

그런데 바울은 왜 운동경기인 달리기와 복싱경기 이야기 끝에 복종과 버림의 발언을 하는 것일까요? 그 이유는 운동경기만큼 법과 룰을 따지는 것도 없습니다. 법과 룰대로 안 하면 아무리 경기를 잘해도 실격 처리됩니다.

"경기하는 자가 법대로 경기하지 아니하면 승리자의 관을 얻지 못할 것이며"(딤후 2:5).

이 말씀은 바울이 자신의 제자로서 같은 목회자인 디모데에게 한 말로서 다시 말하면 네가 하나님의 일을 하고 하늘의 상급을 받는 자가 되려면 철저히 하나님의 율법과 계명을 지키라는 것입니다. 그렇지 않으면 법을 지키지 않은 운동선수가 실격되는 것처럼, 끝 날에 상은커녕 하나님의 버림을 당할 것을 경고한 말씀입니다.

⑧ 율법과 계명 앞에 우리의 자세

첫 사람 아담과 하와는 하나님께서 '선악과를 먹지 말라. 먹으면 반드시 죽는다.'고 정하신 율법과 계명을 소홀히 여기므로 마귀에게 속아서 선악과를 따먹으므로 멸망으로 가고 말았습니다.

그러면 사탄은 왜 이렇듯 하나님의 계명을 속여서 범죄하게 하는 것인가요? 그것은 율법을 어기는 죄는 반드시 하나님의 심판을 받게 되므로 죄짓게 해서 자기가 왕노릇하는 지옥백성 삼고자 하는 것입니다. 사탄이 자기 백성으로 삼는 것은 간단합니다. 하나님의 법과 계명을 어기게 하면 되는 것입니다.

"진실로 진실로 너희에게 이르노니 죄를 범하는 자마다 죄의 종이라"(요 8:34).
"죄를 짓는 자는 마귀에게 속하나니 마귀는 처음부터 범죄함이라"(요일서 3:8a).

그러면 우리는 율법과 계명 앞에 어떤 자세를 가져야 하나요?

"이 율법 책을 네 앞에서 떠나지 말게 하며 주야로 그것을 묵상하여 그 안에 기록된 대로 다 지켜 행하라. 그리하면 네 길이 평탄하게 될 것이며 네가 형통하리라. 내가 네게 명령한 것이 아니냐? 강하고 담대하라. 두려워하지 말며 놀라지 말라. 네가 어디로 가든지 네 하나님 여호와가 너와 함께 하느니라"(수 1:8-9).

율법에 대해서 우리가 해야 할 하나님의 요구는 대단합니다. 이 말씀을 다시 해석하면 율법 책을 항상 품에 지니고 다니며, 밤낮으로 묵상(암송)하며 거기서 끝나지 말고 그것을 지켜 행하라는 것입니다. 그렇게 율법을 지켜 행하면 네 인생길이 형통하고 어디를 가든지 하나님이 함께 하신다는 약속인 것입니다.

첫 사람 아담과 하와도 선악과 먹으면 반드시 죽는다는 하나님의 율법을 밤낮없이 암송하고 지켰다면 사탄에게 속지 않고 만사

형통했을 것이 분명합니다. 그러나 그들은 생명 되신 하나님 말씀을 망각하고 말았습니다. 사탄은 하와가 말씀을 확실히 아는지 물었고, 확실히 대답 못하는 하와를 거짓으로 속여 따먹게 합니다.

우리 인간의 문제는 확실히 알았던 것도 시일이 오래되면 기억이 희미해지고 망각하는 것이 큰 문제입니다. 그러므로 하나님께서는 생명 되는 율법 책을 주야로 붙들고 살라고 명령하십니다. 이와 같이 우리 성도는 영생의 천국에 입성하기 위해서는 하나님의 율법과 계명을 가슴에 새기고 알아야 합니다. 그러한 삶이 될 때 천국뿐만 아니라 세상에서도 형통한 삶이 되는 것입니다. 실제로 우리 주변에는 만복의 근원이신 하나님을 믿으면서도 복이 아닌 만사불통의 삶을 사는 사람들이 얼마나 많은지요? 그 원인이 무엇인가에 대해 하나님께서 바울의 입을 통해 이렇게 말씀하십니다.

"음행과 온갖 더러운 것과 탐욕은 너희 중에서 그 이름조차도 부르지 말라. 이는 성도에게 마땅한 바니라. ~~ 너희도 정녕 이것을 알거니와 음행하는 자나 더러운 자나 탐하는 자 곧 우상숭배자는 다 그리스도와 하나님의 나라에서 기업을 얻지 못하리니 누구든지 헛된 말로 너희를 속이지 못하게 하라. 이로 말미암아 하나님의 진노가 불순종의 아들들에게 임하나니 그러므로 그들과 함께 하는 자가 되지 말라"(엡 5:3~7).

이 말씀에 '정녕 이것을 알라'는 말씀은 '이것은 중요한 것이니 반드시 알아야 한다'는 것으로서 음행하는 자(부도덕한 자), 더러운 자, 탐하는(탐욕) 자들은 하나님의 나라 천국에 들어가지 못하므로, 믿기만 하면 천국에 들어간다는 말을 하는 자들에게 속지 말라는 것입니다. 이런 불순종의 아들들에게 형통한 삶이 아닌 하나님의 진노가 있다는 것입니다. 오늘날 교회 안에는 하나님의 진노(징계)를 당하는 목회자나 성도들이 얼마나 많은지 모릅니다. 왜 하나님은 이런 사람에 대해 진노하시고 징계하시나요? 그것은 죄의 자리에 있으면 천국에 못 들어가기 때문에 회개로 이끌기 위해 징계하시는 것입니다. 하나님께서 바울을 통해서 천국에 못 들어갈 죄목들을 열거한 것들을 보면 참으로 별것 아닌 것들이 천국에 못 들어간다는 것을 잊지 마십시오.

"불의한 자가 하나님의 나라를 유업으로 받지 못할 줄을 알지 못하느냐? 미혹을 받지 말라. 음행하는 자나 우상숭배하는 자나 간음하는 자나 탐색하는 자나 남색하는 자나 도적이나 탐욕을 부리는 자나 술 취하는 자나 모욕하는 자나 속여 빼앗는 자들은 하나님의 나라를 유업으로 받지 못하리라"(고전 6:9~10).
"육체의 일은 분명하니 곧 음행과 더러운 것과 호색과 우상숭배와 주술과 원수 맺는 것과 분쟁과 시기와 분냄과 당 짓는 것과 분열함과 이단과 투기와 술 취함과 방탕함과 또 그와 같은 것들이라. 전에 너희에게 경계한 것 같이 경계하노니 이런 일을 하는 자들은 하나님의 나라를 유업으로 받지 못할 것이요"(갈 5:19~21).

위의 열거한 죄명들은 하나님의 율법과 계명들로서 이것을 지키지 않고 범한 사람들은 결코 하나님의 나라에 들어가지 못한다는 경고입니다.

착각하지 마십시오. 이것은 믿지 않는 이방인들에게 주는 경고가 아닙니다. 믿지 않는 이방인들은 믿지 않는 불신죄 하나만으로 지옥 불에 들어갑니다. 이것은 바울이 고린도교회와 갈라디아교회 성도들에게 쓴 편지로서 믿는 성도들에게 주는 경고입니다.

성경은 이렇듯 확실한데 어떻게 마르틴 루터는 바울서신에 기록된 천국 못 들어갈 어마어마한 경고는 보지 않고, 로마서의 한 귀퉁이만 보고 이신칭의 교리를 만들었는지 어이가 없고 이해가 안 됩니다. 마르틴 루터가 지푸라기 서신이라고 말한 야고보서의 행함이 없는 믿음은 죽은 믿음이란 것은 무엇을 말하나요? 그것은 위의 계명들이나 그 외의 많은 계명들을 행하지 않고 지키지 않는 자들의 믿음을 말하는 것입니다. 이런 하찮아 보이는 계명들을 행하지 않고 어기고 회개하지 않으면 천국을 못 들어갑니다. 그러니 계명들을 행하지 않는 믿음은 아무 쓸데없는 죽은 믿음인 것입니다.

이렇듯 예수님을 믿는 자들에게도 하나님의 율법과 계명이 천국에 들어가느냐 그렇지 않느냐가 결정되기 때문에 우리는 하나님의 율법과 계명을 확실히 가슴에 새기고 지켜야 합니다. 그리고 하나님께서 가증하게 여기는 죄들을 다 끊어버려야 합니다. 더 나아가서 그러한 악행을 안 한다고 안심해서도 안 됩니다.

"새 계명을 너희에게 주노니 서로 사랑하라. 내가 너희를 사랑한 것 같이 너희도 서로 사랑하라"(요 13:34).

위험한 기독교

이 말씀은 예수님께서 우리에게 주신 새 계명입니다. 예수님께서 우리를 사랑하신 사랑은 자신을 십자가에 내어 주신 희생적인 사랑입니다. 예수님께서는 이러한 희생적인 사랑을 우리에게 요구하십니다. 심지어는 "네 원수를 사랑하라"고까지 하셨습니다. 이웃을 사랑하되 네 몸처럼 사랑하라 하셨습니다. 네가 네 몸을 아끼고 애지중지하듯이 이웃을 사랑하라. 이것이 크고 첫째 되는 계명이라고 말씀하셨습니다. 예수님께서 우리에게 주신 계명은 단순히 악을 버리는 것에 그치지 않고 오히려 사랑하되 마음과 목숨과 뜻을 다하여 하나님을 사랑하고 네 이웃을 네 몸같이 사랑하라고 명령하십니다. 이것이 크고 첫째 되는 계명이므로 이것은 반드시 행해야 할 하나님의 명령입니다. 이 사랑의 계명을 지키지 않은 자들의 결과를 보십시오. 마태복음 25장의 '양과 염소의 비유'에서 하나님께서는 왼편의 염소들에게 '영원한 불에 들어가라'고 지옥을 선언하셨습니다. 지옥의 판결 이유는 무엇인가요? '지극히 작은 자에게 사랑으로 섬기지 않은 것'이 그 이유입니다.

그러므로 우리는 하나님의 율법과 계명을 알면 알수록 겸손하게 엎드리지 않을 수 없습니다.

우리 죄를 위해 십자가에 못 박혀 희생당하신 예수님 앞에 진정한 회개가 있어야 합니다. 이것은 어느 누구를 막론하고 반드시 실천되어야 한다고 봅니다.

누가복음 18장에 예수님께서 바리새인과 세리에 대해서 회개의 중요성을 이렇게 말씀하셨습니다.

"바리새인은 서서 따로 기도하여 이르되 하나님이여 나는 다른 사람들 곧 토색, 불의, 간음을 하는 자들과 같지 아니하고 이 세리와도 같지 아니함을 감사하나이다. 나는 이레에 두 번씩 금식하고 또 소득의 십일조를 드리나이다 하고 세리는 멀리 서서 감히 눈을 들어 하늘을 쳐다보지도 못하고 다만 가슴을 치며 이르되 하나님이여 불쌍히 여기소서. 나는 죄인이로소이다 하였느니라. 내가 너희에게 이르노니 이에 저 바리새인이 아니고 이 사람이 의롭다 하심을 받고 그의 집으로 내려갔느니라. 무릇 자기를 높이는 자는 낮아지고 자기를 낮추는 자는 높아지리라 하시니라"(눅 18:11~14).

위의 바리새인의 신앙이야말로 참으로 훌륭합니다. 하나님께 대해서 철저한 십일조와 일주일에 두 번 금식하는 삶은 나무랄 데 없는 신앙입니다.

그에 비해 백성들에게 비난의 대상인 세리는 내세울 것이 없었습니다. 다만 가슴을 치고 회개하며 하나님의 긍휼을 구합니다. 그때 예수님께서는 '저 바리새인이 아니고 이 세리가 의롭도다'는 평가를 내리셨습니다. 다시 말하면 천국은 의인이 가는 나라이기 때문에 천국의 주인공은 훌륭해 보이는 바리새인이 아니고 통회 자복하는 세리가 주인공임을 말씀하신 것입니다.

그러면 그럴싸해 보이는 바리새인의 문제는 무엇인가요? 이 두 사람의 비유에 서두는 이렇게 시작됩니다.

"또 자기를 의롭다고 믿고 다른 사람을 멸시하는 자들에게 이 비유로 말씀하시되"(9).

    이 바리새인은 당시의 종교지도자로서 하나님의 계명과 율법을 지키므로 자신이 의인인줄 알았습니다. 그러나 율법의 최고 계명인 이웃 사랑은커녕 가슴치고 통곡하며 기도하는 세리를 멸시하고 비난합니다. 주님이 인정한 의인을 멸시합니다. 이것이 바리새인뿐 아닌 우리들의 한계입니다. 그러므로 우리는 하나님께 내가 이만큼 했다고 내세울게 없습니다. 그렇게 하게 한 분도 하나님이시므로 하나님께 감사하고 하나님께 영광 돌려야 합니다.

    그러나 바리새인은 모든 영광을 자신에게 돌리며, 자신의 의로 가득 차 있습니다. 이것이 주님의 인정을 못 받고, 의인이 아닌 죄인으로 버림받은 이유인 것입니다.

    혹시라도 죄를 범하였으면 반드시 회개가 있어야 합니다. 하나님께서는 진정한 회개를 용서하십니다.

"회개하라 천국이 가까이 왔느니라"(마 4:17b)

(2) 선악과는 성령님

    선악과가 하나님을 상징하는 나무라면 이 시대의 선악과는 성령님이라고 할 수 있습니다. 이 말씀을 잘못 이해하면 안 됩니다. '선악과는 성령님이다'라는 말이 아닙니다. 선악과가 하나님을 상징하는 나무이기 때문에 지금 이 시대에 하나님은 누구냐에 대해서 묻는다면, 성경대로 말씀이 곧 하나님이고, 또한 이 시대가 성령 하나님의 시대이기 때문에 성령이 곧 하나님이시라는 말씀입니다.

말씀이신 하나님의 법과 계명을 어기고 회개하지 않으면 심판받아 사망에 이르는 것과 같이 성령 하나님과도 관계가 바로 되지 않으면 마찬가지로 사망에 이르게 됩니다.

그러면 우리의 신앙생활에 있어서 성령님과의 관계가 얼마나 중요한가를 살펴보겠습니다.

하나님께서는 첫 사람 아담과 하와를 창조하실 때 다른 동물들과는 차원이 다른 존재로 창조하셨습니다.

"하나님이 자기 형상 곧 하나님의 형상대로 사람을 창조하시되 남자와 여자를 창조하시고"(창 1:27).

하나님께서 창조하신 만물 가운데 유일하게 인간은 하나님의 형상대로 창조하셨습니다. 그러면 하나님의 형상이란 말은 무엇인가요?

"하나님은 영이시니 예배하는 자가 영과 진리로 예배할지니라"(요 4:24).

"주는 영이시니 주의 영이 계신 곳에는 자유가 있느니라"(고후 3:18).

성경은 하나님은 영이시라고 증언합니다. 그러면 영이신 하나님께서 인간을 자기 형상으로 창조하셨다는 말은 인간은 동물 중

위험한 기독교

에서도 유일하게 하나님의 영을 받은 존재로 창조하셨다는 말씀입니다. 그러므로 인간을 창조할 때의 과정에 대해서 성경은 이렇게 증언합니다.

"여호와 하나님이 땅의 흙으로 사람을 지으시고 생기를 그 코에 불어넣으시니 사람이 생령이 되니라"(창 2:7).
"여호와 하나님이 흙으로 각종 들짐승과 공중의 각종 새를 지으시고"(창 2:19).

하나님께서 땅에서 움직이는 동물을 창조하실 때는 사람이나 동물이나 흙으로 창조하셨습니다. 그러나 인간에게는 한 과정을 더해서 코에 생기를 불어 넣으셨습니다. 그러면 보이지 않는 영이신 하나님이 인간에게 불어넣은 것이 무엇인가요? 그것은 하나님은 영이시기 때문에 하나님의 영이신 성령님을 불어넣으신 것입니다. 이것을 증명할 성경을 보겠습니다.

"오순절 날이 이미 이르매 그들이 다 같이 한 곳에 모였더니 홀연히 하늘로부터 급하고 강한 바람 같은 소리가 있어 그들이 앉은 온 집에 가득하며 마치 불의 혀처럼 갈라지는 것들이 그들에게 보여 각 사람 위에 하나씩 임하여 있더니 그들이 다 성령의 충만함을 받고 성령이 말하게 하심을 따라 다른 언어들로 말하기를 시작하니라"(행 2:1-4).

제자들에게 성령 충만함이 오기 전에 '하늘로부터 급하고 강한 바람 같은 소리가 온 집에 가득했다'고 성경은 증언합니다. 하나님께서 아담의 코에 생기(성령)를 불어 넣은 것을 다른 표현으로 말한다면 성령을 바람처럼 불어넣은 것입니다. 그러한 하나님의 바람이 오순절 성령 충만이 오기 바로 직전에 제자들이 앉은 온 집에 가득했다고 증언하는 것입니다. 또 요한복음에 성령강림에 대한 표현이 있습니다.

"이 말씀을 하시고 그들을 향하사 숨을 내쉬며 이르시되 성령을 받으라. 너희가 누구의 죄든지 사하면 사하여질 것이요 그대로 두면 그대로 있으리라"(요 20:22-23).

예수님께서 제자들에게 성령을 받으라 하실 때 숨을 내쉬셨습니다. 이것은 무엇을 의미하는 것인가요? 이것도 마찬가지로 태초에 아담을 창조하실 때, 그 코에 성령을 불어 넣으신 것을 상징적으로 표현한 것입니다. 다시 말하면 너희의 첫 사람 아담에게 불어넣었던 그 성령을 하나님이신 예수님이 너희에게도 불어넣어 주리라는 약속이며, 그것을 다른 표현으로 '그들을 향하사 숨을 내쉬셨다'고 말씀하신 것입니다.

그러므로 동물 가운데 유일하게 인간만이 하나님의 형상을 입은 존재이기 때문에 하나님의 영인 성령을 받은 영적인 존재가 된 것입니다. 그러므로 첫 사람 아담은 창조 당시에 하나님의 성령을 충만하게 받았습니다. 그러면 아담이 성령이 충만했다는 증거는 무엇일까요?

"여호와 하나님이 흙으로 각종 들짐승과 공중의 각종 새를 지으시고 아담이 무엇이라고 부르나 보시려고 그것들을 그에게로 이끌어 가시니 아담이 각 생물을 부르는 것이 곧 그 이름이 되었더라. 아담이 모든 가축과 공중의 새와 들의 모든 짐승에게 이름을 주니라"(창 2:19-20).

하나님께서 창조하신 가축과 들짐승과 공중의 새의 종류는 헤아릴 수 없이 많았습니다. 아마도 수천을 넘어 수만은 될 것입니다. 그러면 아담 당시에는 문자도 없는 시대인데 어떻게 그 수많은 짐승들과 공중의 새 이름을 지을 수가 있었을까요?

문자가 있어야 한 번 부른 이름을 기록해 두었다가 재차 부를 수 있을 텐데 말입니다. 그러나 성경은 이렇게 증언합니다. '아담이 각 생물을 부르는 것이 곧 그 이름이 되었더라.' '아담이 모든 가축과 공중의 새와 들의 모든 짐승에게 이름을 주니라.' 이것은 자연인으로서는 도저히 불가능한 것입니다. 예를 들어서 우리에게 자녀가 백 명에서 오백 명이 있다고 가정하면 그 이름 기억하는 것조차도 어렵고 헷갈릴 겁니다. 그렇다면 아담이 수만 가지의 피조물들의 이름을 짓는다는 것은 문자도 없는 시대에 보통 사람으로서는 도무지 할 수 없는 일입니다. 그러면 어떻게 그것이 가능했을까요?

"그의 위에 여호와의 영 곧 지혜와 총명의 영이요 모략과 재능의 영이요 지식과 여호와를 경외하는 영이 강림하시리니"(사 11:2).

성경은 하나님의 영 곧 성령을 지혜와 총명의 영임을 증언합니다. 하나님께서 솔로몬에게 주신 지혜도 성령으로 말미암은 것입니다. 이 지혜와 총명의 영인 성령님이 아담에게 충만히 임한 것입니다. 그러므로 헤아릴 수 없는 수많은 피조물들의 이름을 지었고 또한 그것을 글자로 기록한 것도 아닌데 기억하고 있었던 것은 영이신 하나님의 지혜와 총명함이 아니면 할 수 없었던 것입니다. 아담은 그뿐 아니라 다른 권세도 어마어마하게 받았습니다.

"온 땅과 땅에 기는 모든 것을 다스리게 하자 하시고 하나님이 자기 형상 곧 하나님의 형상대로 사람을 창조하시되 남자와 여자를 창조하시고 하나님이 그들에게 복을 주시며 이르시되 생육하고 번성하여 땅에 충만하라, 땅을 정복하라, 바다의 물고기와 하늘의 새와 땅에 움직이는 모든 생물을 다스리라 하시니라"(창 1:28).

하나님께서는 아담에게 온 땅을 다스리고, 정복하는 권세를 주셨습니다. 하나님이 아담에게 온 땅을 다스리라 했으니 그러면 그런 권세가 어떻게 온 것인가요? 그것은 우주 만물을 창조하시고 주관하시는 하나님께서 성령 하나님으로 함께하시니 넉넉하게 가능한 것입니다. 실제로 하나님이신 예수님께서도 육체를 입고 이 땅에 오셔서 30세까지는 우리와 다를 바 없는 보통 사람이었습니다. 그러던 중에 세례 요한으로부터 겸손하게 침례를 받으실 때 하늘이 열리고 성령이 비둘기같이 임하고부터 사탄의 시험을 이기시고 가시는 곳마다 기적이 나타납니다. 이에 대해 성경은 이렇게 증언합니다.

"하나님이 나사렛 예수에게 성령과 능력을 기름 붓듯 하셨으매 그가 두루 다니시며 선한 일을 행하시고 마귀에게 눌린 모든 사람을 고치셨으니 이는 하나님이 함께 하셨음이라"(행 10:38).

이 말씀은 하나님의 아들 예수께서 가시는 곳마다 병자가 일어나고 마귀가 떠나간 것은 하나님께서 예수님께 성령으로 충만했기 때문임을 증언합니다. 예수님과 함께하셨던 성령님이 첫 사람 아담에게 충만하게 임해서 그는 세상을 다스리고 정복하는 권세가 있었던 것입니다.

그러나 아담과 하와는 하나님을 가까이 하기보다 대적하고 쫓아내야 할 사탄과 함께 했고 급기야는 사탄의 속삭임을 하나님의 말씀보다 더 신뢰하고 쫓아가기에 이릅니다.

사탄은 영리한 존재이며 교묘한 존재입니다. 인간은 사탄의 꾀를 당할 수 없습니다. 그 사탄과 함께 하면 백발백중으로 당하기 마련입니다. 성경에는 하와가 사탄과 대화하는 것이 한 번에 불과하지만 친숙한 관계에 이르기까지는 아마도 사탄과의 수많은 교제가 있었을 것입니다.

"근신하라 깨어라. 너희 대적 마귀가 우는 사자와 같이 두루 다니며 삼킬 자를 찾나니 너희는 믿음을 굳건하게 하여 그를 대적하라"(벧전 5:8-9).

"그런즉 너희는 하나님께 복종할 지어다. 마귀를 대적하라. 그리하면 너희를 피하리라"(약 4:7).

첫 사람 아담과 하와는 대적해서 물리쳐야 할 마귀를 대적한 것이 아니라 짝이 되므로 마귀에게 속아서 먹으면 반드시 죽는다는 선악과를 먹습니다. 그리고 회개는커녕 서로 핑계나 대므로 하나님의 심판을 받게 된 것입니다. 육신적으로는 가난, 저주, 질병, 고통, 죽음이 오게 되었고 영적으로는 성령이 소멸되어 떠나는 영적인 죽음이 오게 된 것입니다.

"성령을 소멸하지 말며"(살전 5:19).

첫 사람의 범죄로 말미암아 그 후손된 우리들은 태어날 때부터 죄성(원죄)을 갖고 태어나 죄 가운데 살아갑니다.

"오직 각 사람이 시험을 받는 것은 자기 욕심에 끌려 미혹됨이니 욕심이 잉태한즉 죄를 낳고 죄가 장성한즉 사망을 낳느니라"(약 1:14-15).

그러므로 아담의 후예들인 우리들이 무엇보다도 해야 할 일은 성령을 회복하는 일인 것입니다. 그러면 이것이 왜 그렇게 중요한 문제일까요?

위험한 기독교

① 반드시 성령 받아야 할 이유

성경에 천국은 누가 들어가는 것인가에 대해서 예수님의 말씀을 보면 성령의 사람이 천국의 주인공이 된다는 것입니다.

"진실로 진실로 네게 이르노니 사람이 물과 성령으로 나지 아니하면 하나님의 나라에 들어갈 수 없느니라"(요 3:5).

이 말씀에서 물은 말씀인 듯합니다. 하나님 말씀을 들을 때 더러운 죄를 깨닫게 되고 회개가 나오게 됩니다. 마치 더럽혀진 것을 물로 씻음 같은 역할은 하나님 말씀입니다.

"너희는 내가 일러준 말로 이미 깨끗하여졌으니 내 안에 거하라. 나도 너희 안에 거하리라"(요 15:3-4).
"너희가 거듭난 것은 썩어질 씨로 된 것이 아니요 썩지 아니할 씨로 된 것이니 살아 있고 항상 있는 하나님의 말씀으로 되었느니라"(벧전 1:23).

여기에서 끝나면 안 됩니다. 성령이 충만해야 됩니다. 하나님 나라 천국에 들어가기 위해서는 성령으로 거듭나야 한다는 예수님의 말씀은 인간을 창조할 때 첫 사람들에게 부어주었던 그 성령을 회복해야 한다는 말씀인 것입니다.
만일 믿는 성도들에게 성령이 없다면 그것은 짐승과 다를 바 없습니다. 왜인가요? 그 이유는 짐승도 인간과 똑같이 흙으로 창조

됐기 때문이며, 사람이 짐승과 다른 점은 사람에게 하나님의 영 생기를 코에 부어 주셨기 때문입니다. 성경에서 우리의 육체는 '겉사람'이라 했으며, 우리의 영혼은 '속사람'이라 했습니다. 이 말을 다른 말로 하면 겉 사람은 껍데기요. 속사람은 알맹이라는 말입니다. 중요한 것은 속사람 안에 성령이 없는 사람을 성경은 쭉정이로 표현합니다. 그러면 쭉정이는 어떻게 되는 것인가요? 성경은 쭉정이의 운명에 대해 이렇게 증언합니다.

"그는 성령과 불로 너희에게 세례를 베푸실 것이요 손에 키를 들고 자기의 타작마당을 정하게 하사 알곡은 모아 곳간에 들이고 쭉정이는 꺼지지 않는 불에 태우시리라"(마 3:11b-12).

이 말씀을 하나님을 농부로 표현한 요한복음 15장 1-6절의 말씀과 연결해 봅니다. 농부이신 하나님께서 주시는 성령 충만을 받은 성도는 속사람이 잘된 알곡으로 천국에 들여보냅니다. 하지만 성령이 없는 겉사람 쭉정이들은 아무 쓸데 없는 쓰레기라 지옥 불에 던져 넣는다는 경고인 것입니다. 하나님께서는 이렇게 심판하지 않으면 안 되는 창조주의 심정을 이해시키도록 농부의 예로 표현하셨습니다.

어느 농부를 막론하고 심혈을 기울여 키운 작물에 쭉정이가 생겼을 때·그것을 곳간에 넣는 농부는 없습니다. 오히려 힘과 정성을 쏟아부은 작물이 농부의 뜻에 맞지 않는 쭉정이가 되었을 때는 인정사정 볼 것 없이 불쏘시개가 되는 것을 하나님의 심정으로 표현

위험한 기독교

한 것입니다. 하나님께서야말로 우리 인간을 위해 모든 정성과 힘을 드리셨고, 심지어는 인간들을 구원하기 위해 하나밖에 없는 독생자까지 희생시키셨습니다. 또한 하나님의 영 성령까지 주셨습니다. 그럼에도 불구하고 끝까지 그 은혜를 받아들이지 않고 배신의 길을 가는 자들에 대해 하나님의 진노하심이 농부가 쭉정이를 처리하는 심정으로 표현된 것입니다.

② 천국입성은 성령 충만

그러면 중요한 것은 성령을 받되 얼마만큼 받아야 천국에 들어갈 수 있는 것인가요?

마태복음 25장의 열 처녀의 비유에서 열 처녀는 성도를 의미하고 신랑은 예수님을 의미합니다. 밤새 신랑 예수님을 기다리는 열 처녀 모두의 믿음은 대단해 보입니다. 그러나 애처롭게도 슬기로운 다섯 처녀만 천국에 들어갔고, 미련한 처녀 다섯은 못 들어갔습니다. 왜 천국 문 앞에서 이런 비극적인 일이 생긴 것인가요? 그 이유는 성령의 기름을 충만하게 준비했느냐, 준비하지 안 했느냐의 차이입니다.

열 처녀들은 모두 등잔에 성령의 기름을 넣어서 불을 밝혔습니다. 그러나 슬기로운 처녀는 여유로 기름통에 기름을 더 가져갔지만 미련한 처녀들은 등잔만 가져갔고 여유로 기름통을 준비하지 않았습니다.

신랑 예수님이 더디 오시자 모두 졸며 자다가 '신랑 예수님이 오셨다 맞으러 나오라'는 말을 듣고 깨어 일어나 보니 이게 웬일인가요?

미련한 다섯 처녀가 갖고 있던 등불이 가물가물 꺼져가는 것입니다. 슬기로운 다섯 처녀들은 가지고 간 기름통에서 즉시 보충해서 불을 밝혔지만 미련한 처녀들이 기름을 사러간 사이에 천국문은 닫히고 맙니다. 슬기로운 다섯 처녀는 천국에 들어갔지만 미련한 처녀들은 어떻게 되었나요?

"그 후에 남은 처녀들이 와서 이르되 주여 주여 우리에게 열어 주소서. 대답하여 이르되 진실로 너희에게 이르노니 내가 너희를 알지 못하노라 하였느니라. 그런즉 깨어 있으라. 너희는 그날과 그때를 알지 못하느니라"(마 25:11-13).

예수님의 열 처녀의 비유에서 우리가 심각하게 받아들여야 할 문제는 성령을 받되 충만하게 받아야 한다는 것입니다. 천국에 못 들어간 미련한 처녀들도 등에는 성령의 기름이 있었습니다.

"미련한 자들이 슬기 있는 자들에게 이르되 우리 등불이 꺼져가니 너희 기름을 좀 나눠 달라 하거늘"(마 25:8).

이 말씀은 천국에 못 들어간 미련한 다섯 처녀들도 성령의 기름이 있었지만 성령 충만하지 않아서 가물가물 꺼져가는 것이 그들의 문제였습니다.

우리 기독인들이 착각하는 것 중의 하나가 자신은 성령 하나님이 함께 한다고 생각합니다. 물론 우리 신앙의 첫 출발도 성령이 거듭나게 하심으로 시작됩니다.

"성령으로 아니하고는 누구든지 예수를 주시라 할 수 없느니라"(고전 12:3b).
"너희가 아들이므로 하나님이 그 아들의 영을 우리 마음 가운데 보내사 아빠 아버지라 부르게 하셨느니라"(갈 4:6).

이렇게 하나님을 아버지로, 예수님을 주님으로 고백하는 것도 성령으로 되는 것입니다. 그러나 심각하게 받아들여야 할 것은 이런 신앙고백은 천국에 못 들어간 미련한 다섯 처녀들도 할 수 있는 고백입니다. 왜 그런가요? 그들은 밤새 신랑 예수님을 학수고대하며 기다리는 믿음이 있었습니다. 이 말은 다른 표현으로 하면 밤새 철야 기도했다는 말인 것입니다. 그러나 안타깝게도 하나님이 원하시는 지속적인 성령 충만의 수준에는 도달하지 못한 것이 그들의 문제인 것입니다.

예수님의 열 처녀 비유 말씀의 결론은 이것입니다.

"그런즉 깨어 있으라. 너희는 그날과 그때를 알지 못하느니라"(마 25:13).

이 말씀은 우리가 주님 앞에 설날은 언제 어느 때에 올지 모르니 항상 두렵고 떨리는 마음으로 성령 충만한 상태를 계속 유지하여 깨어 기도하므로 그날을 맞이하라는 말씀입니다.

성령 충만을 계속 유지하지 아니하므로 심판 날에 주님께로부터 '나는 너를 모른다.'는 판단을 받는다면 이것처럼 비극은 없습니다. 필경은 심판의 대상이 되기 때문입니다.

③ 천국입성의 조건은 왜 성령 충만인가?

우리의 신앙생활이 하나님께서 인정하시는 신앙으로 성공이냐 실패냐는 성령님께 달려 있습니다. 우리는 예수님의 제자들을 통해서 신앙생활에 성령 충만이 얼마나 중요한가를 알 수 있습니다. 예수님을 따르던 제자들은 모든 것을 다 버리고 주님을 따르는 믿음의 사람들이었습니다.모든 유대 종교지도자들은 예수님을 이단의 괴수로 몰아서 죽이는데 앞장 선 반면에 제자들은 예수님을 하나님께로부터 오신 분이란 것을 아는 영적 분별력이 있었습니다. 그들은 3년 동안 만왕의 왕 예수님을 따라다니며 많은 기적을 다 보고 경험했고 또한 최고의 가르침을 받았습니다. 그리고 제자들 모두가 죽기까지 주님을 따르겠다고 고백했습니다.

"베드로가 힘 있게 말하되 내가 주와 함께 죽을지언정 주를 부인하지 않겠나이다 하고 모든 제자도 이와 같이 말하니라"(막 14:31).

그러나 그들의 결심은 작심삼일로 끝났고 그렇게도 자신만만하던 수제자 베드로는 예수님을 세 번 부인했을 뿐 아니라 마지막에는 예수님을 저주하며 부인했다고 성경은 증언합니다. 그리고 하나님의 아들로부터 그렇게 많은 것을 가르침 받고 또한 생생한 기적을 경험했음에도 불구하고 다시 옛날의 어부로 돌아갑니다.

그러나 신앙의 실패자였던 그들이 오순절에 성령 충만을 받고 나서는 모두가 순교하기까지 하나님의 나라를 전파하며, 그들이 세운 초대교회는 성령 충만한 교회로서 모든 교회의 모델이 되었음을 성경은 증언합니다. 성령 받기 전에는 감히 꿈도 못 꾸던 그들이 성령 충만함으로 사명을 감당하여 하늘의 영광의 주인공들이 됩니다.

하나님께서는 제자들에게 역사하신 이 성령을 말세를 살아가는 많은 성도들에게 부어주실 것을 약속하셨습니다.

"하나님이 말씀하시기를 말세에 내가 내 영을 모든 육체에 부어 주리니 너희의 자녀들은 예언할 것이요 너희의 젊은이들은 환상을 보고 너희의 늙은이들은 꿈을 꾸리라"(행 2:17).

그러므로 오늘날도 우리는 누구나 성령 충만을 받을 수 있고 누구나 받아야 하는 것입니다. 그동안 우리는 이신칭의 교리의 영향으로 믿음으로 의인되어 구원받아 천국에 간다고 믿고 있지만 그러나 예수님의 말씀은 단순한 믿음이 아닌 오직 슬기로운 다섯 처녀처럼 지속적인 성령 충만함으로 믿는 사람이 천국에 들어갈 수 있다고 말씀하신 것입니다.

천국에 들어가느냐, 못 들어가느냐의 절박하고도 중요한 문제를 우리는 그동안 수박 겉핥기식으로 알았던 것을 인정해야 합니다. 사람이 만든 교리에 속지 마십시오.

기독교의 역사는 미혹의 역사입니다. 구약시대는 거짓 선지자, 신약시대는 거짓 인도자(선생), 지금 이시대도 거짓 선생들이 기독교 안에 우글거립니다. 우리는 영생 천국이냐, 영원형벌 지옥이냐를 결정해 주시고 또한 심판주로 오시는 하나님이신 예수님의 말씀을 따라가야 합니다.

마태복음 25장은 예수님께서 성령 충만에 대해 세 가지의 비유를 말씀하셨습니다. 열 처녀의 비유와 달란트 비유와 그리고 양과 염소의 비유입니다. 이 세 가지 비유는 서로 연결고리를 가지고 있는 성령 충만에 대한 비유입니다.

첫째 비유는 성령님께서 우리에게 충만히 임하시면 예수님이 원하시는 신부로서의 자격이 갖춰져서 천국에 입성하게 된다는 것이 열 처녀의 비유입니다.

"너희가 육신대로 살면 반드시 죽을 것이로되 영(성령)으로서 몸의 행실을 죽이면 살리니 무릇 하나님의 영으로 인도함을 받는 사람은 곧 하나님의 아들이라"(롬 8:13-14).

두 번째 달란트 비유는 성령님이 충만히 임하시면 우리에게 성령의 은사가 오게 되는데, 그 은사로 열매를 많이 맺으면 하나님께 칭찬과 영광의 주인공이 되지만 열매가 없을 땐 천국입성이 아닌 영원형벌의 장소로 가게 된다는 경고인 것입니다.

위험한 기독교

"이 무익한 종을 바깥 어두운 데로 내쫓으라. 거기서 슬피 울며 이를 갈리라 하시니라"(마 25:30).

세 번째는 양과 염소의 비유로서, 성령 충만이 오시면 외적으로는 성령의 은사지만 내적으로는 사랑의 열매가 맺힌다는 것입니다. 성령은 그리스도의 영이기 때문에 그 영이 우리에게 오시면 그리스도의 생명이 임하여 이웃을 사랑하게 된다는 것으로서 양과 염소의 비유는 '지극히 작은 자에게 얼마나 베풀었느냐에 대한 심판인 것입니다. 이웃 사랑을 실천한 양들에게는 하나님께서 천국 입성을 선포하셨습니다.

"그때에 임금이 그 오른편에 있는 자들에게 이르시되 내 아버지께 복 받을 자들이여 나아와 창세로부터 너희를 위하여 예비 된 나라를 상속받으라"(마 25:34).

그러나 지극히 작은 자들을 섬기지 않고 이웃사랑을 실천하지 않은 왼편의 염소들에게 영원형벌 지옥을 선포하십니다.

"또 왼편에 있는 자들에게 이르시되 저주를 받은 자들아 나를 떠나 마귀와 그 사자들을 위하여 예비 된 영원한 불에 들어가라"(41).

우리가 이 세 가지의 예수님의 비유를 통해서 반드시 가슴에 새겨야 할 중요한 문제는 너희가 믿더라도 '천국에 들어갈 수 없다!'

는 경고인 것입니다. 그러면 누가 못 들어가나요? 그것은 이방인이 아닌 성도로서 성령님과 바른 관계를 맺지 못한 성도들인 것입니다.

"새 계명을 너희에게 주노니 서로 사랑하라. 내가 너희를 사랑한 것 같이 너희도 서로 사랑하라"(요 13:34).
"네 이웃을 네 자신 같이 사랑하라"(마 22:39).

④ 성령 충만하려면

"자기의 육체를 위하여 심는 자는 육체로부터 썩어질 것을 거두고 성령을 위하여 심는 자는 성령으로부터 영생을 거두리라"(갈 6;8).

이 말씀은 하나님께서 바울을 통하여 당시의 갈라디아교회의 성도들에게 주신 말씀이면서 또한 오늘날 우리 성도들에게 주신 말씀입니다. 하나님 말씀에 의하면 우리 성도들은 '육체를 위하여 심는 자'와 '성령을 위하여 심는 자'의 두 부류의 성도가 있다는 것입니다.

실제로 교회 안에는 육체를 위하여 세상 복을 추구하는 사람들이 거의 많은 실정입니다. 심지어는 목회자들도 세상 복을 강조하는 기복주의자들이 대부분을 차지합니다. 그래서 그들이 추구하는 대로 교회 안에는 세상(육체)의 복을 받은 성도들이 많습니다. 그러나 절대 진리이신 성령 하나님은 '육체를 위하여 심는 자는 썩

위험한 기독교

어질 것을 거두리라'고 경고하십니다.

세상에서 화려하게 보였던 돈, 명예, 권세, 부귀영화는 육체가 흙으로 돌아가는 순간 다 사라지고 썩을 것이란 주님의 경고인 것입니다. 이들은 성령보다 육체를 위해 심었으니 천국입성은 물 건너간 사람들인 것으로 보입니다. 이 말씀에서 주목할 것은 '성령을 위하여 심는 자가 영생 천국에 들어간다'는 말씀입니다. 이 말씀이 우리 성도들이 믿기만 하면 의인되어 천국에 간다는 이신칭의 교리와 얼마나 큰 차이가 나는 주님의 경고성 말씀인 것인가요? 이 말씀은 다시 말하면 아무리 성도라도 성령을 위하여 심지 않고 육체를 위하여 심고 육체를 위하여 사는 사람은 천국에 못 들어간다는 말입니다.

그러면 우리 성도들의 신앙생활의 최고 목적은 천국입성인데 그 영광의 주인공이 되기 위해서는 성령을 위해 심어야 한다는 것입니다. 그러면 성령을 위하여 심는다는 것은 무슨 의미일까요?

가. 진정한 회개

"베드로가 이르되 너희가 회개하여 각각 예수 그리스도의 이름으로 세례를 받고 죄 사함을 받으라 그리하면 성령의 선물을 받으리니"(행 2:38).

이 말씀은 성령 충만한 베드로의 설교를 듣고 마음이 찔려 괴로워하는 유대인들을 향해 베드로가 외친 말입니다. 하나님께서는 베드로의 입을 통해 성령 충만을 위해서 반드시 필요한 것은 진정한 회개로 죄 사함을 받으라는 것입니다. 성령 충만을 받는데 있어서 회개가 왜 이렇듯 절대적인 것일까요? 그 이유는 성령은 거룩한 하나님이십니다. 결코 죄로 더럽혀진 마음에는 오실 수가 없습니다. 그러므로 하나님께서 성령을 주시기 전에는 강권적으로 회개를 시키십니다. 이때는 눈물 콧물이 하염없이 나오는 회개가 이루어질 때 성령님이 오십니다.

누가복음 18장 9절 이하에 바리새인과 세리가 하나님의 성전에서 기도할 때, 그들의 기도내용을 보면 누가 보더라도 사람들에게 악을 행하지 않으며 일주일에 두 번 금식하고 소득의 십일조를 철저히 바치는 종교지도자인 바리새인이 의인입니다. 그러나 주님께서는 바리새인이 의인이 아니라 세리가 의인이라고 판결하셨습니다.

왜인가요? 철저한 회개가 있었기 때문입니다.

"세리는 멀리 서서 감히 눈을 들어 하늘을 쳐다보지도 못하고 다만 가슴을 치며 이르되 하나님이여 불쌍히 여기소서. 나는 죄인이로소이다"(눅 18:13).

세리야말로 가슴을 치는 통곡의 회개가 있었기에 분명히 그 세리의 마음에 하나님의 성령이 임할 수 있었던 것입니다. 우리는 믿음으로 의인이 된다고 말하지만 하나님이 인정하는 의인은 진정으로 회개하여 성령님을 모신 사람이 의인입니다. 이것은 다시 말하면 '네가 회개하여 네 심령이 깨끗해졌으니 내가 네 안에 거하기

위험한 기독교

에 합당한 의인이 되었다'는 의미인 것입니다. 하나님은 사랑이셔서 모든 것을 주시기 원하지만 죄로 더럽혀진 마음에는 절대로 오실 수 없습니다. 이것은 하나님의 절대적인 영적인 원리입니다. 철저한 회개가 있어야 성령님이 오실 수 있습니다.

또한 성령 충만을 받더라도 우리는 항상 자신을 돌아보고 죄에 대해서는 철저한 회개가 있어야 합니다. 우리는 이스라엘의 초대왕 사울과 다윗 왕을 통해 회개가 얼마나 중요한 것인가를 알 수 있습니다. 이 두 사람 모두 성령을 받은 왕들입니다. 그러나 사울은 불순종으로 하나님의 버림받아 성령이 떠나고 악신이 들어 자손대대로 멸망했고, 다윗은 간음죄와 살인죄와 이웃의 것을 탐낸 죄, 십계명의 세 가지를 범하고도 자손대대로 왕손이 되는 복을 받고 또한 만왕의 왕 예수께서 다윗의 자손으로 오셨습니다.

이 두 사람이 범한 죄를 비교해 보면 사울이 범한 불순종의 죄보다 다윗이 범한 죄는 죄 중에서도 최악의 죄입니다. 그러나 그럼에도 불구하고 사울은 패망으로 갔고, 다윗은 하늘과 땅의 복을 다 차지합니다. 그 비결은 사울은 하나님의 명령을 거역하고 사무엘의 책망에 핑계나 대며 회개하지 않았고, 다윗은 나단 선지자의 책망 앞에 진정한 회개가 있었기 때문입니다. 다윗이 큰 범죄를 범하고 나단 선지자의 책망을 들은 후에 기록한 회개의 시가 시편 51편입니다. 그가 얼마나 철저한 회개의 사람이었는지를 우리는 그의 고백을 통해 알 수 있습니다.

"주의 얼굴을 내 죄에서 돌이키시고 내 모든 죄악을 지워주소서. 하나님이여 내 속에 정한 마음을 창조하시고 내 안에 정직한 영을 새롭게 하소서. 나를 주 앞에서 쫓아내지 마시며 주의 성령을 거두지 마소서"(시 51:9-11).

다윗이 회개한 기도에서 '나를 주 앞에서 쫓아내지 마시고 주의 성령을 거두지 마소서.'라는 그의 간절한 기도를 주목해야 합니다. 성령 하나님은 거룩한 분이시므로 결코 죄인과 함께 할 수 없어서 진정한 회개가 없을 때 떠나십니다. 다윗이야말로 자기의 장인이며 초대왕인 사울이 성령을 받았던 왕이었지만 불순종의 죄로 성령이 떠나고 악신이 들어서 패망으로 갔던 것을 누구보다도 잘 아는 사람입니다. 그러므로 그는 범죄 후에 이렇듯 통회 자복하는 회개의 기도를 드린 것입니다.

"하나님께서 구하시는 제사는 상한 심령이라. 하나님이여 상하고 통회하는 마음을 주께서 멸시하지 아니하시리이다"(시 51:17).

다윗은 악인 중의 악인이었지만 가슴을 치는 회개가 있었기에 성령님은 계속적으로 그와 함께 하셨고 만복의 주인공이 된 것입니다.

신앙생활에 있어서 회개보다 중요한 것은 없습니다. 예수님의 이 땅에서의 최초의 메시지는 "회개하라. 천국이 가까이 왔느니라."였습니다. 이 말씀은 회개하는 자가 죄 씻음 받아 의인되어 천국에 들어간다는 말씀입니다. 하나님께서는 우리 인간이 원죄를 가지고 태어나서 죄짓는 존재임을 다 아시므로 이 세상에 '의인은 없나니 하나도 없다'고 하셨습니다. 그러면 하나님께서는 천국의 주인공으로 누구를 선택하시는 것인가요? 진정으로 회개하는 사람입니다.

그러면 우리가 생각해 볼 것은 우리 기독교인들이 범죄하고 십자가 앞에서 드리는 회개는 구약시대의 유대인들이 짐승을 제물로 드리는 회개보다 더 진정한 회개인가를 생각해 보아야 합니다. 이것이 중요한 것은 구약시대에 하나님께서 정하신 죄로부터 용서함 받는 희생 제사에는 하나님께서 범죄자에게 요구하시는 의도가 숨겨져 있기 때문입니다.

"그는(범죄자) 번제물의 머리에 안수할지니 그를 위하여 기쁘게 받으심이 되어 그를 위하여 속죄가 될 것이라. 그는(범죄자) 여호와 앞에서 그 수송아지를 잡을 것이요 아론의 자손 제사장들은 그 피를 가져다가 회막문앞 제단 사방에 뿌릴 것이며 그는(범죄자) 또 그 번제물의 가죽을 벗기고 각을 뜰 것이요 제사장 아론의 자손들은 제단 위에 불을 붙이고 불 위에 나무를 벌여놓고 ....제사장은 그 전부를 제단 위에서 불살라 번제를 드릴지니 이는 화제라 여호와께 향기로운 냄새니라"(레 1:4-9).

이 말씀은 구약시대에 죄를 범한 죄인들이 죄 사함(속죄) 받는 방법을 하나님께서 법으로 규정한 것입니다. 먼저 죄를 범한 사람은 흠 없는 양이나 소를 제단으로 끌고 갑니다. 그리고 범죄자는 소나 양의 머리에 안수하면서 자기의 죄를 고백하여 희생 제물에 죄를 전가합니다. 그 후에 범죄자 자신이 자기 손으로 소나 양을 죽여서 잡습니다. 그런 후에 범죄자는 제물의 가죽을 손수 벗기고 제물을 토막을 냅니다. 그러면 제사장들은 피를 가져다가 제단 사방에 뿌리고, 제물을 불살라 번제로 드립니다. 이것이 구약 백성들이 죄 사함 받는 과정이었습니다.

자기가 키우던 양이나 소를 자기 손으로 죽일 때 비명을 지르고 죽어가는 모습은 자신의 죄 때문에 죽어야 하는 양이나 소의 고통을 통감하지 않을 수 없었습니다. 자신의 손으로 양이나 소를 죽여서 껍질 벗기고 토막을 내는 것은 담이 약한 사람은 절대로 할 수 없는 일입니다. 그러나 그럼에도 불구하고 이런 과정을 겪게 하신 것은 자신의 죄로 말미암아 가엾은 양이나 소가 죽는 것을 통해 죄에 대한 경각심을 눈으로 보고 마음에 새기도록 한 것으로서 가슴을 치는 회개가 일어나게 한 것입니다. 이러한 희생제물이 되려고 오신 분이 예수님이십니다.

"보라 세상 죄를 지고 가는 하나님의 어린 양이로다"(요 1:29).
"인자의 온 것은 섬김을 받으려는 것이 아니라 섬기려하고 자기 생명을 많은 사람의 대속물(희생제물)로 주려 함이라"(막 10:45).

우리는 내 죄 때문에 십자가에서 고통당하신 예수님의 십자가를 볼 때에 가슴을 치는 회개가 일어나야 합니다. 하나님께서는 구약의 백성들이 양이나 소의 희생 제사를 통해 철저한 회개가 일어나도록 과정을 겪게 하셨음을 우리는 잊지 말아야 하며 결코 예수님의 십자가가 내 죄로 인해 내가 죽어야 할 십자가였음을 잊지 말아야 합니다.

"이같이 율법이 우리를 그리스도께로 인도하는 초등교사가 되어 우리로 하여금 믿음으로 말미암아 의롭다 함을 얻게 하려 함이라"(갈 3:24).

나. 기도

우리가 성령 충만 받기 위해 반드시 심어야 할 중요한 일은 기도입니다. 제자들이 오순절 성령 충만을 받을 때 그들이 한 것은 오로지 기도였음을 성경은 증언합니다.

"마음을 같이하여 오로지 기도에 힘쓰더라. 모인 무리의 수가 약 백이십 명이나 되더라"(행 1:14-15).

십자가 사건 후에 제자들은 다시 갈릴리 바다에 가서 어부가 됩니다. 그런 그들에게 부활하신 예수님께서 예루살렘을 떠나지 말고 모이라 해서 그들은 마가의 다락방에 모여서 오로지 기도에 힘쓴 것이며, 기도하는 그들에게 오순절 날 성령의 불세례가 온 것입니다. 그러면 그들은 무엇을 기도했을까요? 아마도 십자가의 예수님을 배신한 죄를 회개했을 것입니다. 그리고 겟세마네 동산에서 예수님께서 땀방울이 핏방울이 되도록 간절히 기도하시며, '너희도 시험에 들지 않도록 깨어 기도하라.'는 예수님의 세 번의 신신당부에도 불구하고 잠에 곯아떨어져 불순종한 결과, 참으로 예수님의 경고대로 시험에 들어 배신자가 된 것을 철저하게 회개했을 것입니다. 그리고 제자들은 부활하신 예수님께서 부어주시리라는 성령 충만을 위해서, 그 약속을 붙들고 기도한 것입니다.

"사도와 함께 모이사 그들에게 분부하여 이르시되 예루살렘을 떠나지 말고 내게서 들은바 아버지께서 약속하신 것을 기다리라. 요한은 물로 세례를 베풀었으나 너희는 몇 날이 못 되어 성령으로 세례를 받으리라"(행 1:4-5).

예수님이 약속하신 성령을 받기 위해 그들은 기도했습니다. 그렇게 자신만만하던 그들이 모든 것을 버리고 예수님을 쫓았지만 결과는 배신자들이 되고만 제자들은 그때서야 실패의 이유를 깨달았을 것입니다. 실패의 이유는 예수님의 경고대로 '시험에 들지 않게 깨어 기도하라'는 명령대로 기도하지 않아서 결국은 시험에 들어 배신자가 되었음을 깨달은 것입니다. 그리고 그때서야 예수님이 왜 그토록 습관을 따라 기도하셨고, 십자가의 사명 앞에서는 땀방울이 핏방울이 되도록 기도하셨는지를 깨닫게 되었을 것입니다. 기도할 때 성령이 임하고 그러한 성령의 은혜로만이 시험을 이기고 승리자가 될 수 있음을 철저히 깨달은 것입니다. 그러므로 그들은 그제야 깨닫고 약속하신 성령 받기를 학수고대하며 오로지 기도에 힘썼다고 성경은 증언합니다. 하나님께서 제자들에게 주시리라고 약속한 성령은 오늘날 우리에게도 동일하게 유효한 약속인 것이 분명한 것은 말세에는 하나님의 영을 만민에게 더욱더 부어 주신다고 약속하셨기 때문입니다. 그런데 문제는 우리 성도들이 기도할 때 성령을 구하지 않고 잠시 잠깐인 육체적인 것들과 세상적인 것들을 구하는 것이 문제입니다.

"너희가 악한 자라도 좋은 것으로 자식에게 줄줄 알거든 하물며 하늘에 계신 너희 아버지께서 구하는 자에게 좋은 것을 주시지 않겠느냐?"(마 7:11)

이 말씀은 우리 인간이 악한 자라도 자식에게만은 좋은 것을 주듯이 하늘의 하나님 아버지는 고귀한 피 값으로 산 자녀들이 구할 때 좋은 것을 주신다는 약속입니다. 그런데 이 말씀과 병행구절인 누가복음은 이렇게 증언합니다.

"너희가 악할지라도 좋은 것을 자식에게 줄줄 알거든 하물며 너희 하늘 아버지께서 구하는 자에게 성령을 주시지 않겠느냐?"(눅 11:13).

그러면 하나님께서는 왜 마태를 통해서는 '하나님은 구하는 자에게 좋은 것을 주신다' 하셨고 누가를 통해서는 '하나님은 구하는 자에게 성령을 주신다'고 하셨을까요? 이것은 굉장히 의미가 있다고 생각합니다. 우리는 가장 좋은 것이 돈, 명예, 권세, 부귀영화일 수 있습니다. 그러나 하나님께서는 너희가 구할 가장 좋은 것은 성령이라고 마태와 누가를 통해 깨우쳐 말씀하시는 것입니다.

그러면 그것이 왜 그런가요?

육체가 필요한 부귀영화 이런 것들은 잠시 잠깐인 것들이며, 오히려 신앙이 제대로 안 된 사람이 이런 복을 받으면 십중팔구 정욕의 죄에 빠져서 더 지옥백성이 될 수 있습니다. 하나님께서는 우리에게 잠시 잠깐인 것이 아닌 영원한 것을 주시기 원하십니다.

그 영원한 나라를 준비시키시는 것이 성령님이십니다. 성령님은 하늘과 땅의 모든 권세를 가지신 하나님이십니다. 그 성령님이 함께 하실 때 하나님의 권능이 나타나고 그 사람이 가는 곳마다 마귀가 떠나가고 기적이 나타납니다. 세상에서 이보다 더 좋은 것은 없습니다. 그럼에도 불구하고 성령님을 구하기보다 잠시 잠깐 있다가 썩어질 것을 구하는 것이 문제이기 때문에 하나님께서는 마태와 누가를 통해서 너희가 구해야 할 가장 좋은 것은 성령님이라는 사실을 깨닫게 한 것입니다.

하나님께서 영으로써 우리에게 충만히 임하셔서 함께 하는 것처럼 더 큰 복은 없습니다. 베드로를 비롯한 제자들이 성령 충만을 받았을 때 그들이 가는 곳마다 기적이 나타났고, 베드로의 설교 앞에 삼천 명, 오천 명이 회개하여 초대교회가 탄생한 것입니다.

요셉이 애굽에 노예로 팔렸지만 그가 가는 곳마다 기적이 나타나서 결국은 노예에서 그 나라의 총리가 된 것은 하나님이 영이 함께 하셨음을 성경은 증언합니다. 그 성령은 신령한 전지전능의 하나님이시기 때문에 애굽 땅의 14년의 미래를 예측하게 하셨고, 요셉이 통치하는 동안 애굽뿐만 아니라 근동지방 모두를 요셉이 먹여 살렸습니다.

1년 가뭄이 아닌 7년 가뭄입니다. 이때는 식량을 가진 사람 앞에 모두가 굴복할 수밖에 없었습니다. 당시의 요셉은 총리였지만 왕을 능가하는 권세를 가졌던 것은 성령님이 함께 하셨기 때문입니다.

무엇보다도 우리 성도들의 최상의 복은 천국입성입니다. 믿는 자마다 다 천국에 입성한다면 얼마나 좋을까요? 그러나 예수님께서는 마태복음 25장 열 처녀의 비유를 통해서 오직 성령 충만한 슬기로운 다섯 처녀만이 천국에 입성할 것을 경고하셨고, 성령의 기름이 꺼져가는 미련한 자들은 아무리 학수고대하고 주님을 기다리더라도 '나는 너희를 모른다.'고 천국입성을 거절당합니다. 이것이 우리 성도들에게 일어날 비극 중에 비극인 것입니다. 그러면 천국입성을 못한 이유가 무엇인가요? 그 이유는 성령님과의 지속적인 관계인데 그러면 성령 충만하지 못한 이유가 무엇인가요? 그 이유는 열 처녀의 비유의 결론이 그 해답입니다.

"그런즉 깨어 있으라. 너희는 그날과 그때를 알지 못하느니라"(마 25:13).

깨어 있으라는 말은 기도하라는 말씀입니다. 성령 충만하기 위해서는 기도가 이렇게 중요합니다. 기도는 단순히 소원을 아뢰는 것이 아니라 기도할 때 성령이 오십니다. 오순절 날 제자들을 비롯한 120문도가 기도할 때 성령 충만 받았고, 또한 그들이 세운 초대교회는 성령 충만했으며 그 비결은 모이기를 힘쓴 교회였고, 또한 모이면 기도하는 교회였습니다.

"빌기를 다하매 모인 곳이 진동하더니 무리가 다 성령이 충만하여 담대히 하나님의 말씀을 전하니라(행 4:31).

다. 안수기도

사도행전은 다른 말로 성령행전입니다. 성령 받은 사도들이 어떻게 성령님과 동행하며 하나님의 나라를 세워가는 것인가에 대한 기록입니다. 그러므로 사도행전에는 성령에 대한 지식과 정보들로 가득하며 성령 충만을 위해서는 무엇을 해야 하는지 또는 성령을 위하여 심는다는 것은 구체적으로 무엇인지를 알 수 있습니다.

사도행전에 기록한 성령 충만을 받은 사례들은 다시 말하면 우리도 그렇게 성령 충만을 위해 심으면 된다는 의미인 것입니다. 사도행전의 성령 충만 받는 방법은 회개, 기도 그리고 세 번째는 안수기도입니다.

바울이 주의 종이 되기 전에 그는 기독교인들을 철저하게 박해하는 십자가의 원수였습니다. 그러던 그가 기독교인들을 체포하러 가던 중 다메섹 도상에서 갑자기 태양보다 더 강한 빛이 나타났고, 그 강렬한 빛 앞에 꼬꾸라집니다. 그때 주님의 음성이 들리기를 '사울아 사울아 네가 왜 나를 박해하느냐?' '당신은 누구시옵니까?' '나는 네가 박해하는 예수라.'

극적으로 예수님을 만났을 당시에 사울의 상황은 주님의 강렬한 빛으로 실명 상태였습니다.

"사울이 땅에서 일어나 눈은 떴으나 아무것도 보지 못하고 사람의 손에 끌려 다메섹으로 들어가서 사흘 동안 보지 못하고 먹지도 마시지도 아니하니라"(행 9:8-9).

사울은 절대자 하나님을 위한 열심으로 예수 믿는 자들을 탄압하고 박해하는데 앞장섰건만 그 예수가 하나님이었음에 엄청난 충격을 받은 것이며, 또한 갑자기 실명이 되어 눈뜬 소경이 되었으므로 그는 먹지도 마시지도 아니하고 사흘 동안을 단식기도했음을 성경은 증언합니다.

그때 예수님께서 아나니아라는 주의 종 선지자를 사울에게 보냅니다.

"아나니아가 떠나 그 집에 들어가서 그에게 안수하여 이르되 형제 사울아 주 곧 네가 오는 길에서 나타나셨던 예수께서 나를 보내어 너로 다시 보게 하시고 성령으로 충만하게 하신다 하니 즉시 사울의 눈에서 비늘 같은 것이 벗어져 다시 보게 된지라. 일어나 세례를 받고 음식을 먹으매 강건하여지니라"(행 9:17-19).

이 말씀에서 예수님께서는 왜 아나니아를 사울에게 보냈나요? 안수기도 하여 다시 보게 하고 성령 충만을 주시기 위해서였습니다. 그러면 하나님께서는 왜 다메섹 도상에서 사울을 만나주실 때

직접 성령을 주시지 않았을까요? 아마도 회개할 기회를 주신 것 같습니다. 그는 자기가 박해한 예수가 하나님이었음을 알고 철저하게 단식하며 회개한 것입니다. 그때 주님은 아나니아를 보내서 그의 안수기도로 사울이 바울 되는 성령 충만을 주십니다.

그렇게 성령 충만을 받은 바울이 에베소에 가서 성도들에게 묻습니다.

"이르되 너희가 믿을 때에 성령을 받았느냐? 이르되 아니라. 우리는 성령이 계심도 듣지 못하였노라"(행 19:2).
"바울이 그들에게 안수하매 성령이 그들에게 임하시므로 방언도 하고 예언도 하니 모두 열두 사람쯤 되니라"(6).

이와 같이 성령 충만한 바울이 안수할 때 그들이 성령 충만을 받았습니다.

또한 초대교회의 일곱 집사중 하나인 빌립이 사마리아에 가서 복음을 전하여 많은 사람이 주께로 돌아옵니다. 그때의 실상을 성경은 이렇게 증언합니다.

"예루살렘에 있는 사도들이 사마리아도 하나님의 말씀을 받았다 함을 듣고 베드로와 요한을 보내매 그들이 내려가서 그들을 위하여 성령 받기를 기도하니 이는 아직 한 사람에게도 성령 내리신 일이 없고 오직 주 예수의 이름으로 세례만 받을 뿐이더라. 이에 두 사도가 그들에게 안수하매 성령을 받은지라"(행 8:14-17).

위험한 기독교

이 말씀은 참으로 영적인 원리를 잘 알려주는 말씀입니다. 빌립 집사가 전도해서 많은 사람이 마음을 열고 복음을 받아 성도가 되었습니다. 그러나 전도된 그들에게는 한 사람도 성령이 내리신 일이 없다고 성경은 증언합니다. 이 말씀은 참으로 아이러니 합니다. 분명히 성경은 고린도전서 12장 3절에 '성령으로 아니하고는 누구든지 예수를 주라 할 수 없다'고 말씀하는데 말입니다. 이미 사마리아인들은 빌립의 전도로 예수를 주님으로 믿게 된 자들인데 말입니다.

그러나 성경은 사도들이 안수하므로 성령 충만을 받았다고 증언합니다. 그러므로 중요한 결론은 천국에 넉넉히 입성할 수 있는 조건은 열 처녀의 비유에서 말씀하신 것처럼 성령 충만이며, 그 충만은 안수기도가 방법 중의 하나인 것입니다.

안수를 받되 성령 충만한 주의 종들에게 안수를 받아야 합니다. 성령 충만은 하나님이 주시는 것이지만 하나님께서는 성령의 종들을 통로로 사용하심으로 성령을 주심은 성경이 증언하는 것입니다. 이는 마치 마중물과 같은 원리라 할 수 있습니다. 지하에 지하수가 가득해도 그것을 끌어 올리는 것은 한 바가지 마중물이 부어질 때 어마어마한 지하수를 끌어올릴 수 있는 것입니다.

라. 말씀

성령행전인 사도행전에서 성령 충만 받는 네 번째 비결은 말씀입니다. 베드로가 오순절 성령 충만을 받은 후 즉시로 유대인들에게 그리스도의 복음을 전합니다. 사도행전 2장 14-36절까지가 베드로의 설교이며 그 설교의 결론은 이렇습니다.

"그런즉 이스라엘 온 집은 확실히 알지니 너희가 십자가에 못 박은 이 예수를 하나님이 주와 그리스도가 되게 하셨느니라. 그들이 이 말을 듣고 마음에 찔려 베드로와 다른 사도들에게 물어 이르되 형제들아 우리가 어찌할꼬 하거늘 베드로가 이르되 너희가 회개하여 각각 예수 그리스도의 이름으로 세례를 받고 죄 사함을 받으라. 그리하면 성령의 선물을 받으리니....또 여러 말로 확증하며 권하여 이르되 너희가 이 패역한 세대에서 구원을 받으라 하니 그 말을 받은 사람들은 세례를 받으매 이날에 신도의 수가 삼천이나 더하더라"(행 2:36-41).

베드로의 설교를 들은 이 유대인들이야말로 며칠 전에 하나님의 아들 예수를 이단의 괴수로 몰아 십자가에 못 박으라고 소리치던 자들입니다. 그들의 부르짖음이 얼마나 심했으면 로마 총독 빌라도는 폭동이 일어날까봐 두려워서 예수를 십자가에 내주었습니다. 그런 십자가의 원수들이 베드로의 설교 앞에 '우리가 어찌 할꼬'라고 탄식하며 회개에 이르러 성령을 선물로 받고 삼천 명이 그리스도인이 된 것은 베드로의 설교 말씀을 들을 때 성령이 임했기에 가능한 것입니다. 이와 같이 성령은 말씀들을 때 임합니다.

사도행전 10장에 등장하는 고넬료라는 로마 백부장은 이방인이었지만 하나님의 백성인 이스라엘 사람들보다 하나님을 더 신실하게 믿는 사람이었습니다.

"가이사랴에 고넬료라 하는 사람이 있으니 이달리야 부대라 하는 군대의 백부장이라. 그가 경건하여 온 집안과 더불어 하나님을 경외하며 백성을 많이 구제하고 하나님께 항상 기도하더니"(행 10:1-2).

백부장 고넬료야말로 이방인임에도 하나님의 말씀을 행함으로 순종하여 온 집안을 복음화했을 뿐 아니라 백성을 많이 구제하고 항상 기도하는 사람이었습니다. 어느 날 하나님께서는 기도하는 그에게 천사를 보내서 베드로 사도를 집으로 초청하여 말씀을 들으라는 응답을 주십니다. 고넬료는 즉시 순종하여 하나님께서 알려주신 대로 사람을 보내서 베드로를 집으로 초청합니다.

"이튿날 가이사랴에 들어가니 고넬료가 그의 친척과 가까운 친구들을 모아 기다리더니 마침 베드로가 들어올 때에 고넬료가 맞아 발 앞에 엎드리어 절하니 베드로가 일으켜 이르되 일어서라. 나도 사람이라 하고"(행 10:24-26).

고넬료는 예수님의 수제자 베드로가 자기 집에 올 때 친척들과 친구들과 온 가족을 불러 모아 기다렸고, 베드로가 집에 들어올 때 그 발 앞에 엎드려 절합니다. 당시 세계를 정복한 막강한 권세의 로마 군대의 장교가 식민지로 다스리는 나라의 일개 어부 출신의 베드로 앞에 엎드려 절한다는 것은 참으로 겸손하고도 하나님의 종을 존중하고 높이는 모습인 것입니다. 모든 친구들과 친척들이 보는데서 종처럼 엎드려 절하는 모습은 무엇보다 하나님을 높이고 하나님을 경외하는 그의 신앙의 모습을 보인 것입니다.

베드로는 고넬료의 집에 모인 무리들에게 드디어 예수님을 증거하며 설교합니다. 그러자 베드로의 설교를 듣는 그들에게 놀라운 일이 일어났습니다.

"베드로가 이 말을 할 때에 성령이 말씀 듣는 모든 사람에게 내려오시니 베드로와 함께 온 할례 받은 신자들이 이방인들에게도 성령 부어 주심으로 말미암아 놀라니 이는 방언을 말하며 하나님 높임을 들음이러라"(행 10:44-46).

베드로의 설교를 듣는 모든 이들에게 하늘이 열리고 성령이 충만하게 임한 것입니다. 아마도 하나님께서는 고넬료가 성령 충만함을 받게 하기 위해서 베드로를 집으로 초청하게 한 것같이 보입니다. 그러면 고넬료의 가정에 얼마만큼의 성령이 임하신 걸까요? 베드로가 나중에 예루살렘 총회에서 보고한 내용을 보면 오순절에 제자들에게 임한 성령의 불이 동일하게 고넬료의 가정에도 임한 것임을 알 수 있습니다.

"내가 말을 시작할 때에 성령이 그들에게 임하시기를 처음 우리에게 하신 것과 같이 하는지라"(행 11:15).

베드로의 이 예루살렘 총회의 보고를 통해 당시의 고넬료 가정에 모인 무리들에게 폭발적인 성령이 오순절에 제자들에게 임했던 것처럼 임했음을 알 수 있습니다. 성령 충만한 베드로가 말씀을 전할 때 말씀 듣는 고넬료와 그 가정에 성령 충만이 임한 것입니다.

그러면 생각해 보아야 할 중요한 문제는 모든 설교의 말씀에 성령이 임할까요? 그렇지는 않습니다. 그 증거는 바울이 에베소 교회에 가서 성도들에게 묻습니다.

"이르되 너희가 믿을 때에 성령을 받았느냐? 이르되 아니라. 우리는 성령이 계심도 듣지 못하였노라"(행 19:2).

"바울이 그들에게 안수하매 성령이 그들에게 임하시므로 방언도 하고 예언도 하니 모두 열두 사람쯤 되니라"(행 19:6).

에베소 교회는 아볼로가 목회하던 교회입니다. 아볼로는 어떠한 사람이었나요?

"알렉산드리아에서 난 아볼로라 하는 유대인이 에베소에 이르니 이 사람은 언변이 좋고 성경에 능통한 자라. 그가 일찍이 주의 도를 배워 열심히 예수에 관한 것을 자세히 말하여 가르치나 요한의 세례만 알 따름이라. 그가 회당에서 담대히 말하기 시작하거늘 브리스길라와 아굴라가 듣고 데려다가 하나님의 도를 더 정확하게 풀어 이르더라"(행 18:24-26).

이 말씀에서 주목해야 할 것은 아볼로가 성경에 능통하고 언변이 좋은 목회자일지라도 그가 목회하던 에베소 교회의 성도들은 성령이 있음도 듣지 못했고 성령도 받지 못했습니다. 그러던 그들이 바울이 안수할 때 비로소 성령을 받습니다. 성경은 그 이유에 대해서 아볼로가 요한의 세례만 알았다고 증언하는 것으로 볼 때, 예수님께서 주시는 성령세례는 몰랐던 것으로 이해됩니다. 그러니 본인 자신도 성령세례를 받지 못하고 있었지만 아이러니하게도 성경은 잘 알고 있었던 것입니다. 그러니 그가 목회한 에베소 성도들이 성령을 받을 수 없었던 것입니다. 오늘날도 목회자들 중에는 성령시대는 끝났다고 외치는 자들도 있고, 성령에 대해 가르치지 않는 교회들이 얼마나 많은지요.

성령 충만해야 영생 천국에 입성할 수 있다는 것이 예수님의 가르침이며 신앙생활의 승패가 성령의 임재 여부에 달려있음에도 목회자들이 성령 충만을 강조하지 않는 것은 너무나 안타까운 일입니다. 이것이 오늘날 교회들의 현실적인 문제이기에 자신을 보혜사 성령이라고 주장하는 거짓 선지자 이만희 같은 신천지 이단에게 속는 것입니다. 목회자는 끊임없이 성경에 능통하더라도 겸손하게 배워야 하고 성령 충만해야 합니다. 아볼로는 성경에 능통한 사람이었지만 바울의 동역자 브리스길라와 아굴라에게 겸손하게 배웠습니다. 그러므로 그는 그제야 유능한 목회자가 되었음을 성경은 증언합니다.

"그가(아볼로) 가매 은혜로 말미암아 믿는 자들에게 많은 유익을 주니 이는 성경으로써 예수는 그리스도라고 증언하여 공중 앞에서 힘 있게 유대인의 말을 이김이러라"(행 18:27b-28).

위험한 기독교

한 가지 짚고 넘어가야 할 중요한 문제는 성도들이 설교 말씀을 들을 때 성령 충만하려면 설교자는 성도들이 성령을 사모하는 마음을 갖도록 설교 말씀을 준비하는 것이 중요합니다. 왜냐하면 하나님께서는 사모하는 심령을 만족케 하시는 하나님이시기 때문입니다.

고넬료 가정에서의 베드로의 설교 말씀을 보면 성령을 사모하게 하는 설교였습니다.

"하나님이 나사렛 예수에게 성령과 능력을 기름 붓듯 하셨으매 그가 두루 다니시며 선한 일을 행하시고 마귀에게 눌린 모든 사람을 고치셨으니 이는 하나님이 함께 하셨음이라"(행 10:38).

이 말씀이 고넬료 가정에서 베드로의 설교 중의 일부분으로서, 다시 말하면 육신을 입고 이 땅에 오신 예수 그리스도께서 가는 곳마다 귀신이 떠나고 기적이 나타난 비결은 바로 예수께 임한 성령이었음을 증언하는 것입니다. 이 말씀 속에는 예수님께 역사하신 그 성령이 나에게 임하면 나도 예수님과 같은 위대한 사역을 할 수 있다는 사모함이 일어나는 말씀인 것입니다.

제자들이 오순절에 성령 충만을 받은 것도 함께 모여 기도하면서 약속하신 성령을 기다렸기 때문입니다. 예수님께서 십자가에서 죽으신 후에 부활하시고 제자들에게 나타나셔서 신신당부한 말씀도 이것입니다.

"그가 고난 받으신 후에 또한 그들에게 확실한 많은 증거로 친히 살아계심을 나타내사 사십 일 동안 그들에게 보이시며 하나님 나라의 일을 말씀하시니라. 사도와 함께 모이사 그들에게 분부하여 이르시되 예루살렘을 떠나지 말고 내게서 들은 바 아버지께서 약속하신 것을 기다리라. 요한은 물로 세례를 베풀었으나 너희는 몇 날이 못 되어 성령으로 세례를 받으리라 하셨느니라"(행 1:3-5).

부활하신 예수님께서 40일 동안 세상에 계시며 제자들에게 간곡하게 부탁하신 말씀은 예루살렘을 떠나지 말고 모여 기다리라는 것입니다. 왜인가요? 성령세례를 예루살렘에서 주겠다는 것입니다. 하늘로 승천하시는 예수님께서 마지막으로 유언처럼 남기신 말씀도 성령입니다.

"오직 성령이 너희에게 임하시면 너희가 권능을 받고 예루살렘과 온 유대와 사마리아와 땅 끝까지 이르러 내 증인이 되리라 하시니라. 이 말씀을 마치시고 그들이 보는데 올려져 가시니 구름이 그를 가리어 보이지 않게 하더라"(행 1:8-9).

제자들은 예수님을 따라다니며 3년 동안 하나님의 아들로부터 가르침을 받았을 뿐 아니라 모든 기적을 보고 경험한 사람들입니다. 예수님의 십자가 죽음 후에는 정작 주님의 증인이 되기는커녕 배신자로 도망가기에 바빴습니다. 그러나 예수님의 약속의 말씀은 예루살렘에서 너희가 성령을 받으면 땅 끝까지 내 증인이 되어 너희로 말미암아 하나님 나라가 세워지리라는 말씀인 것입니다. 그러므로 제자들은 주님의 말씀을 따라 예루살렘에 모였고 이 약속의 말씀을 붙들고 간절히 기도한 결과 오순절에 성령 충만이 임한 것입니다.

이와 같이 제자들의 오순절 성령 충만이나 고넬료 가정의 성령 충만은 동일하게 성령을 사모하는 설교 말씀이 뒷받침 되었다는 사실을 사도행전(성령행전)은 기록하고 있음을 잊지 말아야 합니다. 그러므로 성령 충만을 받기 위해서는 성령 충만한 사람의 설교 말씀에 자신을 심어야 합니다.

마. 순종

"하나님이 자기에게 순종하는 사람들에게 주신 성령도 그러하니라 하더라"(행 5:32).

성령행전은 성도가 성령 충만 받는 길은 순종임을 증언합니다. 이 말씀에서 하나님께서는 누구에게나 성령을 주시는 것이 아니라 순종하는 자들에게 주신다고 말씀합니다. 실제로 제자들이 오순절에 받은 성령 충만도 거저 된 것이 아니었습니다. 당시의 제자들은 예수님의 십자가 죽음 후에 모두가 도망치듯 갈릴리 바다로 가서 옛날의 어부생활로 돌아갔습니다. 그런 그들에게 부활의 주님이 찾아오셔서 하신 말씀이 예루살렘을 떠나지 말고 예루살렘으로 모이라는 것입니다.

"그가 고난 받으신 후에 또한 그들에게 확실한 많은 증거로 친히 살아계심을 나타내사 사십 일 동안 그들에게 보이시며 하나님 나라의 일을 말씀하시니라. 사도와 함께 모이사 그들에게 분부하여 이르시되 예루살렘을 떠나지 말고 내게서 들은 바 아버지께서 약속하신 것을 기다리라. 요한은 물로 세례를 베풀었으나 너희는 몇 날이 못 되어 성령으로 세례를 받으리라 하셨느니라"(행 1:3-5).

예수님의 이 말씀을 순종하여 예루살렘으로 가는 것은 마치 소가 도살장으로 가는 것 같이 죽음을 각오해야 할 수 있는 순종입니다. 왜 그런가요? 당시 예루살렘에는 십자가의 원수들이 막강한 권세와 살기등등한 모습으로 예수를 따르는 자들을 색출하고 있었습니다. 예수님께서 그곳 예루살렘에서 당시 최악의 사형방법인 십자가형으로 처형당하셨습니다. 스데반 집사도 예루살렘에서 그들 산헤드린 공회원들에게 돌에 맞아 죽었습니다. 사울이 바울되어 그리스도의 복음을 전할 때 유대인들이 바울을 죽이려고 특공대까지 조직했습니다.

"날이 새매 유대인들이 당을 지어 맹세하되 바울을 죽이기 전에는 먹지도 아니하고 마시지도 아니 하겠다 하고 이같이 동맹한 자가 사십여 명이더라"(행 23:12-13).

당시의 유대 사회의 분위기가 이러하므로 제자들은 두려움에 떨며 갈릴리 바다로 간 것입니다. 그런데 부활하신 예수님은 제자들

위험한 기독교

을 비롯한 성도들에게 예루살렘으로 모이라는 것입니다.

고린도전서 15장에서 부활에 대한 말씀을 보면 500여 형제가 일시에 부활의 주님을 보았다고 했는데 그중의 120명만 예루살렘 마가의 다락방에 모입니다. 이들만이 주님의 약속대로 성령 충만을 받습니다. 나머지 380명은 어디로 간 것일까요? 그들은 아마도 박해의 두려움 때문에 순종의 길을 가지 못하였고, 오직 죽음을 무릅쓰고 순종한 120명의 제자들이 약속대로 성령 충만을 받고 하나님 나라를 세우는 위대한 주인공이 되었으며 성령 충만의 주인공이 됩니다.

로마 백부장 고넬료의 가정에 성령 충만의 불이 임한 것도 같은 맥락입니다. 고넬료는 하나님을 경외하고 신실하게 믿는 성도였습니다. 어느 날 기도 중에 베드로를 집으로 초청하라는 하나님의 지시를 받습니다. 고넬료가 이 말씀에 순종하여 베드로를 초청하였다는 것은 자신의 운명을 걸어야 하는 모험적인 일이 아닐 수 없습니다. 왜인가요? 로마의 황제들은 기독교인들을 무척이나 싫어했을 뿐 아니라 박해하고 죽였습니다.

고넬료의 집에서 말씀을 전한 베드로도 로마에서 순교를 당했고, 바울도 로마에서 순교를 당했습니다. 고넬료가 등장하는 사도행전이 기록된 시기가 주후 61년경입니다. 이때는 기독교 탄압으로 가장 악명 높은 네로 황제가 통치했던 시기입니다. 네로 전의 황제는 클라우디우스이며, 이 황제 역시 로마에서 기독교인들을 추방했던 자로서 기독교에 대해서 십자가의 원수 자리에 있던 자입니다.

로마의 총수들이 이렇듯 반기독교적인 자들인데도 불구하고 그들의 비위를 건드려서 공직자의 신분으로 예수님의 제자를 자기 집으로 초청한다는 것은 생명을 거는 순종이 아니면 할 수 없는 것입니다. 그럼에도 불구하고 생명을 걸고 순종의 길을 가는 고넬료와 그의 가정에 성령의 불이 임한 것은 결코 우연이 아니었고, 주님의 약속대로 순종하는 자들에게 하나님께서 주시는 약속의 성령이었습니다.

그러면 하나님께서는 왜 순종하는 사람들에게 성령을 주시는 것일까요? 그 이유는 성령이 우리에게 오심은 거듭남의 은혜와 은사와 열매를 주시기 위함이시지만 무엇보다도 성령님은 우리를 진리 가운데로 인도해서 영생하는 하나님의 아들들이 되게 하시려고 오십니다.

"그러나 진리의 성령이 오시면 그가 너희를 모든 진리 가운데로 인도하시리니"(요 16:13).
"무릇 하나님의 영으로 인도함을 받는 사람은 곧 하나님의 아들이라"(롬 8:14).

그렇다면 하나님께서 친히 성령 하나님으로 오셔서 인도하시는데도 불구하고 그것을 거역한다면 그것은 죄인 것입니다. 성령 하나님은 결코 죄의 자리에 함께 하실 수 없습니다. 그러므로 성경 에베소서에는 성령을 근심케 말라 하셨고, 데살로니가서에는 성령을 소멸시키지 말라 하셨습니다. 성령이 근심하시고 소멸되는 이유는 전적으로죄 때문입니다.

　성령이 소멸되고 떠나시면 사울 왕과 같이 어둠의 영이 들어옵니다. 이것은 세상적인 논리로도 설명되어지는 것은 빛이 없어지면 어둠은 자연적으로 임하는 것입니다. 그러나 성령의 사람 다윗을 보면 성령 하나님은 범죄를 했다고 즉시 떠나는 것은 아닌 듯합니다. 충분히 회개할 기회를 주시며 진정으로 회개할 때 성령 하나님은 계속적으로 함께 하십니다.

　아울러 우리는 이스라엘의 초대 왕 사울 왕의 패망한 역사를 보면 순종에 대한 경각심을 갖지 않을 수 없습니다. 그는 성령을 몇 차례 받은 왕이었습니다.

"그들이 산에 이를 때에 선지자의 무리가 그를 영접하고 하나님의 영이 사울에게 크게 임하므로 그가 그들 중에서 예언을 하니"(삼상 10:10).
"사울이 이 말을 들을 때에 하나님의 영에게 크게 감동되매 그의 노가 크게 일어나"(삼상 11:6).

　사울 왕은 성령을 받더라도 크게 받았다고 성경은 증언합니다. 그러면 하나님께서는 분명히 순종하는 자들에게 성령을 주신다고 했는데 그러면 사울은 순종의 사람이었을까요? 그에 대한 성경의 기록을 보면 그는 순종의 사람이었던 것이 틀림없는 듯합니다.

"기스에게 아들이 있으니 그의 이름은 사울이요 준수한 소년이라.

이스라엘 자손 중에 그보다 더 준수한 자가 없고 키는 모든 백성보다 어깨 위만큼 더 컸더라"(삼상 9:2).

　사울은 이스라엘 자손 중에서 가장 준수했다고 성경은 증언합니다. 현대어 성경은 '준수함'을 '훌륭함'으로 번역했습니다. 하나님의 택한 백성 중에 가장 훌륭하고 준수한 사람이 사울이었으니 그는 당연히 순종하는 사람이었을 것입니다. 그러므로 초대 왕으로 뽑혔고, 하나님께서는 그에게 성령을 크게 충만하게 한 것입니다. 그러나 왕이 된 후 제사장만이 드릴 수 있는 제사를 자신이 드리려는 불순종을 범했습니다. 연이어 아말렉 족속을 진멸하라는 하나님의 명령을 거역했습니다. 그리고 사무엘 선지자의 책망을 듣자, 자신은 모두 진멸하려 했으나 군사들의 반발이 심해서 그렇게 됐노라고 하며 회개하지 않았고 핑계를 댔습니다. 이러한 불순종으로 성령이 떠나고 악신이 들어서 제사장 85명을 죽였고, 구국 공신이며 자기 사위인 다윗까지 죽이려는 악행을 일삼았습니다.
　결국 사울은 자신뿐만 아니라 자손대대로 멸망으로 가는 저주의 가문이 되고 말았습니다. 이러한 사울의 실패를 통해서 성령 임재의 조건은 철저한 순종임을 가슴에 새기고 순종의 중요성을 결코 잊지 말아야 하며 또한 불순종을 했다손 치더라도 다윗과 같이 진정한 회개의 자리로 돌아와야 합니다.

　　　　　　　　　　　　　　　　　　　위험한 기독교

결론

성경은 분명히 '성령을 위해 심는 자가 성령으로부터 영생을 거두리라'고 말씀합니다. 그러면 성령을 위하여 무엇을 심어야 하는 것인가요? 그것은 사도행전(성령행전)을 통해 하나님의 성령은 언제 어떻게 내렸는가를 다섯 가지로 살펴보았습니다.

다시 말하면 성령을 위해 심는다는 것은 이 다섯 가지를 행하는 것입니다.

* 진정한 회개
* 성령을 사모하는 간절한 기도
* 안수기도
* 말씀 듣기
* 순종

이와 같은 방법들을 통해서 성령이 임했으므로 성령을 위해 심는 것은 이러한 방법을 따르는 것이며 성령을 위해 심는 자가 영생의 나라 천국에 입성할 수 있다는 주님의 경고를 결코 잊지 마시고 지속적으로 성령 충만하시기를 바랍니다.

3. 서기관과 바리새인의 의

믿는 자들의 신앙의 목적은 천국에 입성하는 것입니다. 어떻게 하면 죄인인 우리가 죄로부터 구원받아 영원한 천국에 들어갈 수 있느냐의 문제처럼 중요한 것은 없습니다. 그동안 우리 기독교는 이 구원의 문제에 대해서 너무 쉽게 가르치고 전해왔습니다.

우리 죄를 위해 십자가에 못 박히시고 부활하신 예수님만 믿으면 누구나 영원한 천국에 들어간다고 가르치고 믿어왔습니다. 그러나 우리의 영원한 천국이냐 지옥이냐의 결정권을 가지고 계신 예수님께서는 이렇게 말씀하셨습니다.

"내가 너희에게 이르노니 너희 의가 서기관과 바리새인보다 더 낫지 못하면 결코 천국에 들어가지 못하리라"(마 5:20).

이 말씀은 우리가 천국에 들어가려면 죄인이 의인으로 인정이 되어야 하되 서기관과 바리새인보다 더 나은 의인이 되어야 한다는 말씀입니다. 서기관은 예수님 당시 하나님의 율법을 연구하고 가르치는 사람으로서 오늘날로 말하면 신학자나 목회자 역할을 하는 사람들입니다.

바리새인은 '분리된 자'란 뜻으로서 자신들은 세속적인 것들과는 분리된 하나님의 사람들로서 하나님의 율법과 계명에 철저했던 사람들입니다. 그런데 예수님의 말씀은 그들의 의보다 더 나아

위험한 기독교

야 천국에 들어갈 수 있다는 말씀입니다.

또한 예수님의 이 말씀은 그토록 열심히 하나님을 섬기던 이스라엘의 종교지도자들인 서기관과 바리새인은 천국에 들어가지 못했다는 말씀입니다.

그것이 왜 그런가요?

그 증거는 예를 들어서 철수라는 아이가 연세대학을 들어갔다면 '너 철수보다 더 나아야 연세대학에 들어갈 수 있어'라고 말할 수 없습니다. 철수가 연세대학에 못 들어갔을 경우라야 '너 철수보다 더 나아야 연세대학에 들어갈 수 있다'는 말이 성립될 수 있습니다.

그러므로 예수님이 경고하신 말씀으로 서기관들과 바리새인들보다 나아야 천국에 들어갈 수 있다는 말은 서기관과 바리새인들은 천국에 못 들어간다는 말입니다. 그 외에도 성경의 곳곳에서 그들이 천국에 못 들어간 것을 증언하고 있습니다.

"화 있을 진저 외식하는 서기관들과 바리새인들이여"(마23장에만 일곱 번 언급함).

"만일 맹인이 맹인을 인도하면 둘이 다 구덩이에 빠지리라"(마 15:14). "그 나라의 본 자손들은 바깥 어두운데 쫓겨나 거기서 슬피 울며 이를 갈게 되리라"(마 8:12).

"뱀들아 독사의 새끼들아 너희가 어떻게 지옥의 판결을 피하겠느냐?"(마 23:33).

그러면 중요한 것은 그토록 열심히 하나님을 섬기던 이스라엘의 종교지도자 서기관들과 바리새인들은 왜 천국에 들어가지 못한 것일까요?

그 이유는 하나님께서 원하시는 의인의 기준에 도달하지 못했기 때문입니다.

그러면 하나님께서 원하시는 의인은 무엇인가요?

단순히 예수님의 십자가로 죄 씻음을 받아 의인되는 것인가요?

서기관과 바리새인이 천국에 못 들어간 것은 단순히 예수님을 믿지 않았기 때문인가요?

그렇지 않습니다.

말씀의 문맥을 보면 서기관들과 바리새인들이 천국에 못 들어간 이유는 율법과 계명의 문제였고, 그렇기 때문에 예수님께서 경고하신 것입니다.

"내가 율법이나 선지자를 폐하러 온 줄로 생각하지 말라. 폐하로 온 것이 아니요 완전하게 하려 함이라. 진실로 너희에게 이르노니 천지가 없어지기 전에는 율법의 일점일획도 없어지지 아니하고 다 이루리라. 그러므로 누구든지 이 계명 중의 지극히 작은 것 하나라도 버리고 또 그같이 사람을 가르치는 자는 천국에서 지극히 작다 일컬음을 받을 것이요 누구든지 이를 행하며 가르치는 자는 천국에서 크다 일컬음을 받으리라. 내가 너희에게 이르노니 너희 의가 서기관과 바리새인보다 더 낫지 못하면 결코 천국에 들어가지 못하리라"(마 5:17-20).

이 말씀에서 우리가 주목해야 할 것은 서기관들과 바리새인들이 천국에 못 들어간 이유는 율법과 계명의 문제임을 알아야 합니다. 영원토록 없어지지 아니하는 율법대로 심판하시는 하나님의 율법에서 벗어난 불법적인 행동을 한 것 때문입니다. 예수님을 믿지 않아서 이런 경고를 받은 것이 아닙니다.

예수님 시대의 서기관과 바리새인들은 예수님께서 십자가 지시기 이전의 사람들이기 때문에 그들은 양이나 소의 희생 제사로 죄 사함을 받을 수 있는 시대였습니다. 예수님께서 성전에서 소와 양을 내쫓은 성전정화 사건은 이때에도 희생제물이 드려지는 시대인데도 예수님께서 그들을 책망하신 이유는 희생 제사가 문제가 아니라 성전을 장사 터가 되게 한 것이 문제였습니다.

희생 제사를 명하신 분은 하나님이신 예수님이시므로 희생제사드리는 것을 책망하셨다면 그것은 하나님이신 예수님 자신을 책망한 것과 다름없는 것이며 그것을 명하신 분이 하나님이신 예수님이시기 때문입니다.

하나님께서 정하신 희생제사로 죄 사함은 받았지만, 그들이 천국에 못 들어간 이유는 그들이 율법과 계명을 하나님의 뜻대로 지키지 않은 것이 그들의 문제인 것입니다.이것을 오늘날 우리에게 적용한다면 우리 그리스도인이 천국에 입성하려면 예수님의 십자가 피로 죄 사함 받은 의인이 되었으면 의인의 삶을 살기 위해서 율법과 계명을 반드시 지켜야 되는 것입니다.

우리가 심각하게 받아들여야 할 것은 그토록 신앙의 열심을 품고 달려갔던 서기관들과 바리새인들조차 천국에 입성하지 못했다는 사실입니다. 그 이유가 무엇인가요? 그것은 하나님께서 원하시는 의의 수준에 이르지 못한 것이 그 이유입니다.

우리는 예수님의 말씀에서 '너희가 천국에 들어가려면 서기관과 바리새인들의 의보다 더 나아야 천국에 들어갈 수 있다'는 말씀에 초점을 맞춰야 합니다. 하나님께서 정한 의는 천국에 들어갈 수 있는 조건이므로 이것을 반드시 알아야 합니다.

그러면 그토록 열심히 신앙생활했던 서기관들과 바리새인들의 문제가 무엇이며, 왜 하나님께서 인정하는 의인이 아닌 불의한 자가 되어 천국입성을 못하는지 알아보는 것은 너무나 중요한 일입니다. 그것은 천국입성이냐 영원한 형벌이냐의 심각한 문제이기 때문입니다.

그들이 의인이 아닌 불의한 자가 된 이유는 예수님께서 그들을 책망하신 말씀 속에 다 들어 있습니다. 우리는 그것을 살펴보면서 우리에게도 그런 불의가 없는지 돌아보아야 합니다.

1) 불의한 자가 된 이유

(1) 성령 없는 신앙생활

예수님께서는 그들의 영적 상태에 대해 이렇게 책망하셨습니다.

"화 있을진저 외식하는 서기관들과 바리새인들이여 회칠한 무덤 같으니 겉으로는 아름답게 보이나 그 안에는 죽은 사람의 뼈와 모든 더러

위험한 기독교

운 것이 가득하도다. 이와 같이 너희도 겉으로는 사람에게 옳게 보이되 안으로는 외식과 불법이 가득하도다(마 23:27-28).

이 말씀은 예수님께서 그 당시 종교지도자들인 서기관과 바리새인들의 심령상태를 말씀하시며 경고하신 것입니다. 겉으로는 유대인의 회칠한 무덤과 같이 그럴듯하게 보여서 사람들 앞에서는 율법과 계명을 지키므로 옳은 것 같이 보이지만, 실제로 그들의 마음은 마치 무덤 안의 송장 썩는 더러운 냄새로 가득한 것처럼 그들의 마음은 외식과 불법으로 가득하다는 말씀입니다. 이러한 마음에 성령이 오실 수가 없습니다. 성령 하나님은 거룩한 분이십니다. 결코 이러한 죄와 불법으로 가득한 마음에는 오실 수가 없습니다.

"화 있을 진저 외식하는 서기관들과 바리새인들이여 잔과 대접의 겉은 깨끗이 하되 그 안에는 탐욕과 방탕으로 가득하게 하는도다. 눈먼 바리새인이여 너는 먼저 안을 깨끗이 하라. 그리하면 겉도 깨끗하리라"(마 23:25-26).

예수님의 이 말씀은 성령 없는 신앙생활을 하는 서기관과 바리새인들에게 내리신 방편이며 해결책입니다. 그들의 심령상태는 마치 회칠한 무덤과 겉만 깨끗한 잔과 대접 같이 보이지만 그들의 속마음은 성령이 오실 수 없는 죄와 불법 및 탐욕과 방탕이 가득하다는 경고입니다. 그러므로 예수님께서는 '너는 먼저 안을 깨끗이 하라. 그리하면 겉도 깨끗하리라'고 말씀하십니다. 이 말씀은 회개하라는 말씀입니다. 진정으로 회개하여 네 안을 깨끗이 하면 성령이 오시므로 외적으로도 행실이 거룩하게 된다는 말씀입니다.

심판주로 오실 예수님의 의의 기준에 도달하지 못하므로 천국에 못 들어간 서기관들과 바리새인들을 통해서 우리는 예수님께서 규정한 계명을 행하고 있는지 다시 한 번 각성하는 계기가 되어야 합니다.

"또 간음하지 말라 하였다는 것을 너희가 들었으나 나는 너희에게 이르노니 음욕을 품고 여자를 보는 자마다 마음에 이미 간음하였느니라. 만일 네 오른 눈이 너로 실족하게 하거든 빼어 내버리라. 네 백체 중 하나가 없어지고 온 몸이 지옥에 던져지지 않는 것이 유익하며"(마 5:27-29).

우리는 이 말씀에서 서기관들과 바리새인들이 왜 천국에 못 들어간 불법자가 되었는지 감을 잡아야 합니다. 심판주로 오실 예수님께서 규정하신 법은 마음으로도 범죄 하지 말라고 경고하실 뿐 아니라 이런 하찮은 마음의 죄를 지은 자에게 지옥의 형벌을 경고하셨습니다.

"그 형제를 미워하는 자마다 살인하는 자니 살인하는 자마다 영생이 그 속에 거하지 아니하는 것을 너희가 아는 바라"(요일서 3:15).

이 말씀 역시 우리가 흔히 마음으로 범하는 미움이 곧 살인하는 것이며, 그런 마음에는 영생의 주님이 성령으로 거하실 수 없다는 경고입니다. 그러나 이스라엘의 종교지도자 서기관들과 바리새인들의 마음은 불법과 탐욕과 방탕으로 가득 차 있었습니다. 그러므로 그들은 예수님의 경고대로 천국입성은 고사하고 영원한 형벌의 대상이 된 것입니다. 그러면 중요한 것은 이러한 마음의 죄를 어떻게 극복하고 승리할 수 있는 것인가요? 그것은 성령으로만 할 수 있습니다.

"육신의 생각은 사망이요 영(성령)의 생각은 생명과 평안이라. 육신의 생각은 하나님과 원수가 되나니"(롬 8:6-7).

이 말씀은 육신이 주는 생각 미움과 음욕의 생각은 배후가 마귀이기 때문에 하나님과 원수가 되며 이런 육신의 생각에 빠지면 반드시 둘째 사망 지옥이지만 성령이 주는 생각을 따라 살면 생명(영생)과 평안에 이르게 된다는 말씀입니다.

"육신대로 살면 반드시 죽을 것이로되 영(성령)으로서 몸의 행실을 죽이면 살리니"(롬 8:13).

이 말씀은 육신이 주는 생각을 따라 육신대로 살면 반드시 영원형벌이 있는 둘째 사망 지옥에 들어가지만, 성령으로서 육신의 행실을 죽이면 영생의 나라 천국에 입성한다는 말씀으로서 우리의 마음에서 일어나는 범죄는 오직 성령으로만 이길 수 있음을 증언하고 있습니다.

이러므로 천국은 열 처녀의 비유에서처럼 성령 충만한 사람만이 들어가는 것입니다. 오늘날 예수만 믿으면 천국에 간다는 교리에 빠진 사람들은 성령의 중요성을 인식하지 않으므로 서기관들과 바리새인들처럼 성령 없는 신앙 생활하는 경우가 허다한 것입니다. 이것이 속기 쉬운 신앙의 함정이요 기독교의 위험한 현실입니다.

(2) 외식

외식(外飾)이란 한자 단어의 뜻은 겉'외' 꾸밀 '식'으로서, 다시 말하면 겉만 그럴듯하게 꾸미는 것을 의미합니다. 외식하는 사람은 다른 말로는 '위선자'입니다.

예수님께서는 이들의 외식에 대해 이렇게 책망하셨습니다.

"서기관들과 바리새인들이 모세의 자리에 앉았으니 그러므로 무엇이든지 그들이 말하는 바는 행하고 지키되 그들이 하는 행위는 본받지 말라. 그들은 말만 하고 행하지 아니하며 또 무거운 짐을 묶어 사람의 어깨에 지우되 자기는 이것을 한 손가락으로도 움직이려 하지 아니하며 그들의 모든 행위를 사람에게 보이고자 하나니 곧 그 경문 띠를 넓게 하며 옷술을 길게 하고 잔치의 윗자리와 회당의 높은 자리와 시장에서 문안 받는 것과 사람에게 랍비라 칭함을 받는 것을 좋아하느니라 (마 23:2-7).

예수님께서 지적한 서기관들과 바리새인들의 신앙의 문제는 이들은 이스라엘의 종교지도자로서 그럴듯하게 말은 잘하면서 자신이 한 말에 대해서는 행함이 없는 위선적인 신앙을 예수님께서는 책망하고 있습니다. 또한 그들이 외식하는 신앙으로 책망받은 이유는 '그들의 모든 행위를 사람에게 보이고자' 하는 것이었습니다. 이들의 신앙의 목표는 하나님을 기쁘시게 하는 것이 아니고 사람에게 잘 보이려고 한 것이었습니다. 그러므로 그들은 사람에게 대우 받고 인정받는 것이 그들의 삶의 목표였습니다.

예수님께서는 이러한 외식을 얼마나 가증하게 보시면 예수님의 가장 핵심적인 설교라 할 수 있는 산상수훈에서도 이렇게 경고하셨습니다.

"사람에게 보이려고 그들 앞에서 너희 의를 행하지 않도록 주의하라. 그리하지 아니하면 하늘에 계신 너희 아버지께 상을 받지 못하느니라. 그러므로 구제할 때에 외식하는 자가 사람에게서 영광을 받으려고 회당과 거리에서 하는 것 같이 너희 앞에 나팔을 불지 말라. 진실로 너희에게 이르노니 그들은 자기 상을 이미 받았느니라. 너는 구제할 때에 오른손이 하는 것을 왼손이 모르게 하여 네 구제함을 은밀하게 하라. 은밀한 중에 보시는 너의 아버지께서 갚으시리라. 또 너희는 기도할 때에 외식하는 자와 같이 하지 말라. 그들은 사람에게 보이려고 회당과 큰 거리어귀에 서서 기도하기를 좋아하느니라. 내가 진실로 너희에게 이르노니 그들은 자기 상을 이미 받았느니라"(마 6:1-5).

예수님께 책망받은 서기관들과 바리새인들의 문제는 이렇듯이 그들이 행하는 모든 일들은 하나님 중심이 아닌 사람 중심의 외식이었습니다. 이웃 사랑을 실천하는 구제도 하나님께서 명하셨으니 하나님을 바라보고 하는 구제가 아니라 사람들에게 영광을 받으려는 구제였습니다. 기도야말로 하나님께 마음과 소원을 드리는 것임에도 이들은 하나님이 아닌 사람에게 보이려고 골방으로 가지 않고 큰 거리로 나갔습니다. 이것이 예수님 당시의 이스라엘 종교지도자들의 신앙 모습이었으므로 그들은 심판의 대상이 되고 말았습니다.

"금식할 때에 너희는 외식하는 자들과 같이 슬픈 기색을 보이지 말라. 그들은 금식하는 것을 사람에게 보이려고 얼굴을 흉하게 하느니라. 내가 진실로 너희에게 이르노니 그들은 자기 상을 이미 받았느니라. 너는 금식할 때에 머리에 기름을 바르고 얼굴을 씻으라. 이는 금식하는 자로 사람에게 보이지 않고 오직 은밀한 중에 계신 네 아버지께 보이게 하려 함이라. 은밀한 중에 보시는 네 아버지께서 갚으시리라"(마 6:16-18).

바리새인들은 일주일에 두 번을 금식했습니다. 금식이야말로 하나님께 드리는 최고의 경건 행위이고 최고의 회개기도입니다. 구약 시대에 참된 금식기도는 놀라운 하나님의 응답을 가져왔습니다.

지독하게 우상숭배를 했던 북 왕국 아합왕도 선지자를 통해 하나님의 심판이 선언되자 금식하므로 하나님께서 뜻을 돌이키셨

위험한 기독교

고, 니느웨 백성도 하나님의 선지자 요나의 심판 선언에 왕으로부터 백성까지 심지어는 짐승들까지 금식하며 회개할 때 하나님께서 뜻을 돌이키셨습니다.

금식이야말로 잃어버린 영성을 회복하는 참된 회개입니다. 그러나 바리새인들이 일주일에 두 번 금식한 것은 하나님이 아닌 사람에게 보이기 위한 외식하는 금식이었습니다. 이들의 금식기도가 하나님께 뜻을 둔 것이 아닌 사람에게 두었으니 그들의 회개는 응답도 없었던 것이 뻔합니다. 진정한 회개의 금식은 성령을 회복할 수 있는 절호의 기회임에도 그들은 하나님이 아닌 사람에게 보이려고 금식하므로 성령 없는 신앙생활로 멸망으로 간 것입니다. 이것은 우리 성도들도 신앙생활에 있어서 걸려 넘어지기 쉬운 신앙의 함정입니다.

목회자는 항상 하나님을 바라보고 그분의 지시에 따라야 합니다. 그러나 목회자가 성도를 의식하고, 성경대로 전해야 할 하나님 말씀임에도 사람을 의식하고 사람의 눈치나 보며 주님을 외면하는 경우가 허다한 현실입니다.

또한 성경에서 말씀하시는 하나님보다 사람이 만든 교리에 치중하는 경우가 얼마나 많은지 모릅니다. 이것은 모두 주님이 그토록 경고하신 서기관들과 바리새인들의 외식을 따르는 멸망의 길임을 알아야 합니다.

성도들도 마찬가지입니다. 모든 중심을 하나님께 두어야 합니다. 목회자가 많은 은혜와 능력을 받았다고 그 목회자를 하나님보다 높여선 안 됩니다. 주의 종들은 주님이 은혜를 주시지 않으면 아무것도 할 수 없습니다. 하나님께서 종들에게 은사와 능력을 주셔서 주님의 도구로 쓰임을 받고 있으므로 감사와 영광과 높임을 받으실 분은 사람이 아니고 하나님뿐입니다.

"아버지나 어머니를 나보다 더 사랑하는 자는 내게 합당하지 아니하고 아들이나 딸을 나보다 더 사랑하는 자도 내게 합당하지 아니하며"(마 10:37).

"그러나 너희는 랍비(선생)라 칭함을 받지 말라. 너희 선생은 하나요 너희는 다 형제니라. 땅에 있는 자를 아버지라 하지 말라. 너희의 아버지는 한 분이시니 곧 하늘에 계신 이시니라. 또한 지도자라 칭함을 받지 말라. 너희의 지도자는 한 분이시니 곧 그리스도시니라"(마 23:8-10).

(3) 정의, 긍휼, 믿음을 저버림

"화 있을진저 외식하는 서기관들과 바리새인들이여 너희가 박하와 회향과 근채의 십일조는 드리되 율법의 더 중한 바 정의와 긍휼과 믿음은 버렸도다. 그러나 이것도 행하고 저것도 버리지 말아야 할지니라"(마 23:23).

서기관들과 바리새인들에 대한 예수님의 책망과 경고는 그들이 십일조는 철저히 드렸지만 율법의 더 중요한 정의와 긍휼과 믿음은 버렸다는 것입니다.

① 정의

'정의'는 무엇인가요?

'정의'는 헬라어 '크리시스'로서 말과 행실로 자기 이웃에게 해를 끼치지 않는 것을 뜻합니다. 다시 말하면 말과 행실이 일치하여 본이 되는 삶을 말합니다. 그러나 서기관들과 바리새인들은 종교지도자들이었지만 말과 행실이 일치하지 않은 삶을 살았던 것이 분명한 것은 그들을 향한 예수님의 책망에서도 잘 나타납니다.

"서기관들과 바리새인들이 모세의 자리에 앉았으니 그러므로 무엇이든지 그들이 말하는 바는 행하고 지키되 그들이 하는 행위는 본받지 말라. 그들은 말만 하고 행하지 아니하며 또 무거운 짐을 묶어 사람의 어깨에 지우되 자기는 이것을 한 손가락으로도 움직이려 하지 아니하며"(마 23:2-4).

예수님께서 책망한 이 말씀에는 서기관들과 바리새인들의 위선적인 신앙의 모습이 잘 나타나 보입니다. 아마도 그들은 백성들을 가르칠 때 율법과 계명을 올바르게 가르친 것으로 보입니다. 그러므로 예수님께서는 그들의 말하는 것은 행하고 지키라고 하셨습니다. 다만 그들의 행위는 본받지 말라. 그들은 말만 하고 행하지 않는 자라 하셨으니 그들의 이중적인 신앙의 모습을 책망하신 것입니다.

그들은 백성들에게 율법과 계명은 가르쳤지만 자신들은 행하지 않았습니다. 하나님의 율법과 계명은 죄를 떠나서 거룩한 삶을 살라는 명령임에도 오히려 그들은 탐욕과 방탕과 더러움으로 가득한 삶을 살았으므로 책망과 경고의 대상이 된 것입니다.

그들은 율법의 조항들을 세부적으로 '하라'는 법은 248가지, '하지 말라'는 법은 365가지를 만들어서 백성들에게 지키라고 가르치면서도 자신들은 전혀 지키지 않았으므로 예수님께서는 손가락 하나 움직이지 않았다고 책망하신 것입니다. 그러면 그들은 왜 이렇게 하나님의 율법과 계명을 백성들에게는 가르치면서 자신들은 그것을 소홀히 여기고 행하지 않았을까요?

율법과 계명이야말로 그것을 범하면 죄인이 되어 심판의 대상이 되는데 말입니다. 그 이유는 아마도 잘못된 구원관이 문제인 듯싶습니다. 자신들은 아브라함의 자손으로서 할례를 받았고 하나님의 법은 사람들에게 잘만 보이도록 지키면 결코 버림받지 않고 천국에 갈 수 있는 것으로 알았던 것 같습니다. 이것은 오늘날 우리 기독교인들에게도 동일하게 적용되는 부분입니다.

한번 구원은 영원한 구원이라는 견인교리에 빠지면 하나님의 율법과 계명을 소홀히 여길 수밖에 없습니다. 이미 구원받아 천국 백성이 되었는데 굳이 율법과 계명에 억매일 필요가 없다고 생각합니다.

믿음으로 구원을 외치는 이신칭의 교리도 마찬가지입니다. 믿음으로 구원받았는데 율법과 계명을 지켜야 구원에 이른다고 강조하면 율법주의자로 또는 행위구원론자로 정죄합니다. 이것이 우리 기독교의 현실입니다.

저는 이렇게 외치는 신학자나 목회자들에게 묻고 싶습니다. 이

위험한 기독교

것이 성경적인 것인가요?

예수님께서는 이렇게 지옥을 경고하셨습니다. 네 눈이나 손이나 발이 너를 범죄하게 하면 빼버리고 찍어버리라. 장애인으로 천국에 가는 것이 두 눈과 두 손과 두 발을 가지고 지옥에 던져지는 것보다 낫다. 거기에서는 꺼지지 않는 불 가운데서 미미한 구더기도 죽지 않고 사람마다 불로써 소금 치듯이 몸부림치는 곳이라고 경고하셨습니다(막 9:43-49 참조).

예수님이 이 경고하시는 대상자는 불신자가 아닙니다. 이 경고는 제자들 앞에서 하신 말씀입니다. 그러면 예수님의 지옥에 대한 경고는 누가 그곳에 간다는 것인가요?

범죄하고 회개하지 아니한 사람들입니다. 그러면 범죄가 무엇인가요? 그것은 하나님의 율법과 계명을 어긴 자입니다. 성경은 이렇게 명백히 밝히는데도 한 번 구원은 영원한 구원인가요? 믿음으로 구원받은 사람이 그의 삶은 율법과 계명을 어기고 개 같은 삶을 살아도 천국에 가나요?이렇게 거짓된 비진리를 외치는 자들은 지옥에 떨어진 서기관과 바리새인의 뒤를 따르는 거짓 선생들이란 것을 명심하십시오. 예수님의 모든 경고는 믿는 자들이 대상입니다.

하나님을 믿지 않는 불신자들은 믿지 않는 불신의 죄 하나로 지옥에 갑니다. 불신의 죄 하나만으로 이미 지옥에 갈 그들에게 네 손과 발이 너를 범죄하면 손과 발을 찍어 버리고 천국에 가라고 말할 필요가 없는 것입니다..

서기관과 바리새인들이 버림받은 이유는 이와 같이 말만 그럴듯하게 하고 행실에서 정의를 버렸기 때문입니다. 이것은 구약의 이스라엘이 남과 북이 멸망한 이유도 '내가 거룩하니 너희도 거룩하라.'는 하나님의 명령을 거역한 것과 맥락을 같이 합니다. '거룩'은 죄를 떠나는 온전한 행실에서 오는 것입니다.

그러면 죄는 무엇인가요? 그것은 율법과 계명을 어긴 것입니다. 그럼에도 예수님을 믿는 자들에게 율법과 계명을 지켜야 한다고 강조하면 율법주의자 또는 행위구원자로 비판받고 이단으로 몰아갑니다. 이것이 기독교의 현실입니다.

왜 이런 망할 짓을 하는 것인가요? 그것은 기독교의 종교개혁자인 마르틴 루터가 행함을 강조하는 야고보서를 지푸라기 서신으로 보았기 때문입니다. 그러므로 그 후예들은 행함을 강조하면 이단으로 몰아갑니다. 이것이 진리가 아닌 비진리의 길로서 결국 멸망으로 인도하는 기독교의 위험한 현실입니다.

② 긍휼

서기관과 바리새인들이 책망의 대상이 되고 천국에 못 들어간 이유는 율법의 더 중한 긍휼을 버렸기 때문입니다. 긍휼의 다른 말은 '자비'로서 이것은 이웃을 불쌍히 여기는 마음입니다.

하나님께서 최고 명령으로 규정한 율법은 네 이웃을 사랑하되 네 몸같이 사랑하라는 명령인 것입니다. 다시 말하면 가난하고 나약한 이웃에 대해서 반드시 불쌍히 여기며 마치 네 몸이 어려움을 당한 것같이 사랑으로 돌보라는 명령인 것입니다. 이 명령은 해도 되고 말아도 되는 명령이 아닙니다. 어떻게 보면 하찮아 보이는 명령같이 보이지만 이 명령을 불순종하면 지옥의 심판을 받을 수 있

위험한 기독교

는 중대한 범죄입니다.

마태복음 25장에서 '양과 염소의 비유'를 통해 증언되는 말씀입니다. 예수님께서 왼편의 염소들을 향해 '영원한 불에 들어가라' 하셨습니다. 그러면 왜 그런 심판이 내려진 것인가요? 그 이유는 어려움 당한 이웃을 불쌍히 여겨 도와주지 않았기 때문입니다. 세상에서는 죄로 여기지 않는 것이 하나님 앞에서는 지옥에 들어갈 죄가 된 것은 율법 중의 최고 계명을 어겼기 때문입니다. 또 다른 성경에 긍휼히 여기지 않는 자에 대해 이렇게 경고하셨습니다.

"긍휼을 행하지 아니하는 자에게는 긍휼 없는 심판이 있으리라. 긍휼은 심판을 이기고 자랑하느니라"(약 2:13).

이 말씀은 어려움 당한 이웃을 불쌍히 여기고 돕지 않으면 하나님께서도 심판 날에 너를 불쌍히 여기지 않고 심판하신다는 경고입니다. 그러나 이웃을 불쌍히 여기고 돕는 사람은 하나님께서도 그 사람을 불쌍히 여기고 심판하지 않겠다는 말씀입니다.

"긍휼히 여기는 자는 복이 있나니 그들이 긍휼히 여김을 받을 것임이요"(마 5:7).

그러면 서기관들과 바리새인들이 이웃을 불쌍히 여기고 긍휼히 여기지 않았다는 증거는 무엇인가요? 그것은 누가복음 16장에 예수님께서 말씀하신 부자와 거지 나사로의 이야기가 그 증거입니다. 이것은 비유가 아닙니다. 예수님께서는 말씀하실 때 비유의 말씀은 반드시 서두에 비유라고 뜻을 밝히셨습니다. 이로 보건대 부자와 나사로에 대한 이야기는 비유가 아니라 실제적인 사건입니다. 이 말씀에서 부자는 자색 옷을 입고 날마다 호화로운 잔치를 벌이고 살았습니다. 옛날에 자색 옷은 권세가만 입던 옷입니다. 이 사람은 권세와 부귀영화를 다 누린 사람입니다. 그러나 이런 부귀영화를 누리면서도 정작 자기 집 앞에 버려진 거지 나사로는 긍휼히 여기지 않고 돌보지 않았습니다.

거지 나사로는 배가 고파 부잣집 상에서 떨어지는 부스러기를 먹었고 피부병을 앓아서 개가 그 헌데를 핥아먹었다고 성경은 증언합니다. 부자는 그렇게도 호화로운 잔치를 벌이며 날마다 먹고 마셨지만 자기 집 대문간의 병든 나사로는 결코 먹이지 않았고 돌보지 않았습니다.

하나님의 최고 명령인 이웃을 네 몸같이 사랑하라는 명령을 정면으로 거역한 사람이 부자입니다. 이 부자가 지옥에 가서 불 가운데서 물 한 방울을 구걸합니다. 그러면 이 사람이 왜 지옥에 갔나요? 불신자라서인가요? 아닙니다. 이 부자는 하나님을 믿는 자입니다. 주님의 양과 염소의 비유의 말씀에서 경고한 것같이 병들고 어려움 당한 이웃을 돌보지 않았기 때문입니다.

이 부자가 믿는 자라는 확실한 증거는 예수님께서 부자와 나사로의 이야기를 누구에게 한 것인가를 보면 더 확실히 알 수 있습니다. 예수님께서 부자와 나사로의 말씀으로 지옥을 경고 받은 당사자는 바리새인들입니다. 이 말씀은 이렇게 시작됩니다.

"집 하인이 두 주인을 섬길 수 없나니 혹 이를 미워하고 저를 사랑하거나 혹 이를 중히 여기고 저를 경히 여길 것임이니라. 너희는 하나님과 재물을 겸하여 섬길 수 없느니라. 바리새인들은 돈을 좋아하는 자들이라. 이 모든 것을 듣고 비웃거늘.......한 부자가 있어 자색 옷과 고운 베옷을 입고 날마다 호화롭게 즐기더라"(눅 16:13-19).

예수님께서 부자와 나사로를 통해 경고받은 대상은 돈을 좋아하는 바리새인들이었습니다. 그들은 종교지도자들이었지만 하나님보다 돈을 더 사랑하고 좋아하므로 예수님께서 '너희가 하나님과 재물을 겸하여 섬길 수 없다'고 말씀하시자 이 말을 들은 그들은 비웃습니다. 비웃는 그들에게 경고하신 것이 부자와 거지 나사로에 대한 말씀입니다.

여기에 등장하는 부자는 돈을 좋아하는 서기관이나 바리새인일 확률이 높습니다. 결코 가상의 인물이 아닐 것은 예수님은 만왕의 왕으로서 땅에서 일어나는 모든 사건을 아시는 분입니다.

예수님 당시의 바리새인의 숫자가 6천여 명이었다는 글을 읽은 적이 있습니다. 그들은 이스라엘의 종교지도자이면서 정치지도자입니다. 막강한 권세의 직위로 돈을 좋아했으니 부자가 얼마나 많았을까요? 그들을 깨우치기 위해서 경고로 하신 말씀이 부자와 나사로의 이야기입니다.

다시 말하면 이것은 이렇게 경고하신 것입니다 '돈을 좋아하고 권세 있는 너희 동료 부자가 있었다. 그는 종교지도자였지만 이웃 사랑은커녕 병든 나사로를 이렇게 헌신짝 버리듯 버렸다. 그는 지금 영원한 지옥에서 물 한 방울을 구걸하는 영원한 거지가 되었다.'

오늘날 우리 기독교인들을 보십시오. 이 범주에서 벗어나지 않습니다. 하나님의 최고 계명인 이웃 사랑은커녕 돈에 대한 사랑에 빠져있고 기복주의 신앙과 지나친 이기주의에 빠져 있습니다.

예수님의 경고를 가슴에 새기십시오. 긍휼히 여기지 않는 자는 긍휼 없는 심판이 있습니다. 결단코 천국에 들어가지 못할 것입니다.

③ 믿음

서기관과 바리새인들이 책망의 대상이 되고 천국에 못 들어간 이유는 율법의 더 중한 믿음을 버렸기 때문입니다. 이들은 이스라엘의 종교지도자들입니다. 하나님을 철저하게 믿는다고 하는 사람들입니다. 소득의 십일조를 반드시 드렸고 일주일에 두 번 금식할 정도의 믿음입니다. 그런데 도대체 그들은 믿음을 버렸다는 예수님의 경고는 무슨 뜻인가요? 그것은 그들을 향한 예수님의 책망에서 잘 나타납니다.

"서기관들과 바리새인들이 모세의 자리에 앉았으니 그러므로 무엇이든지 그들이 말하는 바는 행하고 지키되 그들이 하는 행위는 본받지 말라. 그들은 말만 하고 행하지 아니하며 또 무거운 짐을 묶어 사람의 어깨에 지우되 자기는 이것을 한 손가락으로도 움직이려 하지 아니하며"(마 23:2-4).

위험한 기독교

예수님의 책망대로 보면 이 사람들의 문제는 말만 하고 행하지 않는 믿음이 문제인 것입니다. 이들은 성경을 아주 많이 알았습니다. 그러므로 백성들에게 성경을 잘 가르친 것으로 보입니다. 그러므로 예수님께서는 그들이 말하는 것은 행하고 지키라고 분부하십니다. 성경을 잘 알기 때문에 하나님의 율법과 계명은 잘 가르친 듯이 보입니다.

그러나 그들의 심각한 문제는 말만 하고 행하지 않으므로 율법과 계명대로 살지 못하여 행위가 거룩치 못하고 더러운 삶을 삽니다. 그러므로 예수님께서는 그들의 행위를 본받지 말라고 경고하시는 것입니다. 이들이 얼마나 행함이 없는 믿음 생활을 했는지 알아봅시다.

"헤롯 왕 때에 예수께서 유대 베들레헴에서 나시매 동방으로 박사들이 예루살렘에 이르러 말하되 유대인의 왕으로 나신 이가 어디 계시냐? 우리가 동방에서 그의 별을 보고 그에게 경배하러 왔노라 하니 헤롯 왕과 온 예루살렘이 듣고 소동한지라. 왕이 모든 대제사장과 백성의 서기관들을 모아 그리스도가 어디서 나겠느냐? 물으니 이르되 유대 베들레헴이오니 이는 선지자로 이렇게 기록된바 또 유대 땅 베들레헴아 너는 유대 고을 중에서 가장 작지 아니하도다. 네게서 한 다스리는 자가 나와서 내 백성 이스라엘의 목자가 되리라 하였음이니라"(마 2:1-6).

예수님께서 탄생하셨을 때, 동방박사들이 별을 보고 이스라엘의 예루살렘을 찾아옵니다. 그들은 묻기를 '유대인의 왕으로 나신

이가 어디 계시냐?'고 했고, 그들의 물음에 충격을 받은 당시의 헤롯 왕은 즉시로 종교지도자들을 불러서 메시아가 어디서 태어나느냐고 묻습니다.

헤롯의 질문에 서기관들은 성경에 기록되기를 유대 베들레헴이라고 정확하게 말합니다. 그러므로 동방박사들은 서기관들이 가르쳐준 대로 베들레헴을 향해 가서 아기 예수님을 만나 경배하기에 이릅니다. 동방박사들이야말로 하나님을 경외하는 사람들로서 머나먼 타국에서 만왕의 왕으로 오시는 그리스도께 경배를 드리러 모든 위험을 무릅 쓰고 산 넘고 물 건너 달려온 것입니다. 그러나 아기 예수메시아가 탄생하신 곳에 정작 경배해야 할 종교지도자 서기관과 바리새인들은 없었습니다.

동방박사들이 이스라엘에 온 것은 유대 사회를 떠들썩하게 한 것이 분명합니다. 동방박사들이 와서 유대인의 왕으로 나신이가 어디 계시냐고 물을 때 이스라엘의 분위기는 소동이 일어났습니다.

"헤롯 왕과 온 예루살렘이 듣고 소동한지라"(3).

아마도 당시의 동방박사들은 먼 나라에서 왔지만 이스라엘 나라에까지 큰 영향력을 미친 인물인 것이 틀림없는 것 같습니다. 그렇기에 그들의 말 한마디에 왕에서부터 백성들까지 소동이 일어났다고 성경은 증언하며, 헤롯 왕은 종교지도자들까지 소집하게 합니다.

위험한 기독교

유대 사회를 소동케 한 동방박사들의 영향력이 이렇듯 컸음에도 유대인들의 종교지도자 서기관들과 바리새인들은 누구 하나 예수님께 경배하러 온 자가 없었습니다. 구약의 예언대로 만왕의 왕 메시아가 베들레헴에서 탄생하실 것을 확실히 알고 있었으면서도 경배는커녕 뵙고자 찾아오는 사람도 없었습니다. 이것이 당시 그들의 믿음의 실제적인 상황이었습니다.

이것은 오늘날 기독교에서도 동일하게 일어나는 현상입니다. 믿음으로 구원 받는다고 가르치면서 행함이 따라야 한다는 것을 강조하면 율법주의자나 이단으로 몰아갑니다.

그러면 이것이 어디서부터 잘못된 것인가요? 기독교를 개혁한 마르틴 루터부터 잘못된 것입니다. 그는 행함을 강조하는 야고보서를 가치 없는 지푸라기 서신이라고 말한 사람입니다.

기독교 개혁의 시작이 이러하니 그 후예들은 그의 위험한 이단적인 주장을 추종하게 되는 것입니다. 아마도 마르틴 루터는 야고보서 말씀을 성령의 감동으로 쓴 것이 아닌 인간 야고보의 뜻으로 쓴 것이라고 본 것 같습니다. 이것은 얼마나 분별력이 없는 멸망으로 가는 판단인가요?

행함 없는 믿음에 대해 하나님께서 야고보를 통해 이같이 경고합니다.

"내 형제들아 만일 사람이 믿음이 있노라 하고 행함이 없으면 무슨 유익이 있으리요? 그 믿음이 능히 자기를 구원하겠느냐? 만일 형제나 자매가 헐벗고 일용할 양식이 없는데 너희 중에 누구든지 그에게 이르되 평안히 가라, 덥게 하라, 배부르게 하라 하며 그 몸에 쓸 것을 주지 아니하면 무슨 유익이 있으리요? 이와 같이 행함이 없는 믿음은 그 자체가 죽은 것이라......네가 하나님은 한 분인 줄을 믿느냐? 잘하는도다. 귀신들도 믿고 떠느니라. 아아 허탄한 사람아 행함이 없는 믿음이 헛것인 줄을 알고자 하느냐?(약 2:14-20).

하나님께서는 야고보서를 통해 행함 없는 믿음은 능히 자기를 구원받게 할 수 없다고 경고하시며, 그것은 살아 있는 믿음이 아닌 죽은 믿음으로서 헛것이며, 귀신의 믿음이라고 경고하십니다. 우리는 이 경고에서 이런 행함이 없는 믿음은 자기를 구원에 이르게 할 수 없다는 말씀을 가슴에 새겨야 합니다.

그러면 행함이 없는 믿음이 왜 구원에 이르게 할 수 없는 것인가요?

요한복음 15장에 포도나무 비유에서 하나님은 농부요, 예수님은 포도나무요, 우리는 가지라 했습니다. 농부 하나님께서는 포도나무인 예수께 우리를 가지로 붙이셨습니다. 농부 하나님께서 가지인 우리에게 원하시는 오직 한 가지는 열매입니다. 열매 없는 가지는 잘라서 불태운다고 경고하신 것은 지옥을 경고하신 것입니다.

그러면 열매를 맺는 방법은 무엇인가요?

그것은 두말할 나위 없이 행함입니다. 행하지 않는 사람은 절대로 열매를 맺을 수 없습니다. 그러므로 행함이 없는 믿음은 구원에 이를 수 없는 죽은 믿음인 것입니다.

위험한 기독교

하나님께서 야보고서를 통해 믿음은 반드시 행함이 따라야 살아있는 믿음으로 구원에 이를 수 있다고 정의하셨습니다. 그렇다면 성경에 나오는 '믿음'이란 단어에는 반드시 행함이 포함되어야 하는 것입니다. 그런데 기독교의 개혁자 마르틴 루터는 그것을 야고보서를 제대로 알지 못하고 함부로 교리를 만들었습니다. 그 결과로 오늘날 기독교가 세상의 지탄받는 대상이 된 것은 행함이 없는 죽은 믿음이기 때문입니다.

이신칭의 교리를 낳게 한 "오직 의인은 믿음으로 살리라."(롬 1:17)에서의 '믿음'은 반드시 행함이 포함된 믿음인 것입니다.

야고보서의 경고 대로 행함이 없는 믿음은 구원을 못 받습니다. 그러므로 예수님께서는 서기관들과 바리새인들의 믿음보다 더 나아야 천국에 들어갈 수 있다고 경고하셨다는 것을 가슴 깊이 명심해야 합니다.

(4) 십일조

십일조는 자신의 소득의 십분의 일을 하나님께 바치는 것을 의미합니다. 이것은 해도 되고 말아도 되는 것이 아닙니다. 반드시 드려야 하는 하나님께서 정하신 율법입니다. 어떤 이들은 신약시대를 사는 우리는 십일조 같은 율법에서 벗어나야 한다고 주장하는 이들이 있습니다. 그러나 신약시대에 오신 만왕의 왕 예수님의 말씀을 곰곰이 짚어봅시다.

"화 있을진저 외식하는 서기관들과 바리새인들이여 너희가 박하와

회향과 근채의 십일조는 드리되 율법의 더 중한 바 정의와 긍휼과 믿음은 버렸도다 그러나 이것도 행하고 저것도 버리지 말아야 할지니라"(마 23:23).

우리는 예수님의 이 말씀에서 '이것도 행하고 저것도 버리지 말아야 할지니라'는 말씀에 주목해야 합니다. 그러면 '이것은' 무엇인가요? 말씀의 문맥을 보면 율법의 더 중한바 정의와 긍휼과 믿음입니다. 저것도 행하라는 '저것은' 십일조입니다. 만왕의 왕이시고 심판주로 오실 예수님께서는 분명히 십일조를 폐하지 않고 행하라고 하셨습니다. 우리는 신앙생활에서 온전한 십일조를 바치면 굉장한 믿음으로서 반드시 천국 갈 것으로 생각합니다. 그러나 서기관과 바리새인들은 철저한 십일조 생활을 했음에도 천국에 못 갔습니다. 왜인가요? 십일조보다 더 중한 정의와 긍휼과 행함의 믿음을 버렸기 때문입니다. 이것은 우리의 신앙생활에도 반드시 적용해야 할 중요한 문제임은 천국입성이 달린 문제이기 때문입니다. 천국입성을 위해 반드시 십일조를 해야 하는 이유는 왜인가요? 심판주로 오실 예수님께서는 '너희의 의가 서기관들과 바리새인들의 의보다 나아야 천국에 입성할 수 있다'고 규정하셨기 때문입니다.

그러면 하나님께 십일조를 못 드리는 것이 왜 영생 길에 지장을 초래할까요.

그 이유는 십일조는 예수님의 말씀대로 하나님이 정하신 율법이며 하나님의 백성이라면 반드시 십일조를 바치도록 규정하신 하나님의 법입니다. 또한 구약시대만 아니라 신약의 예수님께서 반

위험한 기독교

드시 행하라 하셨습니다. 그러므로 십일조를 안 하는 것은 하나님의 법을 어기는 죄인 것입니다. 성경은 이 죄를 도적으로 표현했습니다.

"사람이 어찌 하나님의 것을 도둑질하겠느냐? 그러나 너희는 나의 것을 도둑질하고도 말하기를 우리가 어떻게 주의 것을 도둑질하였나이까 하는도다. 이는 곧 십일조와 봉헌물이라 너희 곧 온 나라가 나의 것을 도둑질하였으므로 너희가 저주를 받았느니라"(말 3:8,9).

하나님께서는 하나님의 백성들이 십일조를 안 바친 것에 대해서 하나님의 것을 도둑질한 것이라고 말씀합니다. 그러면 그것이 왜 도둑질인가요? 우리에게 주신 모든 것이 하나님의 것이지만 하나님이 규정하신 법은 아홉은 네 것으로 하고 그중 하나는 내 것이니 내 것으로 돌리라는 것입니다. 그러므로 십일조는 내 것이 아닙니다. 당연히 드려야 할 하나님의 것입니다. 그러므로 십일조를 안 드리는 것에 대해 하나님께서는 도둑의 죄로 보는 것입니다.
천국은 의인이 가는 나라입니다. 도둑 같은 죄인은 결코 못 들어갑니다.

"불의한 자가 하나님의 나라를 유업으로 받지 못할 줄을 알지 못하느냐? 미혹을 받지 말라 음행하는 자나 우상숭배하는 자나 탐색하는 자나 남색하는 자나 도적이나 탐욕을 부리는 자나 술 취하는 자나 모욕하는 자나 속여 빼앗는 자들은 하나님의 나라를 유업으로 받지 못하리라"(고전 6:9-10).

이 말씀은 하나님께서 바울 사도의 입을 통해서 고린도 교회의 성도들에게 경고하신 말씀입니다. 우리는 이 말씀에서 '미혹을 받지 말라'는 말씀에 주목합시다. 미혹은 속인다는 뜻으로서, 다시 말하면 불의한 자는 절대로 천국을 유업으로 받지 못하니 속지 말라는 말씀입니다.

그러면 성도들을 속이는 자들은 누구였나요?

그것은 두말 할 나위 없이 거짓 인도자며 거짓 선생들인 것입니다. 지금 기독교 안에도 예수만 믿으면 무조건 천국에 간다고 속이는 거짓 선생들이 부지기수입니다. 이 거짓 선생들은 또한 하나님의 율법과 계명은 안중에도 없습니다. 그러므로 율법을 지켜야 천국에 들어갈 수 있다고 말하면 이단으로 정죄합니다. 이것이 기독교의 현실입니다. 그러므로 진짜 이단들은 기독교 안에 있습니다.

우리는 천국을 유업으로 받지 못할 하나님의 율법과 계명을 살펴보겠습니다. 음행, 우상숭배, 탐색, 남색, 도적, 탐욕 부리는 자, 술 취하는 자, 모욕하는 자, 속여 빼앗는 자 등입니다.

여기에 죄목 중에 '도적'이 들어갑니다. 도적은 사람의 것을 훔치는 자도 도둑이지만 하나님의 것인 십일조를 떼먹는 사람도 도둑이라 했으니 천국 못갈 위험한 죄로 보입니다. 천국 못 들어가는 죄목 중에 '탐욕을 부리는 자'도 있습니다. 이것도 마땅히 드려야 할 하나님의 십일조를 욕심내고 떼먹는 사람으로 볼 수 있습니다. 심지어는 '모욕하는 자'도 천국에 못 들어갈 죄입니다. 예수님께서도 이 죄 같지도 않은 모욕하는 죄에 대해서 이렇게 경고하셨습니다.

"옛 사람에게 말한바 살인하지 말라. 누구든지 살인하면 심판을 받게 되리라 하였다는 것을 너희가 들었으나 나는 너희에게 이르노니 형제에게 노하는 자마다 심판을 받게 되고 형제를 대하여 라가라 하는 자는 공회에 잡혀가게 되고 미련한 놈이라 하는 자는 지옥 불에 들어가게 되리라"(마 5:21,22).

믿음의 형제들에게 '미련한 놈'이라고 모욕을 주는 자는 지옥 불에 들어가게 된다고 경고하신 분은 장차 심판주로 오실 만왕의 왕 예수님의 경고입니다.

이 '미련한 놈'이란 욕설은 주석을 찾아보니 '종교적인 욕설'을 의미하는 것으로서, 다시 말하면 성령으로 사역하는 사람들을 마귀에게서 온 것으로 모욕을 주는 것으로서 '성령훼방 죄'에 해당하는 것입니다. 예수님께서는 이 죄 같지도 않은 죄에 대해서 결코 사함을 받을 수 없는 지옥에 갈 죄로 경고하신 것으로서 우리 기독교 역사에도 비일비재하게 일어난 현실적인 문제인 것입니다.

또한 십일조를 못 드리는 것이 위험한 죄인 것은, 하나님의 첫째 계명 '네 마음을 다하고 목숨을 다하고 뜻을 다하고 힘을 다하여 하나님을 사랑하라'는 계명을 어기는 것이기 때문입니다.

'사랑'은 내게 있는 것을 주는 것으로 증거 됩니다. 믿음의 조상 아브라함이 하나님의 명령을 따라 외아들 이삭을 번제 제물로 바치려고 칼을 대려는 순간에 하나님께서는 그를 만류하시며, '네가 나를 얼마나 사랑하는지 이제야 알았노라'고 하시며 하늘과 땅의 복을 그에게 주셨습니다. 이렇듯 하나님 사랑은 드리는 것으로 증명됩니다.

그럼에도 불구하고 하나님께서 내게 주신 것 중의 십분의 일을 하나님의 것이니 바치라는 데도 못 바친다면 하나님을 사랑하지 않는 것으로 보입니다.

예수님께서는 한 율법 교사가 어떻게 하면 천국(영생)에 들어갈 수 있습니까 라고 묻자 그에게 대답하시기를 하나님을 사랑하되 마음을 다하고 목숨을 다하고 뜻을 다하고 힘을 다하여 하나님을 사랑하라. 이것이 첫째 계명이라 하셨습니다.

십일조는 자신의 피와 땀으로 얻은 소득을 하나님께 드리는 것으로서 하나님을 사랑하는 고백이며 표현이라고 생각합니다.

예수님께서는 천국 들어가는 기준으로 서기관과 바리새인의 의보다 더 나아야 들어갈 수 있다고 규정하셨으니 그들보다 더 나은 의인이 되기 위해 십일조는 반드시 해야 합니다.

소천하신 조용기 목사님께서 번역한 '천국은 확실히 있다'는 천국 간증 책을 본적이 있습니다.

재미교포 토마스 주남 여사가 쓴 책을 번역한 것입니다.그 책에 보면 예수님께서 토마스 주남 여사에게 '십일조 안 한 사람은 천국에 못 들어간다.' 하신 것을 분명히 보았습니다. 저는 그러한 간증을 함부로 안 믿습니다. 그러나 성경과 일치하기 때문에 믿는 것입니다.

위험한 기독교

(5) 안식일

하나님께서 정하신 법 중에 안식일에 대한 법은 십계명의 네 번째 계명으로서 서기관들과 바리새인들은 안식일을 철저히 지킨 사람들입니다. 서기관들과 바리새인들이 예수님을 이단의 괴수로 정죄한 이유 중에 하나도 안식일에 병을 고친다는 이유였으니 이들은 안식일을 철저히 준수한 사람들이 틀림없습니다. 그들은 하나님께서 명령하신 대로 안식일에 일하지 말라는 계명을 철저히 지킨 것으로 보입니다.

"안식일을 기억하여 거룩하게 지키라. 엿새 동안은 힘써 네 모든 일을 행할 것이나 일곱째 날은 네 하나님 여호와의 안식일인즉 너나 네 아들이나 네 딸이나 네 남종이나 네 여종이나 네 가축이나 네 문안에 머무는 객이라도 아무 일도 하지 말라. 이는 엿새 동안에 나 여호와가 하늘과 땅과 바다와 그 가운데 모든 것을 만들고 일곱 째 날에 쉬었음이라. 그러므로 나 여호와가 안식일을 복되게 하여 그 날을 거룩하게 하였느니라"(출 20:8~11).

하나님께서 정하신 안식일에 대한 법은 안식일은 절대 일하지 말고 그날을 거룩한 날로 지키라는 것입니다. 거룩하게 지키라는 것은 그 날을 성별된 날로 하나님께서 거룩하게 성별되어 세운 거룩한 성전에 나가서, 하나님께서 거룩하게 기름부음으로 세운 하나님의 종의 예식을 따라 창조주 하나님께 거룩한 제사(예배)를 드리라는 말로 들립니다.

본래 안식일은 토요일이었지만 지금 기독교는 안식일의 주인이신 예수님께서 주일 새벽에 부활하셨기 때문에, 부활을 기념하는 날로 주일을 안식일로 지키고 있습니다. 그러나 우리가 결코 간과해서는 안 될 것은 주일을 안식일로 바꿔서 지킬 뿐이지 안식일에 대한 하나님의 명령은 그대로 지켜야 하는 것은 이것이 얼마나 중요한 계명이면 많고 많은 계명 중에 십계명에 들어있는 것입니다.

하나님께서 우리에게 정하신 십일조의 명령은 우리의 육신에 삶에 절대적으로 필요한 물질의 십 분의 구는 네 것으로 하고 십분의 일을 하나님께 바치라는 명령이라면, 안식일의 명령은 일주일 중에 엿새는 네 날로 하고 하루는 창조주 내 날이니 하나님의 날로 내게 드리라는 명령으로 들립니다. 사실상 우리에게 주어진 물질이나 시간들은 모두 하나님의 것인데 하나님께서는 우리에게 많은 배려를 한 것입니다. 그럼에도 인간의 탐욕은 그칠 줄 모르는 것이 참으로 문제입니다.

오늘날 우리 기독교인들이 하나님이 명령하신 안식일(주일)을 안 지키고 사는 사람들이 얼마나 많은지요! 교회 안 나가면서 신앙생활하는 사람들을 가나안 성도라 합니다. 거꾸로 하면 '안나가'입니다. 이들의 숫자가 100만이라는 글을 보았습니다. 또한 주일 성수도 제대로 안 하고 툭하면 빠지기 일쑤입니다. 이들은 천국에 가기 어렵다고 생각합니다.

첫째 이유는 예수님께서 서기관과 바리새인의 의보다 더 나아야 천국에 갈 수 있다고 하셨기 때문입니다. 이들은 그 많은 계명 중에 하나님께서 가장 핵심으로 다룬 십계명을 어긴 죄인으로서 의인의 반열에서 벗어났기 때문입니다.

둘째 이유는 하나님의 법은 사람에게 범하는 죄보다 하나님께 범하는 죄를 더 중한 범죄로 다스립니다. 그러므로 십계명을 보면 우선적으로 악한 죄는 1계명에서 4계명은 하나님께 범하는 죄이고, 5계명부터 10계명은 사람에게 범하는 죄로서, 하나님께서는 안식일에 대한 법을 살인이나 간음, 도둑질보다 더 악하게 다루는 범죄로 보입니다. 실제로 구약시대는 안식일에 나무하다 걸린 사람을 사형 죄로 다스렸습니다. 하나님께서는 안식일을 범하는 죄를 그만큼 악하게 여기셨습니다. 죄를 미워하시는 구약의 하나님이 변함없는 신약의 하나님이라는 것을 잊지 말아야합니다.

셋째 이유는 성경에 천국 못 들어갈 것을 경고한 율법과 계명은 너무나 많습니다. 그중에는 별것 아닌 것처럼 보이는 율법과 계명을 범하므로 참으로 죄 같지도 않은 죄가 천국 못 들어가리라고 경고합니다. 그러나 안식일(주일)에 대한 법은 율법과 계명 중에서도 가장 큰 십계명이란 것을 잊지 말아야 합니다.

(6) 회개하지 않음

"뱀들아 독사의 새끼들아 너희가 어떻게 지옥의 판결을 피하겠느냐? 그러므로 내가 너희에게 선지자들과 지혜 있는 자들과 서기관들을 보내매 너희가 그중에서 더러는 죽이거나 십자가에 못 박고 그중에서 더러는 너희 회당에서 채찍질하고 이 동네에서 저 동네로 따라다니며 박해하리라"(마 23:33~34).

하나님께서는 하나님의 백성들이 죄로 말미암아 지옥으로 가는 것을 방치하지 않으십니다.

그러므로 하나님께서는 그들을 돌이키기 위해서 선지자들을 보내셔서 말씀을 외치게 하시고 경고하십니다. 그렇게 하시는 이유는 죄로부터 회개시켜 천국백성 삼기 위해서입니다.

그러면 죄는 무엇인가요?

그것은 하나님의 율법과 계명을 범하는 것으로서 이러한 죄의 자리에 있을 때, 반드시 하나님의 심판이 있고 결국은 지옥의 판결을 받게 되므로 하나님께서는 죄로부터 회개시키기 위해서 선지자를 보내서 외치게 하시는 것입니다. 진정한 회개는 하나님께서 어떠한 죄라도 용서하십니다.

그러나 이스라엘의 종교지도자들은 하나님께서 보낸 선지자들에 대해서 귀를 막았고 오히려 대적하고 죽였습니다. 그러므로 공의의 하나님께서는 그들을 향해 '너희는 지옥의 판결을 피할 수 없다고 선언하십니다.

"예루살렘아 예루살렘아 선지자들을 죽이고 네게 파송된 자들을 돌로 치는 자여 암탉이 그 새끼를 날개 아래에 모음같이 내가 네 자녀들을 모으려 한 일이 몇 번이냐? 그러나 너희가 원하지 아니하였도다"(마 23:37).

이스라엘의 역사를 통해 우리가 교훈 받아야 할 것은 하나님의 말씀을 외치는 선지자들을 향해 귀를 막고 대적하는 자리에 서는

위험한 기독교

것처럼 위험한 것은 없습니다. 이러한 자리에 있는 사람에게는 아무리 사랑의 하나님이라도 죄의 자리에서 이끌어서 천국에 보낼 수가 없습니다.

이스라엘이 죄로 말미암아 멸망으로 갈 때 그들을 암탉이 병아리 품듯 천국의 길로 인도하려고 선지자들을 보내서 하나님의 말씀을 외치게 하였지만 그들은 선지자들을 돌로 쳐 죽였습니다.

그러므로 예수님께서는 이들을 향해 지옥의 판결을 피할 수 없다고 경고하시는 것입니다.

그러면 이들은 왜 선지자들을 향해 돌로 치고 대적하는 것인가요? 한마디로 말하면 자신이 죄인이라는 말이 듣기 싫고 하나님의 심판을 받게 된다는 말도 듣기 싫다는 것입니다. 이 같은 멸망의 자세는 주로 잘못된 교리에 세뇌되었을 때 오는 현상으로서 하나님을 사랑의 하나님으로만 알기 때문입니다.

우리 기독교인들은 착각하지 맙시다. 하나님은 사랑이시면서 공의의 하나님으로서, 사랑이 절절 넘쳐서 독생자까지 아낌없이 우리를 위해 희생시키는 분이지만, 또한 죄에 대해서는 인정사정 없이 행한 대로 심판하시는 공의의 하나님이심을 잊지 맙시다.

이스라엘이 이렇게 선지자들을 죽이고 돌로 치는 자리에 있었던 것은 잘못된 교리의 영향이 큰 이유입니다. 역사에 의하면 이스라엘의 구원관은 자신들은 아브라함의 자손으로서 할례를 받고 모세의 율법을 지키면 반드시 천국 백성이 된다고 믿었다고 합니다. 그런 그들을 향해 선지자 세례 요한은 '너희가 아브라함의 자손이냐? 하나님이 능히 이 돌들로도 아브라함의 자손을 만들리라. 열매 맺지 않는 나무마다 찍혀 불에 던지리라.'고 경고했습니다. 다시 말하면 이스라엘 백성 자신들은 아브라함의 자손으로서 결코 버림받지 않는다고 믿었습니다.

이것은 하나님을 공의가 없는 사랑의 하나님으로만 보는 균형 잃은 위험한 신앙인 것입니다.

오늘날 기독교인들도 이 범주에서 벗어나지 않습니다. 칼빈주의의 견인교리 구원론도 균형 잃은 위험한 것으로서 하나님이 택한 백성은 천국까지 보장하며 결코 버림받지 않는다는 사랑만 강조하고 공의가 없는 교리로서 이스라엘 백성처럼 멸망의 길을 따르는 것입니다.

이러한 공의가 빠진 위험한 교리에 세뇌가 되면 진정한 회개가 안 되는 것이며 공의의 하나님을 외치는 선지자들을 향해 이를 갈고 이단으로 정죄하는 것이 지금 기독교에서 일어나는 실상입니다. 이것은 지옥의 판결을 받은 서기관과 바리새인들이 갔던 멸망의 길을 가는 것임을 가슴깊이 명심해야 합니다.

우리는 하나님의 법과 계명 앞에 누구라도 떳떳이 설 수 없는 죄인입니다. 하나님의 율법은 우리가 죄인이냐 아니냐를 판가름합니다. 그러므로 우리는 영혼의 심판 때에 하나님의 율법 앞에 서야 합니다. 세상 재판장은 육법전서로 심판하지만 만왕의 왕이시며 인류의 재판장이신 하나님은 율법으로 심판합니다.

"무릇 율법 없이 범죄한 자는 또한 율법 없이 망하고 무릇 율법이 있고 범죄한 자는 율법으로 말미암아 심판을 받으리라. 하나님 앞에서는 율법을 듣는 자가 의인이 아니요 오직 율법을 행하는 자라야 의롭다 하심을 얻으리니"(롬 2:12-13).

이 말씀은 율법을 모르고 범죄한 율법 없는 이방인들은 반드시 하나님의 율법에 의해 심판 받아 영원형벌로 망하고, 율법을 알고 범죄한 성도들은 반드시 율법에 의해 심판을 받는다는 말씀으로서 하나님 앞에서는 율법을 듣고 아는 자가 의인이 아니고, 오직 율법을 행하는 자가 의인으로서 천국의 주인공임을 말씀합니다.

하나님께서 요구하시는 율법과 계명은 너무 커서 우리 힘으로는 도무지 지킬 수 없어서 자신의 부족함을 알고 간절히 기도할 때 성령님이 오셔서 성령 충만해야 지킬 수 있습니다.

그러므로 하나님의 율법과 계명 앞에 우리가 가져야 할 자세는 절대적으로 성령을 의지하고 또한 우리의 부족함을 항상 돌아보며 진정으로 회개하는 자세가 천국에 입성할 수 있는 자세입니다.

또한 사정상 주일성수를 제대로 못했다거나 사정상 십일조를 못했다고 하더라도 낙망치 마시기 바랍니다. 이 모든 것이 죄임을 깨닫고 진정으로 회개할 때 하나님은 다 용서하십니다. 악마 중에 악마로서 살인죄와 간음죄를 행하되 남편을 죽이고 그 아내를 빼앗은 다윗의 죄도 진정한 회개로 다 용서하시고 하늘과 땅의 만복의 주인공이 되었음을 잊지 맙시다.

4. 천국에 넉넉히 들어가려면 갖추어야 할 덕목들

　　성경 중에서도 베드로서는 종말론을 다루는 하나님 말씀입니다. 하나님께서는 종말에 우리 성도들이 영원한 천국에 들어가되 영원한 나라에 넉넉히 들어가기 위해서 우리가 갖추어야 할 덕목들을 베드로의 입을 통해 자세히 제시하고 있습니다.

　　"그러므로 너희가 더욱 힘써 너희 믿음에 덕을, 덕에 지식을, 지식에 절제를, 절제에 인내를, 인내에 경건을, 경건에 형제 우애를, 형제 우애에 사랑을 더하라. 이런 것이 너희에게 있어 흡족한즉 너희로 우리 주 예수 그리스도를 알기에 게으르지 않고 열매 없는 자가 되지 않게 하려니와 이런 것이 없는 자는 맹인이라 멀리 보지 못하고 그의 옛 죄가 깨끗하게 된 것을 잊었느니라. 그러므로 형제들아 더욱 힘써 너희 부르심과 택하심을 굳게 하라 너희가 이것을 행한즉 언제든지 실족하지 아니하리라. 이같이 하면 우리 주 곧 구주 예수 그리스도의 영원한 나라에 들어감을 넉넉히 너희에게 주시리라"(벧후 1:5~11).

　　성도들에게 있어서 영원한 천국에 입성하느냐 못하느냐의 문제처럼 중요한 문제는 없습니다. 이러한 영생의 중요한 문제를 안타깝게도 우리는 너무 수박 겉핥기식으로 가르치고 배워온 것이 기독교의 역사였습니다.

베드로가 예수님의 수제자여서인지는 모르겠지만 베드로서는 성도에게 있어서 가장 중요한 종말론을 다루면서 본문은 성도가 천국에 넉넉히 들어가려면 어떻게 살아야 하는지 하나님께서는 베드로의 입을 통해 우리에게 자세히 말씀하십니다.

"이같이 하면 우리 주 곧 구주 예수 그리스도의 영원한 나라에 들어감을 넉넉히 너희에게 주시리라"(벧후 1:11)

이 말씀에서 천국에 넉넉히 들어가기 위해 '이같이 하면'은 무엇을 하라는 말인가요? 그것은 5절에서 7절까지의 여덟 가지 덕목들을 말합니다.

'믿음에 덕을' '덕에 지식을' '지식에 절제를' '절제에 인내를' '인내에 경건을' '경건에 형제 우애를' '형제우애에 사랑을 더하라.'

그런데 왜 하나님께서는 이러한 덕목들을 끊어서 믿음. 덕. 지식. 절제. 인내. 경건. 형제우애. 사랑으로 말씀하지 않으시고 가운데 '에'라는 조사를 넣으셔서 말씀하셨을까요?

그 이유는 이러한 덕목들은 결코 서로 떨어질 수 없는 연결고리를 가지고 있는 것으로서 신앙은 점진적으로 나가야 한다는 것이며, 천국입성은 이러한 덕목들 중에 어느 하나라도 빠지면 결코 넉넉히 들어갈 수 없다는 뜻으로 해석됩니다.

1) 믿음

우리의 신앙생활의 출발은 '믿음'으로부터 시작됩니다. 하늘의 하나님을 믿고, 그의 독생자 예수 그리스도께서 우리 죄를 위해 십자가 지심으로 우리 죄를 대속하신 사실을 믿는 믿음입니다. 이 '믿음'은 우리의 선택이 아닌 하나님의 선물임(엡 2:8)을 성경은 증언합니다.

"성령으로 아니하고는 누구든지 예수를 주시라 할 수 없느니라"(고전 12:3b).
"너희가 아들이므로 하나님이 아들의 영을 우리 마음 가운데 보내사 아빠 아버지라 부르게 하셨느니라"(갈 4:6).

이 말씀은 하나님을 아버지라 부르는 것과 또한 예수님을 주님이라 부르는 것도 모두 하나님께서 보내주신 성령의 감동이 있기 때문이라고 하나님은 말씀하십니다.

그러므로 믿음은 하나님께서 주신 선물입니다. 그중의 어떤 이들은 세상이 감당하지 못할 강한 믿음의 사람이 있지만 그도 역시 성령의 은사 중에 하나인 믿음의 은사가 있기 때문입니다. 그러나 우리가 믿음에 대해서 말할 때 결코 간과해서는 안 될 것은 하나님께서 요구하시는 믿음은 반드시 행함이 따라야 한다는 것입니다.

"내 형제들아 만일 사람이 믿음이 있노라 하고 행함이 없으면 무슨 유익이 있으리요? 그 믿음이 능히 자기를 구원하겠느냐? 만일 형제나 자매가 헐벗고 일용할 양식이 없는데 너희 중에 누구든지 그에게 이르되 평안히 가라, 덥게 하라, 배부르게 하라 하며 그 몸에 쓸 것을 주지 아니하면 무슨 유익이 있으리요? 이와 같이 행함이 없는 믿음은 그 자체가죽은 것이라"(약 2:14-17).

"영혼 없는 몸이 죽은 것 같이 행함 없는 믿음은 죽은 것이라"(약 2:26).

하나님께서는 야고보를 통해서 행함 없는 믿음은 그 자체가 죽은 믿음으로 그것은 아무런 가치도 없는 죽은 것이라고 정의합니다.

"네가 하나님은 한 분이신 줄을 믿느냐 잘하는도다. 귀신들도 믿고 떠느니라. 아아 허탄한 사람아 행함이 없는 믿음이 헛것인 줄을 알고자 하느냐?"(약 2:19-20).

행함이 없는 믿음은 귀신이 소유한 믿음으로 그것은 헛것에 불과하다고 말씀하십니다. 그럼에도 불구하고 우리 기독교는 믿기만 하면 구원받는다고 외치고 있으니 이것이 언제부터 잘못된 것인가요?

종교개혁가 마르틴 루터는 "오직 나의 의인은 믿음으로 살리라."는 로마서 한절로 오직 믿음으로 구원받는 의인이 된다고 이신칭의 교리를 만들었고, 행함을 강조하는 야고보서는 지푸라기

서신으로서 성경으로서의 가치가 없는 서신이라고 주장한 사람이며. 그 후예들인 기독교인들도 오늘날 그렇게 믿고 따르는 것이며 이것은 성경의 일부분만을 보고 성경을 잘못 해석한 결과인 것입니다.

그러나 우리가 결코 간과해서는 안 될 것은 우리가 하나님께서 원하시는 믿음이 강하더라도 결코 거기서 그치면 천국입성의 길은 넉넉할 수 없습니다.

2) 믿음에 덕

'덕'은 헬라어 '아레텐'이라는 단어로 '선한 행실을 가능케 하는 도덕적 능력'을 의미합니다.

믿음생활하기 전에는 세상 임금 마귀에 속하여 죄 아래 살았습니다. 어렸을 때부터 부모로부터 또한 학교에서 도덕을 배우고 익히지만, 자신을 이 땅에 존재케 한 하나님의 최고 명령인 '너는 나 외에 다른 신을 섬기지 말라.'는 창조주의 최고 명령을 거역하고 우상숭배를 하거나 또한 자신을 믿고 살았습니다.

그러던 우리가 하나님을 섬기게 되면서 그분이 성령으로 내 안에 들어오시니 그동안 마귀의 종으로 마귀가 이끄는 대로 죄 짓고 살았던 우리가 이제는 예수님의 이름으로 마귀를 대적하여 물리칠 수 있는 능력이 오게 된 것입니다.

그동안 악한 마귀의 권세 아래 살면서 악으로 가득했던 우리가 이제는 우리에게 오신 성령의 은혜로서 선한 열매를 맺고 하나님께서 원하시는 도덕적으로 바른 진리의 길을 갈 수 있는 능력이 온 것입니다.

그러면 우리가 생각해보아야 할 것은 도대체 하나님께서 원하시는 선한 행실은 무엇이며 어디까지인 것인가요?

단순히 사람들이 알아주는 도덕 윤리적인 착한 모습이며 덕스러운 모습인가요?

우리는 여기서 예수님 당시의 종교지도자들을 생각해 봐야 할 것 같습니다. 그들은 표면적으로는 당시 하나님의 백성들이 믿고 따를 만큼 선하고 덕스러운 모습들이었습니다.

"이와 같이 너희도 겉으로는 사람에게 옳게 보이되 안으로는 외식과 불법이 가득하도다"(마 23:28).

이스라엘 백성들이 종교지도자들을 볼 때 그들의 모습은 예수님의 말씀대로 경건하고 옳게 보이는 모범된 모습이었습니다. 백성들이 얼마나 그들을 신뢰했으면 예수님을 십자가에 못 박는데 있어서 결정적 역할을 한 종교지도자들의 지시를 따랐을까요?

온갖 능력과 기적을 행하시는 예수님을 이단의 괴수로 몰아 십자가에 처형시키는데 배후에서 충동질하는 그들을 따른 것은 그만큼 그들이 종교적으로 선함과 덕을 갖춘 신실함이 보였기 때문입니다.

"대제사장들과 장로들이 무리를 권하여 바라바를 달라 하게하고 예수를 죽이자 하게 하였더니 총독이 대답하여 이르되 둘 중의 누구를 너희에게 놓아 주기를 원하느냐? 이르되 바라바로소이다. 빌라도가 이르되 그러면 그리스도라 하는 예수를 내가 어떻게 하랴? 그들이 다 이르되 십자가에 못 박혀야 하겠나이다. 빌라도가 이르되 어찜이냐? 무슨 악한 일을 하였느냐? 그들이 더욱 소리 질러 이르되 십자가에 못 박혀야 하겠나이다 하는지라. 빌라도가 아무 성과도 없이 도리어 민란이 나려는 것을 보고 물을 가져다가 무리 앞에서 손을 씻으며 이르되 이 사람의 피에 대하여 나는 무죄하니 너희가 당하라. 백성이 다 대답하여 이르되 그 피를 우리와 우리 자손에게 돌리지어다 하거늘 이에 바라바는 그들에게 놓아주고 예수는 채찍질하고 십자가에 못박히게 넘겨 주니라"(마 27:20-26).

이 말씀에서 보면 당시의 로마 총독 빌라도는 예수님의 죄 없음을 알고 풀어주려는 의도였지만 유대인들이 십자가 처형을 요구했으며, 그 요구가 얼마나 강력했던지 민란이 일어날까 두려워서 그들의 요구에 로마 총독은 순응한 것입니다.

이렇게 백성들이 예수님의 십자가 처형을 강력하게 외치게 한 배후의 세력은 대제사장들과 백성들의 대표자인 장로들이었고, 복음서 전체를 보면 이들 말고도 바리새인과 서기관과 율법사들이 예수님을 죽인 배후 세력들인 것입니다. 소위 종교지도자들로서 오늘날 목사, 신부, 신학자들과 같은 역할을 담당했던 그들인 것입니다.

그러면 생각해 볼 문제는 당시 종교지도자들의 하나님을 믿는 신앙은 어느 정도였나요?

"바리새인은 서서 따로 기도하여 이르되 하나님이여 나는 다른 사람들 곧 토색, 불의, 간음을 하는 자들과 같지 아니하고 이 세리와도 같지 아니함을 감사하나이다. 나는 이레에 두 번씩 금식하고 또 소득의 십일조를 드리나이다"(눅 18:11-12).

본문에 바리새인의 기도내용을 보면 참으로 모범적인 신앙입니다. 그들의 신앙은 오늘날의 목회자들보다 뛰어나 보일 정도로 열심인 듯이 보입니다. 그들은 일주일에 두 번을 금식기도하며, 소득의 십일조에 철저했고, 토색하지 않고, 불의한 일을 하지 않았으며, 간음하지 않았다고 하나님 앞에서 자랑하듯 고백하는 것입니다. 이것은 하나님 앞에 기도한 내용이므로 거짓일 수 없습니다. 그들은 이렇듯 유대인 사회에서는 존경받고 덕망 있는 위치에 있었습니다.

그러나 그들의 신앙의 문제는 무엇인가요?

왜 예수님의 책망의 대상이었나요?

마태복음 23장에서만 "화있을진저 외식하는 서기관들과 바리새인들이여"라는 책망이 7번이나 나올 정도입니다. 이 책망에서 화를 당할 것을 경고하신 그 화는 세상에서 받을 화가 아닙니다.

"그 나라의 본 자손들은 바깥 어두운데 쫓겨나 거기서 울며 이를 갈게 되리라"(마 8:12).

"만일 맹인이 맹인을 인도하면 둘이 다 구덩이에 빠지리라"(마 15:14).

예수님의 경고는 영원한 천국이 아닌 영원 형벌을 경고하신 것입니다.

그러면 그렇게 열심인 신앙이 왜 이런 결과를 가져온 것인가요? 그것은 예수님의 7번 책망에 들어 있는 그들의 '외식'입니다. 외식(外飾)이란 겉'외' 꾸밀'식' 자로서 겉을 그럴듯하게 꾸미는 것을 의미합니다.

이렇게 겉이 그럴듯해 보이는 사람들은 참으로 덕스러워 보입니다. 그러므로 많은 사람들이 사람의 외모를 보고 판단하므로 큰 낭패를 당합니다. 구약의 하나님의 선지자 사무엘마저도 외모로 보고 판단했다가 큰 낭패를 당합니다.

이스라엘의 초대 왕 사울이 불순종으로 하나님의 버림을 당하므로 하나님께서는 사무엘 선지자를 이새의 집으로 보내서 그의 아들 중에서 한 사람을 왕으로 기름 부으라는 명령을 받습니다.

사무엘상 16장에 사무엘이 이새의 큰 아들 엘리압을 보자 그의 외모에 감탄합니다. '과연 하나님이 왕으로 기름 부을 자가 이 사람이 로다' 했지만 하나님께서는 사무엘에게 '내가 그를 버렸다'고 하십니다. 그러면서 하신 말씀은 "사람은 외모를 보거니와 나 여호와는 중심을 보느니라"(삼상 16:7)고 말씀하십니다. 외모로는 훌륭해 보이고 덕스럽더라도 하나님이 보실 때는 아니라는 것입니다. 왜인가요?

하나님께서는 중심을 보시기 때문입니다. 중심을 보신다는 것은 마음을 보신다는 것입니다. 그러면 하나님께서는 왜 마음을 중요하게 보시는 걸까요. 그것은 마음에 하나님이 보내시는 성령 하나님이 계시기 때문입니다. 마음에 성령 하나님이 계신다는 것은 그 사람이 회개하여 죄 용서함 받아서 하나님이 영으로서 거하시기에 합당하다는 증거입니다. 그러나 아무리 외모가 훌륭하고 덕스러워 보여도 서기관과 바리새인처럼 마음이 죄로 더럽혀 있으면 성령하나님이 오실 수 없는 의인이 아닌 죄인인 것입니다. 그러므로 하나님께서는 마음 중심을 보십니다.

"너희가 하나님의 성전인 것과 하나님의 성령이 너희 안에 계시는 것을 알지 못하느냐 누구든지 하나님의 성전을 더럽히면 하나님이 그 사람을 멸하시리라 하나님의 성전은 거룩하니 너희도 그러하니라"(고전 3:16~17).

마음성전을 지키지 못하여 죄 가운데 빠질 때 하나님이 그 사람을 멸하신다는 말은 성령이 떠난다는 말씀입니다.

그러나 진정한 회개가 이루어질 때 성령님이 오시고 그렇게 될 때 마음으로부터 진정한 거룩함과 선한 모습이 나타나 성도로서의 덕스러운 모습이 이루어집니다. 그러나 신앙은 결코 거기서 그치면 천국입성의 길은 넉넉할 수 없다는 것이 본문의 말씀입니다.

3) 덕에 지식

'지식'은 헬라어 '그노시스'라는 단어로 '하나님의 말씀에 대한 지식'을 의미합니다.

하나님의 말씀을 아는 것이 얼마나 중요한가는 첫 사람 아담과 하와의 실패를 통해 그 중요성을 인식하게 됩니다. '선악과를 먹으면 반드시 죽는다'는 것이 하나님의 법이며 명령임에도 마귀의 꾐에 빠져서 하나님의 말씀을 망각하고 먹으므로 가난, 저주, 사망의 심판이 왔습니다.

하나님의 말씀인 성경은 하나님의 '약속'이며 '법'입니다. 세상에서도 나라의 질서를 위해 법을 만들어서 법대로 심판하는 것처럼 만왕의 왕이신 하나님께서도 하나님의 법대로 심판하십니다.

그러므로 성경은 하나님을 '의로우신 재판장'이라고 표현합니다. 세상 재판장들은 법대로가 아닌 제 마음대로 재판하는 불의한 자가 많지만 하나님은 절대로 불의가 용납될 수 없고 법대로 심판하시는 분이므로 의로우신 재판장임을 잊지 말아야 합니다.

"천지는 없어지려니와 내 말은 일점일획의 오류 없이 다 이루리라. 그러므로 누구든지 이 계명 중에 지극히 작은 것 하나라도 버리고 그같이 가르치는 자는 천국에서 지극히 작다 일컬음 받으리라"

이 말씀은 만물은 없어지고 변할지라도 하나님께서 제정하신 법과 계명은 일점 오차 없이 그대로 심판하시고 다 이루신다는 말

위험한 기독교

씀입니다. 그렇기 때문에 가르치는 자들이 지극히 작은 계명이라도 소홀히 여기고 계명을 버리면 아무리 많은 성도를 둔 대형교회 목회자라도 천국에서는 지극히 작은 자가 된다는 하나님의 경고인 것입니다.

"너희는 선생 된 우리가 더 큰 심판 받을 줄 알고 많이 선생이 되지 말라"(약 3:1).

하나님의 말씀 곧 성경을 가르치는 선생들은 더 큰 심판이 있으니 성경대로 가르치라는 말씀입니다. 특히 하나님의 법과 계명을 성경대로 가르쳐야 합니다. 그것이 중요한 이유는 하나님의 법과 계명을 어기면 의인이 아닌 불의한 자가 되어 슬피 울며 이를 가는 심판의 대상이 된다는 것이 성경의 경고이기 때문입니다.

"불의한 자가 하나님 나라를 유업으로 받지 못할 줄 알지 못하느냐? 미혹을 받지 말라 음행하는 자나 우상숭배하는 자나 간음하는 자나 탐색하는 자나 남색하는 자나 도적이나 탐욕을 부리는 자나 술 취하는 자나 모욕하는 자나 속여 빼앗는 자들은 하나님의 나라를 유업으로 받지 못하리라"(고전 6:9-10).

이 말씀은 하나님의 법을 어긴 사람들은 불의한 자로 천국에 못 들어가는 것이 분명하니 미혹을 받지 말라고 말씀합니다. 미혹을 받지 말라는 말은 속지 말라는 말입니다.

경고 뒤에 이어진 죄목들은 죄 같지도 않은 죄도 있습니다. 그러나 안타깝게도 기독교는 예수만 믿으면 천국에 간다고 성도들을 미혹시켰습니다. 잊지 말아야 할 것은 예수님의 십자가 보혈로 죄 사함 받은 의인들은 반드시 하나님의 법을 지켜야 의인인 것입니다.

하나님의 법은 크게 두 가지로서 '하라'는 법과 '하지 말라'는 것으로서 유대인들은 '하라'는 법과 '하지 말라'는 법을 613가지로 나눠서 지켰습니다.

'하지 말라'는 것은 하나님이 가증하게 여기는 것이니 끊어버리라는 것이며,

'하라'는 것은 하나님이 기뻐하시는 것이니 반드시 행하라는 것입니다. 이 두 가지 법을 어기면 죄인이 되어 천국입성을 못하기 때문에 성도는 반드시 하나님의 법과 계명을 아는 '지식'이 있어야 하는 것입니다.

"내 백성이 지식이 없으므로 망하는도다"(호 4:6).
"하나님 앞에서는 율법을 듣는 자가 의인이 아니요 오직 율법을 행하는 자라야 의롭다 하심을 받으리니"(롬 2:13).

4) 지식에 절제

하나님의 법과 계명을 알았으면 아는 것으로 그치면 안 됩니다. 반드시 행함이 있어야 합니다. 그러기 위해 그다음으로 실천할 중

요한 덕목은 '절제'입니다.

'하지 말라'는 하나님의 명령을 지키려면 절대적으로 절제력이 있어야 합니다.

'하라'는 명령도 마찬가지로 절제력이 없으면 할 수 없습니다. 그러면 하나님께서 우리의 절제력 있는 삶을 위해서 하신일이 무엇일까요?

그것은 성령님을 보내주신 것입니다. 하나님께서 성령님을 보내신 목적은 여러 가지이겠지만 가장 중요한 목적 중의 하나는 우리의 절제된 삶으로 죄를 이기고 거룩한 성도로서의 삶을 위해 오신 것입니다.

그러므로 성령의 아홉 가지 열매 중에 마지막이 절제의 열매입니다. 우리는 성령의 도움 없이 절대로 하나님이 요구하시는 절제된 거룩한 삶을 살 수 없습니다.

"너희가 육신대로 살면 반드시 죽을 것이로되 영으로써 몸의 행실을 죽이면 살리니"(롬 8:13)

이 말씀은 하나님의 법을 절제하지 못하고 육신이 요구하는 대로 살면 반드시 둘째 사망 지옥에 간다는 경고입니다. 죄짓게 하는 몸(육신)의 행실을 죽이는(절제) 길은 성령이시니 성령으로 죄를 이기면 영생 천국에 들어간다는 약속의 말씀인 것입니다.

"내가 이르노니 너희는 성령을 따라 행하라. 그리하면 육체의 욕심

을 이루지 아니하리라. ....육체의 일은 분명하니 음행, 더러운 것, 호색, 우상숭배, 주술, 원수 맺는 것, 분쟁, 시기, 분 냄, 당 짓는 것, 분열, 이단, 투기, 술 취함, 방탕함과 그와 같은 것들이라. 전에 너희에게 경계한 것 같이 경계하노니 이런 일을 하는 자들은 하나님의 나라를 유업으로 받지 못할 것이요"(갈5:16-21).

"그러므로 이제 그리스도 예수 안에 있는 자에게는 결코 정죄함이 없나니 이는 그리스도 예수 안에 있는 생명의 성령의법이 죄와 사망의 법에서 너를 해방하였음이라. 율법이 육신으로 말미암아 연약하여 할 수 없는 그것을 하나님은 하시나니"(롬 8:1-3).

육신을 이기고 죄를 이기는 절제력 있는 유일한 길은 성령 충만이기 때문에 마태복음 25장 열 처녀의 비유에서도 천국에 입성한 슬기로운 다섯 처녀와 천국에 입성하지 못한 미련한 다섯 처녀의 차이는 오직 성령의 기름이 충만한가 아닌가의 차이였던 것입니다. 그러나 천국에 넉넉히 입성하려면 그다음의 중요한 단계로 또 나가야 합니다.

5) 절제에 인내

'인내'는 헬라어 '휘포모네'라는 단어로서 '굳게 버티는 지구력'을 의미합니다. 육신대로 살고자 하는 죄를 절제하는 절제력은 한순간으로 끝나면 안 됩니다. 신앙의 길은 단거리가 아닌 아주 긴 장거리이기 때문에 절제력과 더불어 길게 버틸 수 있는 지구력이 절대적으로 요구되는 것입니다. 다시 말하면 자신의 영혼이 주님 앞에 설 때까지의 끝까지 버티는 절제된 지구력을 말하는 것입니다.

우리의 절제력은 성령으로부터 오는 것입니다. 그러므로 중요한 것은 주님 앞에 설 때까지 성령 충만으로 죄의 유혹을 이겨야 합니다. 그러나 우리가 결코 잊지 말아야 할 것은 성령은 소멸될 수도 있는 영입니다.

"성령을 소멸하지 말며 예언을 멸시하지 말고 범사에 헤아려 좋은 것을 취하고 악은 어떤 모양이라도 버리라"(살전 5:-19-21)

이 말씀에서 성령이 소멸되는 이유는 세 가지입니다. 사울 왕처럼 하나님께로부터 온 예언(말씀)을 멸시해서 불순종하든지,

'좋은 것을 취하라'는 말은 하나님의 '하라'는 계명을 하지 않고 불순종하지 말라는 것이며, '악은 어떤 모양이라도 버리라'는 말은 하나님이 가증하게 여기시는 것이니 '하지 말라'는 것이며, 계명을 거역하면 성령은 거룩한 영이기 때문에 죄의 자리에 함께 할 수 없어서 소멸(떠나신다)된다는 말씀입니다.

성령이 떠나면 그 동안의 절제력이 한순간 무너지게 됩니다. 성경에서 이런 유의 사람을 찾는다면 구약시대에 이스라엘 초대 왕 사울을 들 수 있습니다. 그는 왕이 되기 전에도 절제력 있는 사람이었습니다.

"기스에게 아들이 있으니 그의 이름은 사울이요 준수한 소년이라 이스라엘 자손 중에 그보다 더 준수한 자가 없고...(삼상 9:2).

사울은 택한 백성 이스라엘 전체 중에 준수함이 손꼽혀서 이스라엘 중에 그만한 자가 없다고 성경은 말씀합니다. 준수하다는 것은 그만큼 절제력이 있다는 말입니다. 절제력 없이 죄 가운데 사는 사람을 준수하다고 할 수 없습니다. 이런 면에서 그는 최고로 뛰어난 사람이었습니다. 그는 또한 성령도 충만하게 받은 사람입니다.

"하나님의 영이 사울에게 크게 임하므로 그가 그들 중에서 예언을 하니"(삼상 10:10).
"사울이 이 말을 들을 때에 하나님의 영에게 크게 감동되매"(삼상 11:6).

하나님의 영, 성령을 받되 크게 몇 차례 충만하게 받은 사람이 사울입니다. 그러나 그는 사무엘 선지자가 받은 예언인 "아말렉 족속을 진멸하라"는 하나님의 명령을 거역하고 회개하지 않음으로 성령이 떠나고 악신이 들어갑니다. 이때부터 그는 절제력을 완전히 잃고 하나님의 사람 다윗을 죽이려 수천 군사를 동원할 뿐 아니라, 제사장 85명을 죽이는 악마의 종이 되고 맙니다. 신앙의 실패자 사울을 볼 때 우리는 '절제에 인내'가 얼마나 소중한 덕목인지 새삼 인식하게 됩니다.
신약시대 초대교회의 일곱 집사 중의 한사람인 니꼴라도 마찬가지입니다. 그는 당시 초대교회의 집사 선출조건으로서 성령이 충만하고 지혜가 충만하여 성도들에게 칭찬받는 사람의 세 가지 조건에 당당히 패스한 사람으로서 초대교회의 집사가 됩니다. 절제력 있는 삶이 성도들에게까지 인정되어서 칭찬받는 집사로 뽑힌 것입니다.

당시 초대교회 성도의 수가 3천, 5천에서 시작되었으니 치열한 경쟁률에서 7위 안에 합격한 사람입니다. 그러나 그는 진리의 성령이 소멸되어 분별력을 잃고 '니골라당'을 만들어 이단의 괴수가 되고 맙니다.

이와 같이 성령 충만은 그대로 계속 유지되는 것이 아니라 절제력을 인내하지 못하고 죄에서 돌이키지 않으면 성령은 떠나고 한순간에 무너지고 마는 것입니다.

그러므로 성령의 사람 다윗도 밧세바와의 간음죄와 그의 남편을 죽인 살인죄를 범한 후에 시편에서 "나를 주 앞에서 쫓아내지 마시고 주의 성령을 내게서 거두지 마소서"라고 침상이 젖도록 회개 기도했던 것입니다.

천국에 넉넉히 들어가기 위해서 그 다음의 중요한 덕목은 '경건'입니다.

6) 인내에 경건

경건은 헬라어 '유세베이아'란 단어로서 한글 성경에서는 '선인'으로 번역했고, 영어 흠정역 성경에서는 '거룩함'으로 번역했습니다. 그러므로 경건함은 거룩함입니다. 거룩은 죄와 완전히 분리된 상태'를 의미합니다. 절제에 인내를 이룬 성도들에게 천국입성을 넉넉히 하기 위해서 하나님께서 요구하시는 덕목은 죄와는 완전히 분리된 거룩함입니다.

그러면 왜 이것이 또 필요한 것일까요?

그것은 절제에 인내를 잘 해온 성도라 할지라도 하루아침에 실족할 수 있는 것이 우리의 연약한 실정이기 때문입니다. 우리를 실족시키고 넘어뜨리려고 세상 임금 마귀는 성도들을 공격대상으로 하여 항상 우는 사자처럼 삼킬 자를 찾습니다(벧전 5:8 참조). 마귀는 첫 사람 아담과 하와를 넘어뜨렸고, 예수님의 제자 가룟 유다를 넘어뜨렸고, 하나님이신 예수님까지도 넘어뜨리려고 유혹했습니다. 마귀가 넘어뜨리는 방법은 죄짓게 하는 것입니다.

"죄를 짓는 자는 마귀에게 속하나니 마귀는 처음부터 범죄함이라"(요일 3:8).

그러면 죄짓게 하는 마귀를 물리치고 거룩함을 이루기 위한 방법은 무엇인가요?

"하나님의 말씀과 기도로 거룩하여짐이라"(딤전 4:5).

예수님께서는 마귀의 유혹에 대해 세 번 모두 신명기에 기록된 하나님의 말씀으로 물리치셨던 것처럼 거룩한 성도가 되기 위해서

위험한 기독교

는 하나님 말씀 위에 굳게 서야 합니다,

또한 겟세마네 동산에서 예수님께서 제자들에게 너희가 십자가의 현장에서 마귀의 시험을 이기고 승리하기 위해서 너희가 할 일은 "시험에 들지 않게 깨어 기도하라."는 것이었습니다. 이것이 얼마나 중요하면 예수님께서는 잠에 곯아떨어지는 제자들에게 세 번을 신신당부했습니다. 그러나 그들은 깨어 기도하지 않고 잠에 곯아떨어짐으로 십자가의 현장에서는 모두 배신자가 되어 도망치듯 옛날 어부로 돌아갑니다.

이렇듯 세상을 이기고 육신을 이기어 마귀로부터 승리하는 길은 기도이며, 기도할 때 성령이 오시므로 넉넉히 승리할 수 있으므로 예수님께서는 말세의 성도들에게 기도를 권고하시고 명령하시는 것입니다.

"그러므로 깨어 있으라. 어느 날에 너희 주가 임할는지 너희가 알지 못함이라"(마 24:42).

"깨어 의를 행하고 죄를 짓지 말라(고전 15:34).

"근신하라. 깨어라.. 너희 대적 마귀가 우는 사자같이 두루 다니며 삼킬 자를 찾나니"(벧전 5:8).

성경에 '깨어 있으라'는 기도하라는 말씀으로 이것은 자신을 경건(거룩)하게 지키는 길입니다.

이스라엘 백성들에게 하나님께서 원하시는 삶은 '내가 거룩하니 너희도 거룩하라'는 말씀은 하나님의 명령입니다. 다시 말하면 우리는 거룩한 하나님(예수님)의 자녀이니 마땅히 거룩한 하나님을 닮아가는 것을 의미합니다.

그러나 안타깝게도 이스라엘의 남과 북이 망한 것도 거룩하지 못해서였고, 예수님 시대에 종교지도자들이 예수님의 책망과 심판을 경고받은 것도 겉은 그럴 듯 해보이나 속은 거룩하지 못한 외식 때문이었습니다.

그러면 하나님께서 원하시는 거룩한 삶은 어떻게 가능한 것일까요? 그것은 거룩하신 성령으로만이 가능합니다. 거룩한 삶은 우리 힘으로 할 수 없기 때문에 하나님께 기도하고 간구하므로 성령님이 오시므로 가능합니다.

"너희가 돌이켜 어린 아이들과 같이 되지 아니하면 결단코 천국에 들어가지 못하리라(마 18:3)."

예수님께서는 천국에 들어가는 조건으로 어린아이 같이 되라 하셨습니다.

그러면 어린아이가 의미하는 것이 무엇인가요? 의미가 여러 가지 있겠지만 어린아이는 절대적으로 부모를 의지하는 존재입니다. 우리가 하나님 나라 백성으로 거룩한 길을 가는 것은 오직 성령으로 되는 것이므로 어린아이와 같이 절대적으로 하나님을 의지하는 사람만이 성령의 은혜를 입어 거룩한 삶을 살 수 있으므로 천국에 입성할 수 있는 것입니다.

"하나님 아버지 앞에서 정결하고 더러움이 없는 경건은 곧 고아와 과부를 그 환난 중에 돌보고 또 자기를 지켜 세속에 물들지 아니하는 그것이니라"(약 1:27).

하나님 앞에서 자기를 지켜 죄로부터 분리된 경건함을 지켰으면 거기에서 그치면 결코 천국 길은 넉넉할 수 없습니다. 그다음의 덕목인 형제우애로 나아가야 합니다.

7) 경건에 형제우애

형제우애는 헬라어 '필라델피아'란 단어는 '인간에 대한 사랑'을 의미합니다. 이것은 해도 되고 안 해도 그만인 것이 아닙니다. 이것은 천국에 들어가는 절대적인 조건으로 반드시 실천해야 하는 것입니다.

이것이 얼마나 중요한 가는 마태복음 25장에 양과 염소의 비유에서 하나님께서 양은 오른편에 염소는 왼편에 두시고 양들에게 이르시기를 "창세로부터 너희를 위해 예비된 나라를 상속 받으라."(34)하셨고, 염소들에게는 "저주를 받은 자들아 나를 떠나 마귀와 그 사자들을 위하여 예비 된 영원한 불에 들어가라."(41) 하셨습니다. 그러면 양과 염소로 판정되어 영원한 천국과 영원한 지옥으로 나뉘게 된 이유가 무엇인가요?

"내가 주릴 때에 너희가 먹을 것을 주었고 목마를 때에 마시게 하였고 나그네 되었을 때에 영접하였고 헐벗었을 때에 옷을 입혔고 병들었을 때에 돌보았고 옥에 갇혔을 때에 와서 보았느니라"(35,36).

그때에 오른편에 있는 양들이 우리가 언제 주님께 그렇게 하였냐고 묻습니다. 그때 주님의 대답은 "너희가 여기 내 형제 중에 지극히 작은 자 하나에게 한 것이 곧 내게 한 것이니라."(40)

그러나 반면에 염소들이 영원한 지옥의 판결을 받은 이유는 "내가 진실로 너희에게 이르노니 이 지극히 작은 자 하나에게 하지 아니한 것이 곧 내게 하지 아니한 것이니라."(45)

다시 말하면 천국과 지옥으로 나눠진 이유는 지극히 작은 자가 어려움을 당할 때 적극적으로 도와주었느냐, 안 도와주었느냐의 심판이었습니다. 이것은 세상에서는 죄로 여기지 않는 죄인 것입니다. 그런데 어떻게 하찮아 보이는 이러한 것들이 영원한 지옥에 던져지는 중범죄가 될까요? 그러므로 어떤 목회자들은 염소는 믿지 않는 이방인이라고 말하는 이들이 있습니다.

그러나 그것은 절대적으로 그렇지 않습니다.

첫째 이유는 불신자들은 양과 염소에 들어올 수 없습니다. 이 심판은 지극히 작은 자를 적극적으로 도왔느냐의 심판입니다.

불신자가 지극히 작은 자를 돌보았더라도 그들은 지옥입니다. 그러나 하나님은 지금 지극히 작은 자를 돌본 양들에게 천국입성을 선포하십니다.

둘째 이유는 지금 이 심판은 하나님의 계명 중에 최고의 계명인 "네 이웃을 네 몸과 같이 사랑하라"는 명령을 거역한 자들에게 대한 심판인 것입니다. 이 이웃사랑의 계명을 어긴 죄는 우리가 혐오하는 살인과 간음과 도둑질보다 더 큰 죄입니다.

왜 그럴까요?

예수님께서 가장 큰 계명이라고 하셨기 때문입니다.

셋째 이 비유는 왜 많은 짐승 중에 하필 양과 염소일까요? 양과 염소는 비슷한 동물로서 한 우리에서 먹고 자고 합니다. 다시 말하면 알곡과 가라지도 교회 안의 성도를 말하는 것이고, 양과 염소도 교회 안의 성도를 의미하는 것입니다. 그러므로 심판은 하나님의 집에서부터 시작된다고 경고하시는 것입니다.

"하나님의 집에서 심판을 시작할 때가 되었나니 만일 우리에게 먼저 하면 하나님의 복음을 순종하지 아니하는 자들의 그 마지막은 어떠하며 또 의인이 겨우 구원을 받으면 경건하지 아니한 자와 죄인은 어디에 서리요"(벧전 4:17-18).

8) 형제우애에 사랑

본문에서 말하는 사랑은 헬라어 '아가페'로서 '신적 사랑'을 의미하는 것입니다.

성경의 주제는 하나님 사랑, 이웃 사랑입니다. 사랑을 하되 하나님께서 원하시는 사랑은 하나님께로부터 나오는 '신적 사랑'으로 하라는 것입니다. 다시 말하면 이것은 우리 힘으로 할 수 없으니 기도해야 하는 것으로서 기도할 때 오직 하나님의 영이신 성령의 능력으로 이루어지는 사랑이기 때문에 신적 사랑인 것입니다.

"오직 성령의 열매는 사랑과 희락과 화평과 오래 참음과 자비와 양선과 충성과 온유와 절제니 이 같은 것을 금지할 법이 없느니라. 그리스도 예수의 사람들은 육체와 함께 그 정욕과 탐심을 십자가에 못 박았느니라. 만일 우리가 성령으로 살면 성령으로 행할지니"(갈 5:22-25).

"소망이 우리를 부끄럽게 하지 아니함은 우리에게 주신 성령으로 말미암아 하나님의 사랑이 우리 마음에 부은바 됨이니"(롬 5:3).

하나님께서 우리에게 보혜사 성령님을 보내주신 가장 큰 목적은 하나님의 가장 큰 계명인 하나님 사랑과 이웃 사랑을 이루시기 위함입니다. 성령님은 하나님 자신이기 때문에 성령 하나님은 사랑이십니다. 우리가 기도해서 성령 충만으로 사랑하는 것은 천국입성을 위해 반드시 해야 할 가장 중요한 덕목입니다.

그러면 누구를 사랑해야 하나요?

마태복음 22장에 한 율법사가 예수님께 율법 중에 어느 계명이 크냐고 묻습니다. 그때 예수님의 이렇게 대답하셨습니다.

"네 마음을 다하고 목숨을 다하고 뜻을 다하여 주 너의 하나님을 사랑하라 하셨으니 이것이 크고 첫째 되는 계명이요 둘째도 그와 같으니 네 이웃을 네 자신 같이 사랑하라 하셨으니 이 두 계명이 온 율법과 선지자의 강령이니라"(마 22:37-40).

위험한 기독교

다시 말하면 사랑하는 삶을 살되 하나님을 사랑하고 이웃을 사랑하는 것이 계명 중에 으뜸이 된다는 주님의 말씀으로서 이것은 해도 되고 안 해도 되는 것이 아닌 천국입성을 위해 반드시 실천할 최고의 계명인 것입니다.

누가복음 10장 25절 이하에 한 율법 교사가 예수님께 어떻게 해야 영생을 얻느냐고 묻습니다. 영생을 얻는다는 것은 천국입성을 의미하는 것으로서 그때 예수님께서 그에게 율법에 무엇이라 기록되었느냐고 되묻습니다.

"대답하여 이르되 네 마음을 다하며 목숨을 다하며 힘을 다하며 뜻을 다하여 주 너의 하나님을 사랑하고 또한 네 이웃을 네 자신 같이 사랑하라 하였나이다"(눅 10:27).

그는 율법 교사로서 영생 천국에 입성하려면 하나님께서 법으로 제정하신 최고 명령인 하나님 사랑, 이웃 사랑을 실천해야 한다는 것을 알았고 그대로 예수님께 대답한 것입니다. 그때 예수님께서 이르시되 "네 대답이 옳도다 이를 행하라. 그러면 살리라"(28). 이 말씀은 네 대답대로 하나님 사랑, 이웃 사랑을 행해야 영생의 길로 천국입성을 할 수 있다는 예수님의 말씀입니다.

그런데 문제는 하나님을 사랑하는 것이 크고 첫째 되는 계명인데, 하나님을 사랑하되 어떻게 마음을 다하고 목숨을 다 바쳐 사랑할 수 있느냐는 것입니다.

예수님을 3년 동안 따라다닌 제자들도 목숨을 빼앗길 위기가 오자 모두 배신하고 도망했습니다. 이것이 우리의 연약한 실정입니다. 그러므로 이 명령을 이루기 위한 최선의 방법은 성령님의 충만한 은혜가 있어야 하는 것입니다.제자들도 오순절 성령 충만으로 이 큰 계명을 실행에 옮겨 모두 순교하기까지 주님을 따르게 됩니다. 그러므로 우리는 할 수 없으니 기도하며 하나님께 맡길 때 성령님으로 가능한 것입니다.

"만물의 마지막이 가까웠으니 그러므로 너희는 정신을 차리고 근신하여 기도하라. 무엇보다도 뜨겁게 서로 사랑할지니 사랑은 허다한 죄를 덮느니라".(벧전 4:7-8).

(경고)
위에 나열된 덕목들이 없이 천국입성을 바라고 가르치는 사람들에게 하나님께서는 베드로를 통해 이렇게 경고하십니다.

(1) 맹인
"이런 것이 없는 자는 맹인이라. 멀리 보지 못하고 그의 옛 죄가 깨끗하게 된 것을 잊었느니라"(벧후 1:9).

위의 나열된 덕목들이 없는 사람을 주님께서는 맹인으로 표현합니다. 왜 하필 앞 못 보는 맹인으로 표현하는 걸까요? 눈은 우리의 감각기관 중에 으뜸 되는 것으로서 어떤 목적지를 향해 가기 위해서는 절대적으로 필요한 기관인 것입니다. 다시 말하면 천국입성

위험한 기독교

에 필요한 덕목들이 무려 여덟 가지나 되는데도 불구하고 그것을 모르는 사람은 목적지를 못 찾는 맹인과 같다는 것입니다.

예수님께서 그 당시의 종교지도자들을 향해 "화있을진저 맹인 된 인도자여"라고 책망하시면서 맹인이 맹인을 인도하면 둘 다 구덩이에 빠져 멸망한다고 경고하셨습니다.

왜 이런 맹인이 되었을까요? 이런 덕목들을 안 가르치고 우리는 아브라함의 후손임으로 천국입성은 보장받은 것으로 인식하고 가르쳤기 때문입니다.

이것은 오늘날의 기독교 지도자들도 같은 범주에 속한다고 생각됩니다. 행함이 없이 예수만 믿으면 천국입성이 되는 것으로 가르치니 말입니다. 오늘날 기독교의 지도자들은 각성하고 회개해야 할 것입니다.

(2) 실족

"너희가 이것을 행한즉 언제든지 실족하지 아니하리라"(10b)

실족이란 발을 잘못 디뎌 넘어지던지 구덩이에 빠지는 것을 의미합니다. 실족은 말씀을 벗어나서 죄를 범하는 것을 의미합니다. 다시 말하면 우리의 신앙 여정에 위의 여덟 가지 덕목들을 행하면 평탄한 길로 넉넉히 천국에 입성하지만 위의 덕목에서 이탈하는 것은 실족하여 멸망에 이른다는 것입니다. 우리는 부족해서 넘어질 수 있지만 하나님께서는 회개하여 다시 말씀의 위치로 돌아오길 기다리시는 사랑의 하나님이십니다. 문제는 돌이키지 않고 실족 상태에 자신을 방치하는 것이 문제입니다.

(3) 열매

"이런 것이 너희에게 있어 흡족한 즉 너희로 우리 주 예수 그리스도를 알기에 게으르지 않고 열매 없는 자가 되지 않게 하려니와"(8).

예수님께서는 요한복음 15장에 하나님은 농부요 예수님은 포도나무요 성도는 가지로 표현하셨습니다. 다시 말하면 농부이신 하나님께서는 이 세상에 예수님을 포도나무로 심으셨고, 우리를 포도나무의 가지로 붙이셨습니다.

농부이신 하나님께서 성도로부터 오직 얻고자 하시는 것은 열매입니다. 그 열매가 무엇인가요? 그것은 위에 나열된 덕목들이며 성령의 열매들입니다.

하나님의 택한 이스라엘도 남과 북이 멸망당하고 버림당해 슬피 울며 이를 가는 자리에 간 것은(마 8:11-12 참조) 열매가 없었기 때문입니다. 열매 없는 그들을 버리시고 이방인을 택한 것에 대해서 하나님께서는 바울을 통해 이렇게 말씀하십니다.

"또한 가지 얼마가 꺾이었는데 돌 감람나무인 네가 그들 중에 접붙임이 되어 참 감람나무 뿌리의 진액을 함께 받는 자가 되었은즉"(롬 11:17).

이 말씀은 농부이신 하나님께서는 이스라엘로부터 열매를 얻기

위험한 기독교

를 기대하시고 참 감람나무로 택하셨지만 원하시는 열매를 맺지 못하므로 그들을 꺾어버리시고 돌감람나무 같은 이방인을 참 감람 나무에 접붙이셨다는 것입니다.

"하나님이 원가지들도 아끼지 아니하셨은 즉 너도 아끼지 아니하리라"(롬 11:21).

"무릇 내게 붙어 있어 열매를 맺지 아니하는 가지는 아버지께서 그것을 제거해 버리시고"(요 15:2).

"사람들이 그것을 모아다가 불에 던져 사르느니라"(요 15:6b).

"너희가 열매를 많이 맺으면 내 아버지께서 영광을 받으실 것이요 너희는 내 제자가 되리라"(요 15:8).

(결론)

어느 날 어떤 사람이 예수님께 묻습니다.

"주여! 구원을 얻을 자가 적으니이까?"

"그들에게 이르시되 좁은 문으로 들어가기를 힘쓰라. 내가 너희에게 이르노니 들어가기를 구하여도 못하는 자가 많으리라"(눅 13:24)

이 말씀은 천국에 들어가기를 바라고 소원하여 구하더라도 들어가지 못하는 자가 많으리라는 예수님의 경고입니다. 왜일까요? 좁은 문 좁은 길, 곧 순종의 길을 가지 않기 때문입니다.

"나더러 주여 주여 하는 자마다 다 천국에 들어갈 것이 아니요 오직 하늘에 계신 내 아버지의 뜻대로 하는 자가 들어가리라"(마 7:21).

이러한 신앙의 여정을 통과해야만 천국에 넉넉히 들어갈 수 있기 때문에 하나님께서는 바울을 통해 "항상 복종하여 두렵고 떨림으로 너희 구원을 이루라"(빌 2:12b)고 말씀하신 것입니다.

구원의 시제는 과거적, 현재적, 미래적 표현들이 있으며 구원의 완성은 미래적 구원이므로 중도에서 탈락하지 않도록 깨어서 쉬지 말고 기도하면서 아버지의 뜻대로 철저한 행함이 있는 믿음을 지켜야 천국입성이 되는 것입니다.

5. 천국에 넉넉히 들어가려면 지켜야 할 계명

우리 기독교인들의 최고의 소망은 천국입니다. 우리가 사는 이 세상은 잠시 거쳐 가는 나그네 길임을 성경은 증언합니다. 잠시 세상에서 우리가 받아야 할 복이 많이 있지만 천국에 입성하여 영원 세세토록 영광의 주인공이 되는 것보다 더 큰 복은 없습니다.

그러므로 예수님 당시의 유대인들도 천국에 대한 지대한 관심을 갖고 예수님께 나와서 천국 가는 영생의 길을 질문하는 것을 봅니다.

우리는 복음서에서 당시의 유대인들이 얼마나 영생의 길을 갈망하고 예수님께 나왔는지를 보게 됩니다.

마태복음 19장에 부자 청년이 예수님께 "어떻게 하면 영생을 얻을 수 있습니까?"라고 나와서 물었고, 한 율법 교사도 예수님께 이와 똑같은 질문을 합니다.

"어떤 율법 교사가 일어나 예수를 시험하여 이르되 선생님 내가 무엇을 하여야 영생(천국)을 얻으리이까?"(눅 10:25).

당시의 율법 교사는 백성들에게 율법을 해석하여 가르치는 사람으로서 오늘날 신학교 교수나 목회자의 위치에 있는 사람입니다. 그는 비록 예수님을 시험하려고 이 질문을 했지만, 그러나 한편으론 율법을 연구하면서 천국에 입성하는 길에 대한 궁금증이 항상 그의 마음에 있었기에 모든 백성이 선지자로 여기는 예수님께 이 질문을 한 것이 틀림없습니다.

마태복음 19장에 나오는 부자 청년의 영생에 대한 질문도 마찬가지입니다.

요한복음 3장에 등장하는 니고데모도 밤에 예수님께 나온 것은 영생의 길에 대한 질문을 가지고 나온 것이 틀림없습니다. 이것은 나중에 설명하도록 하겠습니다.

오늘날의 우리 기독교인들도 마찬가지입니다. 대다수의 기독교인들은 예수만 믿으면 구원받아 천국에 간다고 믿지만, 그러나 성경을 알면 알수록 그렇지가 않다는 것을 알게 되며, 이 글을 쓰는 저도 평신도 때부터 성경을 암송해 가면서 영생의 길은 그리 간단치가 않다는 것을 깨닫기 시작했고 영생의 길에 대한 궁금증을 항상 갖게 되었습니다. 부자 청년이나 율법 교사처럼 말입니다.

1) 천국에 들어가려면

율법 교사가 어떻게 하면 영생을 얻느냐고 예수님께 질문합니다.

"율법에 무엇이라 기록되었으며 네가 어떻게 읽느냐? 대답하여 이르되 네 마음을 다하며 힘을 다하며 뜻을 다하여 주 너의 하나님을 사랑하고 또한 네 이웃을 네 자신 같이 사랑하라 하였나이다. 예수께서 이르시되 네 대답이 옳도다. 이를 행하라. 그러면 살리라 하시니"(눅

10:26-28).

　율법 교사는 율법에 대한 전문가답게 성경에 기록된 영생의 길(천국 가는 길)을 정확히 알고 있었기에 예수님의 질문에 정확하게 대답했습니다. 그러므로 예수님은 네 대답이 정확하고 옳으니 네가 아는 것을 행하라. 그러면 '살리라.'는 말씀은 네가 아는 것을 행하면 영생 천국에 들어가리라는 대답인 것입니다.

　우리는 예수님과 율법 교사와의 대화에서 천국에 가는 영생의 길에 대한 해답을 얻어야 합니다. 예수님 시대나 그전의 구약시대나 또한 오늘 이 시대나 하나님께서 정하신 영생의 길은 하나임을 알아야 합니다. 그것은 예수님을 믿고 하나님의 법(계명)을 지키는 것입니다.

　그런데 오늘날의 기독교는 예수님의 십자가 사랑만을 강조하고 이신칭의 교리로서 무조건 구원을 외치다보니 하나님의 법과 계명은 소홀이 여기는 경향으로 가고 있습니다. 그러나 우리는 결코 착각하지 말아야 합니다.

　구약시대에 유대인들은 양이나 소의 희생으로 죄 사함 받고 하나님께 나간 반면에 오늘날 우리는 세상 죄를 지고 가신 하나님의 어린양 예수님의 십자가 피로 죄 사함 받아 의롭다함을 받는 것입니다.

　이제 구약이나 신약시대나 중요한 것은 네가 죄 사함 받은 의인이 되었으니 의인의 삶을 살기 위해서는 하나님의 법과 계명을 지키라는 것이 하나님의 명령입니다. 그것을 어기면 다시 죄인이 되고 불법자가 되어 심판의 대상이 되는 것입니다.

하나님은 사랑이신 반면에 반드시 악을 심판하시는 공의에 하나님이심을 잊지 말아야 합니다.

예수님께서는 율법을 폐하러 오신 것이 아니라 오히려 완전케 하려고 오셨다고 말씀하셨습니다.

또한 예수님께서는 "천지는 없어져도 율법은 일점일획도 없어지지 아니하고 다 이루리라."고 하셨습니다.예수님의 이 말씀은 천지는 변할지언정 율법은 하나님께서 정하신 영원한 법이기 때문에 일점일획도 결코 없어지지 않고 그 법대로 심판하여 이룬다는 것입니다. 우리 인간에게 정하신 하나님의 법은 변함없이 영원하기 때문에 어느 시대 누구에게나 동일하게 적용되며, 우리는 이 법으로 집행하시고 심판하시는 의로우신 재판장이신 하나님 앞에 서야 하는 것입니다.

"한 번 죽는 것은 사람에게 정해진 것이요 그 후에는 심판이 있으리니"(히 9:27).

"하나님의 집에서 심판을 시작할 때가 되었나니"(벧전 4:17).

오늘날 많은 그리스도인들이 오해하는 것은 심판은 이방인들이나 받는 것으로 착각합니다. 그러나 결코 착각하지 말아야 할 것은 성경의 모든 법과 계명은 믿는 성도들에게 주신 것이지 불신자들에게 주신 것이 절대로 아닙니다. 우리가 이러한 하나님의 법을 지키지 않을 때 그 결과는 의인이 아닌 불법자가 되는 것입니다.

위험한 기독교

"무릇 율법 없이 범죄한 자는 또한 율법 없이 망하고 무릇 율법이 있고 범죄한 자는 율법으로 말미암아 심판을 받으리라. 하나님 앞에서는 율법을 듣는 자가 의인이 아니요 오직 율법을 행하는 자라야 의롭다 하심을 얻으리니"(롬 2:12-13).

이 말씀은 하나님도 모르고 율법도 없이 살던 이방인들이 범죄했을 때, 그들은 반드시 심판의 대상이 되어 지옥형벌을 면할 수 없다는 말씀입니다. 반면에 하나님을 알고 율법도 아는 성도가 범죄했을 때는 하나님의 율법으로 말미암아 심판을 받게 된다는 말씀입니다.

그러므로 의인이 되려면 율법을 들음에서 그치는 것이 아니라 오직 율법을 행하므로 의인이 된다는 말씀으로서 믿음으로 의인이 된 성도는 반드시 율법과 계명을 지켜야 의인으로 천국 백성이 되는 것입니다.

2) 가장 큰 법과 계명

성경의 수많은 법과 계명은 핵심이 두 가지로서 그것은 하나님 사랑과 이웃 사랑입니다. 그러므로 마태복음 22장 35절 이하에서도 한 율법사가 예수님께 묻습니다.

"선생님 율법 중에서 어느 계명이 크니이까? 예수께서 이르시되 네마음을 다하고 목숨을 다하고 뜻을 다하여 주 너의 하나님을 사랑하라 하셨으니 이것이 크고 첫째 되는 계명이요, 둘째도 그와 같으니 네 이웃을 네 자신 같이 사랑하라 하셨으니 이 두 계명이 온 율법과 선지자의 강령이니라"(마 22:36-40).

성경에 수많은 하나님의 법과 계명이 있지만 이 말씀은 하나님 사랑과 이웃 사랑이 온 율법의 전체이며, 이 두 계명이 강령(으뜸)이 된다는 말씀입니다. 하나님의 법과 계명을 핵심적으로 말하면 하나님과 이웃에 대한 법이며 그것은 '사랑'으로서 다 해결된다는 것입니다.

그러면 그것이 왜 그럴까요?

하나님을 사랑하는 사람이 하나님께서 싫어하는 것(악)을 행할 수 없고 오직 그분이 기뻐하는 것(선)만을 할 수 있다는 것이며, 이웃을 자신같이 사랑하는 사람은 이웃에게 악을 행할 수 없고(간음, 도둑질, 거짓증거 등) 오직 선을 행하게 된다는 것이므로 예수님의 말씀대로 "사랑은 율법의 완성"인 것입니다. 그러므로 하나님 사랑과 이웃 사랑이 율법과 선지자를 통해 주신 강령(으뜸)으로서 율법 전체라는 것을 결코 잊지 말아야 합니다.

(1) 마음을 다하여 하나님을 사랑하라.

하나님께서는 계명을 하나님의 백성들에게 명령하십니다. 하나님을 사랑하되 네 마음을 다하여 사랑하라. 하나님께서는 이것이 중요한 문제이기 때문에 이것을 우선적으로 우리에게 요구하십니다.

위험한 기독교

그러면 이것이 왜 그렇게 중요한 것인가는 우리의 삶을 통해서도 알 수 있습니다. 남녀가 만나 일생을 함께 보내는 결혼식을 할 때 결혼의 전제조건은 자신에게만 마음을 두는 사람일 것입니다. 그렇잖고 신랑이나 신부가 다른 사람에게 마음을 두고 서로가 마음에 없는 결혼을 한다면 그것처럼 비극은 없는 것입니다. 성경은 예수님을 신랑으로 우리를 신부로 표현하고 있으니 하나님과 우리와의 관계도 마찬가지라고 성경은 말씀합니다.

하나님께서는 우리 성도들을 향한 사랑이 얼마나 크신지 하나밖에 없는 독생자 아들을 십자가의 저주스런 죽음에까지 내주셨고, 예수님께서는 자신을 희생하시기까지 우리를 사랑하셨습니다.

"하나님이 세상을 이처럼 사랑하사 독생자를 주셨으니 이는 그를 믿는 자마다 멸망하지 않고 영생을 얻게 하려 하심이라"(요 3:16).

만왕의 왕 하나님의 우리를 향하신 사랑이 이렇듯 큼에도 불구하고 하나님의 선택 받은 신부인 우리가 하나님께 마음을 두지 않고 세상에 속한 것들을 더 사랑한다면 이것은 신랑이신 예수님을 배신하는 행위라고 성경은 말씀하는 것입니다.

"간음하는 여인들아 세상과 벗된 것이 하나님과 원수 됨을 알지 못하느냐? 그런즉 누구든지 세상과 벗이 되고자 하는 자는 스스로 하나님과 원수 되는 것이니라"(약 4:4).

이 말씀은 다시 말하면 세상을 사랑하며 세상과 벗이 되려는 사람들은 하나님에 대하여 간음을 행하는 자라고까지 말씀하십니다. 그러면 그것이 왜 간음일까요? 그것은 주님의 신부인 성도들이 오직 주님께만 마음을 드리고 주님을 사랑해야 함에도 불구하고 그 마음이 세상에 속한 것들을 더 사랑하고 있기 때문입니다. 그것은 스스로 하나님과 원수 되는 자리에 가는 것이라고 말씀하십니다.

그러면 그것이 왜 하나님의 원수라고까지 표현하시는 걸까요? 그 이유는 우리의 마음이 하나님보다 세상을 더 사랑하게 되는 것으로서 그 배후는 사탄 마귀의 역사이기 때문입니다. 마귀는 예수님을 시험할 때도 떡(돈)과 명예(인기)와 권세로 유혹을 했습니다. 우리가 세상에 살면서 돈, 명예, 권세보다 더 귀한 것은 없는 것처럼 보입니다.그러므로 오늘날도 마귀는 동일하게 우리 성도들의 마음이 하나님을 향하지 못하도록 잠시 잠깐인 세상 것으로 우리 마음을 도둑질하는 것입니다.

대다수의 성도들이 신앙 생활하는 목적은 복 받기 위해서입니다. 이것은 예수님 시대나 지금이나 다를 바 없습니다.

현재의 기성교회가 성도들이 사모하는 복을 외치고 증언하는 것도 좋겠지만 그러나 복 받은 부자들의 위험성은 깨우치지 않는 것 같아 참으로 안타깝습니다.

"내가 진실로 너희에게 이르노니 부자는 천국에 들어가기가 어려우니라. 다시 너희에게 말하노니 낙타가 바늘귀로 들어가는 것이 부자가 하나님 나라에 들어가는 것보다 쉬우니라"(마 19:23-24),

위험한 기독교

이 말씀은 예수님께 나온 부자 청년이 돌아간 후에 제자들에게 경고로 주신 말씀입니다.

그러면 예수님은 왜 부자가 구원의 길이 이렇게 어렵다고 말씀하신 것인가요? 우리는 그 이유를 확실하게 살펴보면서 오늘날 황금만능주의 속에 사는 모든 기독교인들이 바라고 소망하는 재물에 대해서 바른 태도를 갖추어야 한다고 생각합니다.

이것이 너무나 중요한 이유는 예수님께서는 부자가 천국에 들어가기가 심히 어렵다고 분명히 경고하셨기 때문입니다. 우리는 예수님께서 왜 그런 경고를 하셨는지 확실히 알아야 합니다. 이것은 영원한 천국에 입성하느냐, 그렇지 않느냐의 문제이기 때문입니다.

마태복음 19장에 부자 청년이 "어떻게 하면 천국에 갈수 있습니까?"라고 물을 때 주님께서는 계명을 지키라고 하십니다. 부자 청년의 대답은 계명은 어릴 때부터 다 지켰다고 말합니다.

아마도 부자 청년은 하나님을 잘 섬기는 가정에서 성경의 가르침을 받고 나름대로 신앙생활을 잘하는 사람임에 틀림없어 보입니다. 그러므로 그는 예수님께 계명의 모든 것을 지켰다고 대답합니다.

그때 예수님이 그에게 하신 말씀은 계명은 "네 이웃을 네 자신같이 사랑하라"는 명령인데 너는 많은 재물을 받았음에도 이것이 부족하니 "네가 온전하고자 할진대 네 소유를 팔아 가난한 자들에게 주라. 그리하면 하늘에서 보화가 네게 있으리라. 그리고 와서 나를 따르라"(마 19:21).고 말씀하셨습니다.

부자 청년에게는 예수님의 말씀이 참으로 청천벽력 같은 요구였습니다. 그러나 주님께서는 부자에게 만일 네가 재물을 가난한 자들에게 주면 그것과 비교도 안 되는 어마어마한 복이 너에게 있을 것을 약속하셨습니다.

하늘 보화는 네가 순종하기만 하면 최하 30배로 이 복이 네게 임할 것이며, 영적으로는 "나를 따르라"는 것으로서 베드로나 안드레나 야고보나 요한이나 마태는 모두 예수님의 이 명령에 세상의 모든 것을 버리고 예수님을 따랐습니다. 이것은 주님을 따라 하늘의 영원한 복을 받는 자가 되는 복으로서 이러한 어마어마한 복을 주겠다는 약속을 받았음에도 "재물이 많으므로 근심하여 가니라"(22).

부자 청년의 문제는 예수님께서 약속하신 어마어마한 약속의 말씀보다 돈이 우선이었습니다. 그러므로 그의 마음은 영원한 복이 있는 약속의 말씀을 버리고 돈을 선택하여 돌아간 것입니다.

그때 예수님은 제자들을 향해 말씀하셨습니다.

"내가 진실로 너희에게 이르노니 부자는 천국에 들어가기가 어려우니라. 다시 너희에게 말하노니 낙타가 바늘귀로 들어가는 것이 부자가 하나님의 나라에 들어가는 것보다 쉬우니라"(마 19:23-24).

위험한 기독교

부자가 천국에 들어가기가 어렵더라도 이렇게까지 어렵다고 말씀하실까 하는 생각이 듭니다.

그러나 이러한 궁금증 앞에 하나님의 첫째 되는 계명 "네 마음을 다하여 하나님을 사랑하라."는 명령을 생각하십시오.

부자 청년의 입장에서는 이제 선택해야 합니다. 영생이 있는 주님의 말씀이냐, 그렇지 않으면 재물이냐? 이것을 다시 말하면 하나님 사랑이냐, 아니면 돈 사랑이냐 인 것입니다. 그러나 그는 하나님이 아닌 재물에 끌려 주님께 등을 돌리고 세상을 향해 갑니다. 그런 그를 안타깝게 보시고 주님은 경고하신 것입니다. 재물은 이렇듯 우리 마음을 빼앗는 강한 힘이 있습니다. 그러므로 하나님의 첫째 되는 계명을 어겼기 때문에 예수님께서는 천국에 가는 길이 제한될 것을 경고하신 것입니다.

"탐심은 우상숭배니라. 이것들로 말미암아 하나님의 진노가 임하느니라"(골 3:5-6).

부자 청년의 문제는 바로 첫째 계명을 어겼으므로 마음을 다하여 하나님을 사랑한 것이 아니라 돈 사랑(탐심)에 빠진 것입니다.

"네 재물 있는 곳에는 네 마음도 있느니라"(마 6:21).
"한 사람이 두 주인을 섬기지 못할 것이니 혹 이를 미워하고 저를 사랑하거나 혹 이를 중히 여기고 저를 경히 여김이라. 너희가 하나님과 재물을 겸하여 섬기지 못하느니라"(마 6:24).

오늘날 황금만능 시대에 살아가는 우리는 재물에 대해서 주님이 주신 이러한 경고들을 가슴 깊이 새겨야 합니다.

누가복음 16장에 부자와 거지 나사로의 이야기는 참으로 지옥의 실상의 끔찍함이 어떠한가를 경고합니다. 그러면 왜 주님이 이 말씀을 하셨는가? 부자는 믿지 않는 이방인이 아닙니다. 주께서 하신 이 경고는 돈을 좋아하는 바리새인들에 대해 경고하신 말씀입니다.

"바리새인들은 돈을 좋아하는 자들이라. 이 모든 것을 듣고 비웃거늘"(눅 16:14).

그러면 그들은 왜 비웃었나요?

바로 앞 절에서 "너희는 하나님과 재물을 겸하여 섬길 수 없느니라."(13)는 주님의 경고를 듣고 비웃습니다. 비웃는 그들에게 돈 사랑에 빠진 그들을 경고하시기 위해 주신 말씀이 부자와 거지 나사로의 이야기인 것입니다.

부자의 삶을 보십시오. 그는 당시에 고관들만 입는 자색 옷을 입고 날마다 호화스런 잔치를 벌이고 호의호식하며 살았습니다. 그러나 그는 정작 도와주어야 할 자기 집의 대문간에 버려진 병든 나사로는 돌보지 않았습니다.

그러므로 그는 부잣집에서 버리는 음식을 주워 먹으며 살았다고 성경은 증언합니다. 그 결과로 그 부자는 죽어서 지옥 불에 떨어져 아브라함에게 물 한 방울을 구걸합니다.

아마도 이 부자는 당시의 실존 인물로서 돈 좋아하는 바리새인 이었을 것으로 예상됩니다. 당시의 바리새인들은 이스라엘의 부와 권세와 명예를 가진 자들이었습니다. 그러므로 예수님은 종교 지도자들인 바리새인들을 깨우치기 위해서 부자와 거지 나사로의 이야기를 들려 준 것입니다.

오늘날 한국의 기독교는 이 범주에서 벗어나지 않습니다. 너무나 기복주의에 치우쳐 있고 부자에 대한 주님의 경고를 외면합니다.

저는 부자 청년에 대한 주님의 경고를 엉터리로 풀어 쓴 경우를 보았습니다.

얼마 전 소천하신 대형교회 목사님으로서 이름은 거론하지 않겠습니다. 이 분은 성령운동으로 엄청난 대형교회를 이룬 분입니다. 이 목사님은 부자 청년에 대한 주님의 말씀을 참으로 엉터리로 풀어 놓았고 그가 저술한 구역공과에서도 확인할 수 있습니다. 저는 그분을 비판하고자 이 글을 쓰는 것은 절대 아닙니다. 다만 이 문제는 영생의 천국에 들어가느냐, 그렇지 않느냐의 중요한 문제이기 때문에 혹시나 그 교단의 성도들을 깨우치기 위해서 이 글을 씁니다.

소천하신 목사님의 주장은 예수님께서 왜 부자 청년에게 너는 천국 가기가 어렵다고 선포하셨느냐? 에 대해 이렇게 설명했습니다.

부자 청년의 문제는 예수님이 십자가에서 천국 길을 다 준비하고 마련하셨는데 예수님의 십자가를 의지하고 예수님께 나오지 않고, 예수님께 "내가 무슨 선한 일을 하여야 영생을 얻으리까?"라고 율법적인 질문으로 나왔으므로 예수님께서도 그에게 율법적으로 네 재물을 팔아 이웃에게 주라고 대답하셨다는 것입니다.

이 분의 주장이 참으로 황당한 엉터리 해석이라고 할 수 있는 것은 이때는 예수님이 십자가를 지시기 전입니다.이 때는 양이나 소의 희생제사로서 얼마든지 의롭다함을 받을 수 있는 때입니다.

이분의 황당한 해석 또 하나는 예수님이 십자가에서 이루신 공로로 영생의 길에 대해선 우리가 할 것이 없다는 것입니다. 아마도 이분은 예수님의 십자가가 미래의 우리의 모든 죄도 회개 없이 믿기만 하면 다 해결해 주는 것으로 아는 것 같았습니다.

이것은 마치 이단 구원파의 주장과 다를 바 없습니다. 그들은 예수님의 십자가 은혜로 구원받은 성도는 의인이기 때문에 회개할 필요가 없다고 주장합니다. 또한 한 번 구원은 영원한 구원이라고 외치는 칼빈주의자인 것과 같습니다. 성경을 이렇게 엉터리로 해석해서 가르치니 이 교단은 성령으로 시작해서 기복주의로 빠진 것입니다.

"너희가 이같이 어리석으냐 성령으로 시작하였다가 이제는 육체로 마치겠느냐?"(갈 3:3).

또한 그에 따른 부작용으로 이 목사님은 교회 재정을 맘대로 운용하다가 장로들에게 고소당해서 횡령죄로 세상법정에서 심판받았고, 돈 문제에 연루된 자녀문제며 사모님은 인터넷에 복부인으로 소문났습니다. 저는 또 한 번 말씀드리지만 그분을 비판하고자 이 글을 쓰는 것이 절대 아닙니다. 성경의 위대한 주인공들도 거의 다 결점이 있었습니다. 다만 성경을 왜곡해서 가르치고 전할 때 그 결과가 얼마나 비참한가를 말하고 싶을 뿐이며, 성경에서 증거되는 돈에 대한 위험성은 안 가르치니 그 교단의 영혼들을 깨우치기 위해 말씀드리는 것입니다. 사역으로 말하면 저는 그분과는 비교도 안 될 만큼 초라합니다. 그러나 저는 그분이 가지고 있지 않은 하나님께 받은 은사가 있습니다. 그러므로 주저 없이 잘못된 것을 증언하는 것입니다.

> "또 천국은 마치 바다에 치고 각종 물고기를 모는 그물과 같으니 그물에 가득하매 물가로 끌어내고 앉아서 좋은 것은 그릇에 담고 못된 것은 내버리느니라. 세상 끝에도 이러하리라. 천사들이 와서 의인 중에서 악인을 갈라내어 풀무불에 던져 넣으리니 거기서 울며 이를 갈리라"(마 13:47-50).

우리 기독교인들은 모두 하나님의 그물에 걸린 사람들입니다. 그러나 심판 날에는 여지없이 못된 것들은(계명을 어긴 악인들) 천사들이 걸러내어 영원한 지옥불의 심판의 대상이 된다는 것을 잊지 마십시오. 마치 어부들이 그물에 걸린 못된 것들은 아끼지 않고 버리듯이 말입니다.

(2) 목숨을 다하여 하나님을 사랑하라.

하나님을 사랑하되 목숨을 다하여 사랑하라는 것은 하나님의 명령입니다. 하나님의 명령은 어떻게 보면 우리에게 이기적인 하나님으로 들립니다.

그러나 하나님께서는 먼저 우리를 사랑하시되 목숨을 다한 사랑을 십자가에서 증거로 보여 주셨습니다. 그러므로 하나님께서는 우리에게 너희도 하나님을 사랑하되 목숨을 다하여 사랑하라고 명령하실 수 있는 하나님인 것입니다.

믿음의 조상 아브라함이 하늘과 땅의 축복의 주인공이 된 원인도 백세에 얻은 아들을 하나님께 제물로 바치라는 하나님의 명령에 순종했기 때문입니다. 이삭은 자기의 목숨과도 같은 아들입니다. 그러나 그는 하나님 말씀에 순종하여 목숨을 다하여 하나님을 사랑한다는 증거로 아들을 제물로 바치려고 순종합니다. 그때 하나님은 그를 만류하셨습니다.

"이르시되 여호와께서 이르시기를 내가 나를 가리켜 맹세하노니 네가 이같이 행하여 네 아들 네 독자도 아끼지 아니하였은즉 내가 네게 큰 복을 주고 네 씨가 크게 번성하여 하늘의 별과 같고 바닷가의 모래와 같게 하리니 네 씨가 그 대적의 성문을 차지하리라. 또 네 씨로 말미암아 천하 만민이 복을 받으리니 이는 네가 나의 말을 준행하였음이니라"(창 22:16-18).

믿음의 조상 아브라함의 아들 이삭도 목숨을 다하여 하나님을 사랑한 사람입니다. 그는 부친 아브라함이 자신을 결박하여 하나님께 제물로 바칠 때 얼마든지 뿌리치고 도망칠 수 있는 청소년이었습니다. 당시의 그의 나이를 학자들은 십대 중반 정도로 보고 있습니다. 얼마든지 반항할 수 있는 나이임에도 불구하고 그는 순순히 하나님의 제물이 되는데 순응한 사람입니다.

"하나님이 그에게 일러주신 곳에 이른지라. 이에 아브라함이 그곳에 제단을 쌓고 나무를 벌여놓고 그의 아들 이삭을 결박하여 제단 나무 위에 놓고 손을 내밀어 칼을 잡고 그 아들을 잡으려 하니"(창 22:10).

이삭의 아들 야곱도 목숨을 다하여 하나님을 사랑한 사람입니다. 성경에는 그가 형을 속이고, 아버지를 속인 사기꾼으로 등장하지만 그러나 하나님이 보시기엔 목숨을 다하여 하나님을 사랑한 사람입니다. 그는 어떻게 해서라도 믿음의 조상 반열에 들기 위해서 항상 장자권을 사모한 사람이었고, 만일에 성사된 후에라도 형에게 발각되면 죽음도 각오하는 믿음이었습니다.

성경은 에서를 익숙한 사냥꾼(창 25:27 참조)으로 표현합니다. 사나운 맹수를 사냥할 때도 그의 용맹과 힘은 따를 자가 없으므로 성경은 그를 '익숙한 사냥꾼'으로 표현한 것입니다. 동생이 이런 대장부 형을 속이고 장자권을 가로챘다는 것은 죽음을 각오하지 않고는 할 수 없습니다. 실제로 야곱은 장자권을 차지한 후에 형 에서가 죽이려 하자 형 에서를 피해 도피 생활을 하게 됩니다. 하나님께서는 목숨을 다하여 하나님을 사랑하는 그 믿음을 기쁘게 보신 것입니다.

"음행하는 자와 혹 한 그릇 음식을 위하여 장자의 명분을 판 에서와 같이 망령된 자가 없도록 살피라. 너희가 아는 바와 같이 그가 그 후에 축복을 이어받으려고 눈물을 흘리며 구하되 버린 바가 되어 회개할 기회를 얻지 못하였느니라(히 12:16-17).

그러면 우리가 생각해 보아야 할 것은 하나님께서는 믿음의 조상들이 가졌던 그러한 믿음을 오늘날에도 하나님의 자녀 된 우리들에게 목숨을 다하여 하나님을 사랑하기를 명령하시고 계신 것입니다.

이것은 해도 되고 말아도 되는 문제가 아니라 반드시 행해야 하는 하나님의 명령이며, 하나님께서는 그러한 믿음의 주인공들을 천국의 주인공으로 삼으신다는 것입니다.

오늘날 우리나라 기독교인들은 너무나 평화의 시대에 살고 있기 때문에 예수님의 이 명령이 실감나지 않는 듯이 보입니다.

그러나 기독교 역사는 박해로 시작된 역사입니다.

첫 사람 아담의 두 아들 중에 아벨은 하나님을 신실하게 믿는 아들이었고, 맏아들 가인은 하나님을 섬기되 마음과 정성을 하나님께 드리지 못하는 형식적인 신앙인이었습니다.

두 아들이 하나님께 제사를 드렸으나 하나님께서는 마음과 정성을 다하는 동생 아벨의 제사만을 받으시고 가인의 제사는 받으시지 않았습니다. 분노한 가인은 아벨을 돌로 쳐서 죽입니다. 이 사건은 형이 동생에게 질투를 느껴 동생을 죽인 단순한 사건인듯하지만 성경은 이에 대해 "무릇 그리스도 예수 안에서 경건하게 살고자 하는 자는 박해를 받으리라"(딤후 3:1)고 증언합니다.

다시 말하면 하나님을 신실하게 믿고 말씀대로 살고자 하는 사람에게는 반드시 박해가 있을 것을 성경은 말씀하는 것입니다.

그러면 누가 박해하는 것인가요? 그것은 세상 임금 마귀입니다. 마귀는 어떻게 해서라도 이 땅에 하나님의 나라가 확장되고 세워지는 것을 방해합니다. 그러므로 마귀의 도구로 쓰임 받아서 믿음의 길을 방해하고 박해하는 사람들이 있습니다. 가인도 그런 사람인 것입니다.

"믿음으로 아벨은 가인보다 더 나은 제사를 하나님께 드림으로 의로운 자라 하시는 증거를 얻었으니 하나님이 그 예물에 대하여 증언하심이라. 그가 죽었으나 그 믿음으로써 지금도 말하느니라"(히 11:4).

사람이 목숨을 잃는 이유가 여러 가지 있겠지만 아벨의 죽음은 오직 하나님이 열납하시는 제사를 드림으로 생명을 잃은 것입니다. 목숨을 다하여 하나님을 사랑했으므로 성경은 그의 목숨을 다한 믿음을 칭찬하는 것입니다.

북 왕국 이스라엘의 모든 왕들은 모두 하나님 앞에서 우상숭배하며 악을 행한 사람들이었다고 성경은 증언합니다. 그중에서도 아합왕은 이방 여인 이세벨을 왕비로 삼아서 지독하게 바알 신상을 숭배했고 북이스라엘을 우상숭배로 물들인 왕이었습니다. 이 사람들은 하나님의 선지자들을 무참히 죽이고 박해했음을 성경은 증언합니다.

"이세벨이 여호와의 선지자들을 죽일 때에"(왕상 18:13a).

이때 활동한 선지자가 엘리야입니다. 어느 날 엘리야는 바알 선지자들에게 제안합니다. 너희가 믿는 바알이 참 신인지, 내가 믿는 하나님이 참 신인지 불로 응답하는 그 신이 참 신임을 갈멜산에서 대결하자는 것이었고 이 대결에서 하나님께서는 엘리야가 제안한 대로 불로 응답하시므로 참 신이심을 증명해 주셨습니다.

갈멜산 대결해서 승리한 후에 엘리야는 450명의 바알 선지자들을 모두 죽입니다. 그 후에 절대권세 이세벨이 엘리야를 죽이려 하자 그를 피해 도망칠 때 엘리야의 심정을 성경은 이렇게 증언합니다.

"하나님이 그 미리 아신 자기 백성을 버리지 아니하셨나니 너희가 성경이 엘리야를 가리켜 말한 것을 알지 못하느냐? 그가 이스라엘을 하나님께 고발하되 주여 그들이 주의 선지자들을 죽였으며 주의 제단들을 헐어버렸고 나만 남았는데 내 목숨도 찾나이다 하니 그에게 하신 대답이 무엇이냐? 내가 나를 위하여 바알에게 무릎을 꿇지 아니한 사람 칠천 명을 남겨두었다 하셨으니 그런즉 이와 같이 지금도 은혜로 택하심을 따라 남은 자가 있느니라"(롬 11:2-5).

위험한 기독교

당시의 이세벨의 박해가 얼마나 처참했는지 엘리야는 하나님 앞에 탄식하며 부르짖습니다. "나만 남았는데 내 목숨도 찾나이다." 그때 하나님은 그에게 즉시 말씀으로 응답하십니다. 너만 남은 게 아니라 이세벨의 박해에도 불구하고 목숨을 다해 믿음을 지킨 칠천 명이 있다. 이 칠천 명이야말로 당시의 절대권세 이세벨이 바알숭배를 강요하고, 그에 반항하는 사람들을 죽이고 박해하던 때임에도 불구하고 목숨을 걸고 바알에게 무릎 꿇지 않은 사람들입니다. 이들의 믿음이야말로 목숨을 다하여 하나님을 사랑한 사람들이라는 것입니다.

그런데 우리는 이 말씀에서 주목할 것은 이 말씀입니다.

"그런즉 이와 같이 지금도 은혜로 택하심을 따라 남은 자가 있느니라"(5).

이 말씀은 박해 속에서도 목숨을 걸고 믿음을 지킨 사람들은 하나님이 주신 은혜이며, 이러한 믿음의 사람들을 하나님은 택하시며 인정하신다는 말씀입니다.

기독교 역사는 사탄 마귀가 권세들을 통해 하나님의 백성들을 대적하여 옥에 가두고 죽인 역사입니다. 예수님 시대에는 하나님의 백성이라고 하는 유대 종교지도자들이 예수님과 제자들을 박해했고, 로마 시대 황제들은 10대에 걸쳐서 그리스도인들을 박해했습니다.

"우리의 씨름은 혈과 육을 상대하는 것이 아니요 통치자들과 권세들과 이 어둠의 세상 주관자들과 하늘에 있는 악의 영들을 상대함이라"(엡 6:12).

사탄의 도구로 쓰임 받는 권세들은 한결같이 성도들을 박해했습니다. 그들의 목적은 성도들의 신앙고백을 빼앗는 것입니다. 예수를 부인하라는 것입니다. 유대인들이 그리스도인들을 탄압할 때도 그러했고, 로마 시대 황제들이 자신을 신으로 숭배할 것을 강요할 때도 그러했습니다. 그러나 하나님의 명령은 그럼에도 목숨을 다해 믿음을 지키고 하나님을 사랑하라는 것입니다. 만일 권세 앞에 비겁한 신앙을 가질 때 주님은 이렇게 경고하셨습니다.

"몸은 죽여도 영혼은 능히 죽이지 못하는 자들을 두려워하지 말고 오직 몸과 영혼을 능히 지옥에 멸하실 수 있는 이를 두려워하라"(마 10:28).
"너희가 사람 앞에서 나를 시인하면 나도 하늘에 계신 내 아버지 앞에서 너희를 시인할 것이요 만일 사람 앞에서 나를 부인하면 나도 하늘에 계신 내 아버지 앞에서 너희를 부인하리라"(마 10:32).

이 말씀은 예수님께서 제자들을 파송할 때 주신 말씀으로 당시의 서슬 퍼런 유대 종교지도자들을 염두에 두고 하신 말씀으로서 예수님 자신께서도 그들의 손에 의해 이단의 괴수로 몰려 십자가에 처형되었습니다. 이런 박해의 시대에 제자들에게 경고한 말씀

위험한 기독교

은 결코 권세 앞에서 예수를 부인하지 말라는 것입니다. 너희가 나를 부인하면 나도 하늘 아버지 앞에서 너희를 모른다고 할 것이라는 경고는 천국 입성이 제한된다는 말씀입니다.

"그러나 두려워하는 자들과 믿지 아니하는 자들과 흉악한 자들과 살인자들과 음행하는 자들과 점술가들과 우상숭배자들과 거짓말하는 모든 자들은 불과 유황으로 타는 못에 던져지리니 이것이 둘째 사망이라"(계 21:8).

이 말씀에서 불과 유황 못에 던져질 죄목들을 보면 '두려워하는 자들'이 들어갑니다.

'두려워하는 자들'은 누구인가에 대해서 현대어 성경은 '나를 따르지 않고 돌아선 비겁한 자'로 번역했습니다. 권세 앞에 박해가 두려워서 돌아선 비겁한 사람들은 지옥 불에 들어갈 것을 경고하신 것입니다.

그러면 그것이 왜 그렇게까지 천국에 못 들어가는 죄일까요? 그것은 하나님을 사랑하되 목숨을 다하여 사랑하라는 명령을 어긴 중대한 범죄이기 때문입니다.

성경이 쓰여진 시대의 모든 배경은 박해시대입니다. 하나님의 백성이라는 유대인들이 그리스도인들을 박해했고, 로마의 10대 황제가 자신을 신으로 숭배하도록 강요했고, 거기에 반발하는 성도들을 무참하게 박해했습니다.

신학자들이 성경의 노른자와 같은 핵심으로 여기는 로마서도 기록연대가 가장 박해가 처절한 네로가 집권한 시기입니다. 그러므로 바울은 위에서도 언급했던 것처럼 아합시대 처절한 박해에도 바알에게 무릎 꿇지 않은 7천 명과 같이 너희 로마 성도들도 박해에 굴하지 않고 하나님이 인정하는 남은 자가 되라고 권하는 것입니다.

그러면 중요한 것은 이러한 박해가 오늘날 평화 시대에 신앙 생활하는 우리와는 상관이 없는 것인가요? 절대로 그렇지가 않습니다. 앞으로 666 짐승의 시대가 오면 모든 성도들이 위기를 맞게 된다고 성경은 증언합니다.

"그가 모든 자 곧 작은 자나 큰 자나 부자나 가난한 자나 자유인이나 종들에게 그 오른손에나 이마에 표를 받게 하고 누구든지 이표를 가진 자 외에는 매매를 못하게 하니 이 표는 곧 짐승의 이름이나 그 이름의 수라 지혜가 여기 있으니 총명한 자는 그 짐승의 수를 세어 보라. 그것은 사람의 수니 그의 수는 육백육십육이니라"(계 13:16-18).

이 말씀에서 주목할 것은 앞으로 이마와 손에 표를 받지 않은 자는 매매도 못하게 된다는 주님의 말씀입니다. 이것은 신용카드를 대체할 수 있는 물질을 사람의 몸에 심는 것으로서 거의 확실시 된 것은 베리칩인 것입니다.

한 때 사람들이 짐승의 표는 바코드라고 외친 적이 있습니다. 그러나 그것이 아닌 것이 드러나면서 사람들은 이 중대한 문제를 아예 신경도 안 쓰는 것 같습니다. 그러나 성경은 이 짐승의 표를 받는 사람은 지옥에 들어갈 죄로 경고하셨으므로 반드시 알아야 합니다. 베리칩이 짐승의 표라고 거의 확신할 수 있는 것은 모든 것이 성경에 기준을 두어야 하고 성경으로 분별해야 합니다. 성경에 이 표는 이마나 손에 받는다 했는데 베리칩도 손에 받습니다. 손이 없는 사람은 이마에도 받겠죠. 이 베리칩 안에는 그 사람의 모든 인체 정보가 다 들어감으로 이것을 이마에나 손에 심으면 이것이 그 사람의 대금결제(신용카드) 역할까지 하게 되는 것으로서 성경과 일치합니다. 또한 이마와 손에 심는다고 한 것은 이렇게 모든 대금결제나 신상정보가 다 들어가는 신분증 역할을 하니 몸 깊숙이 심을 수 없고, 쉽게 내보일 수 있어야 할 것입니다. 베리칩에 대한 정보에 의하면 이것은 자체 충전이 되므로 사람의 인체 중에 열이 많은 손이나 이마에 심는다는 글을 읽은 적이 있습니다. 성경은 분명히 예언합니다. 이 칩을 받지 않으면 생필품이나 어떤 물건도 살 수 없게 되는 시대가 온다는 것으로 볼 때 이것은 베리칩이 확실해 보이며 또한 천국지옥 간증자들도 예수님께로부터 짐승표는 베리칩이라고 알려 주셨다는 글을 읽은 적이 있습니다.

그런데 지금 이 시대는 이미 이런 것들이 점차 시행되고 있으며 이제는 이것이 전 세계로 확산될 것이며 누구라도 이것을 받지 않고는 생필품도 살 수 없고, 사회생활을 할 수 없을 때가 올 것입니다. 그러나 그럼에도 불구하고 성경은 표를 받게 되는 자들에게 지옥을 경고합니다.

"또 다른 천사 곧 셋째가 그 뒤를 따라 큰 음성으로 이르되 만일 누구든지 짐승과 그의 우상에게 경배하고 이마에나 손에 표를 받으면 그도 하나님의 진노의 포도주를 마시리니 그 진노의 잔에 섞인 것이 없이 부은 포도주라. 거룩한 천사들 앞과 어린 양 앞에서 불과 유황으로 고난을 받으리니 그 고난의 연기가 세세토록 올라가리로다. 짐승과 그의 우상에게 경배하고 그의 이름표를 받는 자는 누구든지 밤낮 쉼을 얻지 못하리라 하더라. 성도들의 인내가 여기 있나니 그들은 하나님의 계명과 예수에 대한 믿음을 지키는 자니라"(계 14:9-12).

이 말씀에서 주목해야 할 것은 이마와 손에 표를 받는 자는 하나님의 진노로 불과 유황 못에 던져져서 밤낮 쉬지 못하는 고난을 받게 될 것을 경고하고 있습니다. 하나님께서 그렇게까지 진노하시고 심판하시는 이유는 이 모든 것을 주관하는 배후는 짐승 곧 사탄이 있기 때문입니다. 아마도 이때가 되면 거의 모든 성도들이 권세에 굴복하고 표(베리칩)를 받게 될 것입니다.

우리는 코로나를 거치면서 교회들의 비굴함을 몸소 체험했습니다. 코로나라는 전염병을 주관하는 분이 하나님이신데 이러한 전염병 앞에 더 모여서 회개와 부르짖음으로 예배드려야 할 교회가 문을 닫았습니다. 이유는 권세에 짓눌렸기 때문입니다. 그 결과 기독교인들이 일 만여 교회가 문을 닫았다는 통계가 있습니다. 별것도 아닌 코로나에도 이렇다면 이제는 정부의 통제로 모든 국민이 베리칩을 받아야 하고, 그 표를 받지 않으면 생필품도 살 수 없게 한다면 아마도 거의 모든 성도는 굴복하고 표를 받을 것입니다.

그러나 하나님의 말씀을 두려움으로 섬기며 따르는 우리는 순

위험한 기독교

교나 옥에 갇히는 것도 각오해야 하고 믿음을 지켜야 합니다. 마치 로마 성도들이 황제들의 탄압을 피해 카타콤이라는 지하 묘지에 들어가서 신앙을 지켰고, 짐승에 찢겨 죽이는 박해도 굴하지 않은 것처럼 말입니다.

"의를 위하여 박해를 받는 자는 복이 있나니 천국이 그들의 것임이라. 나로 말미암아 너희를 욕하고 박해하고 거짓으로 너희를 거슬러 모든 악한 말을 할 때에는 너희에게 복이 있나니 기뻐하고 즐거워하라 하늘에서 너희 상이 큼이라. 너희 전에 있던 선지자들도 이같이 박해하였느니라"(마 5:10-12).

(3) 뜻을 다하여 하나님을 사랑하라

하나님께서는 하나님을 사랑하되 뜻을 다하여 사랑하라고 명령하십니다. 그러면 뜻을 다하여 하나님을 사랑하라는 말은 대체 무슨 뜻인가요?

현대어 성경은 이것을 이렇게 번역했습니다. 생각을 다하여 하나님을 사랑하라. 다시 말하면 뜻은 생각인 것입니다. 그러면 하나님께서는 왜 생각을 다하여 하나님을 사랑하라고 하시는 것일까요?

이것을 이해하기 쉽게 말한다면 서로 사랑하는 사람끼리 만났을 때 자신은 그를 절대적으로 아끼고 사랑하는데도 불구하고 상대방의 생각은 나에게 집중하는 것이 아니고 다른 사람을 생각하고 있다면 이것도 비극적인 일일 것입니다.

서로 절대적으로 사랑하는 관계는 노래의 가사처럼 앉으나 서나 당신 생각뿐이 되는 것입니다. 하나님께서는 우리를 이 땅에 존재케 하신 영원한 아버지로서 언제나 우리의 생각이 잠시잠깐이 아닌 영원한 하나님께 생각이 집중하기를 원하십니다. 이것은 어떻게 보면 너무 하는 하나님인 것 같이 생각이 들지만 사실상 이 계명은 하나님을 위해서가 아니라 우리 자신을 위해 주신 계명입니다.

왜 그런가요? 하나님 생각이 아닌 세상에 속한 것에 생각을 뺏겨버리면 필경 그 사람은 하나님의 사람이 아닌 세속적인 사람이 되고 마는 것입니다.

생각이 이렇듯 중요하기 때문에 성령님도 생각을 통해 역사하시고, 마귀도 생각을 통해 역사하는 것입니다. 그러므로 성경은 이렇게 말씀합니다.

"육신의 생각은 사망이요 영의 생각은 생명과 평안이라"(롬 8:6).

이 말씀은 우리의 삶 속에 일어나는 생각의 여하에 따라 사망에 이르기도 하고 생명에 이르게도 된다는 말씀입니다. 여기에서 말씀하는 사망은 둘째 사망 지옥을 말하며 생명은 영생 천국을 의미합니다. 다시 말하면 우리에게 스치고 지나가는 하찮아 보이는 생각이 천국과 지옥을 결정한다는 것입니다.

성령님께서나 마귀가 생각을 통해 역사하는 것입니다. 그것은 생각이 마음에 임하면 행동으로 나타나서 순종이냐 불순종이냐, 축복이냐, 저주냐, 천국이냐, 지옥이냐가 결정되기 때문입니다.

위험한 기독교

예수님의 열두 제자 중의 하나인 가룟 유다는 가장 영광의 자리에서 가장 저주스런 지옥 백성으로 추락한 사람입니다. 그러면 그 이유가 무엇인가요? 그는 만왕의 왕 예수님의 제자로서 그 생각이 항상 영원한 주님께 향하지 않고 그의 생각이 항상 돈에 있었습니다. 그러므로 그는 예수님의 재무를 담당하는 중대한 직분을 맡았음에도 그의 생각이 돈에 집착하여 헌물까지 도둑질했다고 성경은 증언합니다.

"그는 도둑이라. 돈궤를 맡고 거기 넣는 것을 훔쳐 감이라"(요 12:6).

그가 주님의 제자로서 이렇듯 그의 생각이 항상 영원한 천국이 아닌 돈에 집착하였으므로 드디어 예수님을 은 30에 팔아먹는 멸망의 자식이 되고 말았습니다.

"마귀가 벌써 시몬의 아들 가룟 유다의 마음에 예수를 팔려는 생각을 넣었더라"(요 13:2).

아마도 가룟 유다가 예수님을 따라 제자가 된 것은 예수께서 행하시는 기적을 보고, 이런 예수라면 자신도 세상에서 출세 길이 열려 돈방석에 앉을 것으로 생각했던 것 같습니다. 그러므로 예수님의 재무를 담당하는 자리에 앉은 것도 재물 욕심으로 그가 자원한 것으로 생각됩니다. 그러나 예수님께서 제자들에게 자신이 예루살렘에 가면 십자가에 못 박혀 죽을 것이라는 예언의 말씀을 합니다. 아마도 그는 예수님의 예언을 듣고 크게 실망했을 것입니다. 이런 예수라면 차라리 그의 목숨을 노리는 종교지도자들에게 돈이나 챙기자 하는 생각에 사로잡혀 저주의 자식이 되고 맙니다. 그는 돈 때문에 이런 악을 행했지만 성경은 그의 배후가 마귀가 주는 생각의 결과임을 증언하고 있습니다.

결론적으로 말하면 가룟 유다가 멸망으로 간 이유는 마귀가 주는 생각을 받아들였기 때문입니다. 마귀는 항상 영원한 천국보다 잠시 세상을 생각하게 하고 영적인 일보다 육신의 생각에 집착하게 합니다.

"육신의 생각은 하나님과 원수가 되나니"(롬 8:7).

마귀는 광야에서 예수님을 넘어뜨리려고 시험할 때도 떡(돈)과 명예(인기)와 권세로 넘어뜨리려 했습니다. 이 마귀는 오늘날도 동일하게 우리 성도들의 생각이 하나님을 향하지 못하도록 육신의 생각을 통해 방해하는 것입니다.

예수님께서는 마태복음 13장에서 성도들의 마음을 네 가지 밭으로 표현했습니다. 길가 밭, 돌밭, 가시떨기 밭, 옥토 밭입니다. 여기에 떨어지는 씨앗은 최상의 종자로서 하나님 말씀입니다. 이 비유를 요한복음 15장과 접목해 보면 농부이신 하나님께서는 오로지 열매가 목표입니다. 아무리 포도나무이신 예수님께 붙은 가지라도 열매 없는 가지는 잘라서 불사른다 하셨습니다. 이렇듯 우리 하나님의 자녀들은 반드시 열매를 맺어야 천국 백성이 되는 것입니다. 그러나 아쉽게도 마음이 옥토 밭 외에 길가 밭 같은 사람, 돌밭 같은 사람, 가시떨기 밭 같은 사람은 열매를 맺지 못합니다.

예수님의 설명을 통해 그 이유를 살펴봅시다.

"아무나 천국 말씀을 듣고 깨닫지 못할 때는 악한 자가 와서 그 마음에 뿌려진 것을 빼앗나니 이는 곧 길가에 뿌려진 자요"(마 13:19).

길가 밭 같은 마음은 땅이 딱딱하게 굳어져서 씨앗이 떨어져도 뿌리를 내리지 못하듯이 하나님 말씀을 들어도 깨닫지 못하는 사람입니다. 이 사람이 길가 밭이 된 이유는 하나님 말씀을 깨닫지 못한 것이 이유입니다. 그러면 깨닫게 하는 것이 무엇인가요? 깨닫게 하는 것은 생각입니다. 생각이 이만큼 영생 천국에 중요한 역할을 합니다.

"돌밭에 뿌려졌다는 것은 말씀을 듣고 즉시 기쁨으로 받되 그 속에 뿌리가 없어 잠시 견디다가 말씀으로 말미암아 환난이나 박해가 일어날 때에는 곧 넘어지는 자요"(21).

돌밭 같은 마음의 사람은 말씀을 듣고 깨달아 즉시 아멘으로 화답합니다. 말씀에 은혜받은 그는 말씀대로 행하려고 시도하지만, 그러나 말씀대로 살 때 일어날 온갖 환난과 박해를 생각하니 도무지 자신이 없어서 곧 넘어지고 맙니다. 예를 들어서 아브라함의 경우를 생각해 볼 때, 하나님께서 네 아들을 번제로 바치라고 하셔서 즉시 아멘으로 화답하여 행하려고 생각해 보니 늘그막에 얻은 하나밖에 없는 아들을 죽여서 제물로 바치면, 평생 아내가 바가지 긁으며 반발할 것과, 제물이 되어야 하는 아들이 어떻게 반응할지 혹 반항할 것을 생각하면 도무지 할 수 없어서 주저앉고 포기할 수 있는 것입니다.

이것이 돌밭 같은 사람으로 역시 생각이 순종의 길을 막는 것입니다.

"가시떨기에 뿌려졌다는 것은 말씀을 들으나 세상의 염려와 재물의 유혹에 말씀이 막혀 결실하지 못하는 자요"(22).

가시떨기 밭 같은 사람은 말씀을 깨달으려면 생각이 말씀에 집중되어야 하는데도 불구하고 하나님 말씀을 들을 때에 그의 생각은 뽕밭에 가있는 사람입니다. 광야 같은 세상에 염려 근심들이 생각을 사로잡습니다. 말씀 듣는 시간에도 생각은 세상의 염려와 돈에 쏠려서 도무지 생각이 말씀에 집중하지 못합니다.

마치 씨앗에서 싹이 나와 자랄 때에 가시떨기가 무성해서 도무지 열매가 맺을 수 없는 것처럼 생각들이 가시떨기 역할을 한다는 주님의 말씀인 것입니다. 이렇듯 육신의 생각은 우리의 마음 밭에 열매가 맺히지 못하게 하므로 "육신의 생각은 사망이라"고 말씀하신 것입니다.

그러므로 하나님께서는 생각을 다하여 하나님을 사랑하라고 명령하십니다.

위험한 기독교

(4) 힘을 다하여 하나님을 사랑하라.

하나님께서는 하나님을 사랑하되 힘을 다해 사랑하라고 명령하십니다. 이것은 해도 되고 말아도 되는 것이 아닌 하나님의 명령입니다.

그러면 하나님께서는 왜 이런 명령을 하시는 걸까요? 그것은 남녀가 서로 사랑에 빠졌다면 일어나는 현상은 항상 마음이 상대를 향하고 한시도 잊을 수 없어서 그 발걸음이 사랑하는 짝을 찾게 됩니다. 사랑하는 짝에게 힘을 쏟게 됩니다.

그와 마찬가지로 우리는 누구든지 인생을 살면서 관심을 갖고 힘을 쏟는 대상이 있습니다. 각자마다 가치관이 달라서 어떤 사람은 돈에, 어떤 사람은 권세나 명예에 집중하고 힘을 쏟습니다. 어떠하든 사람들은 자신이 가장 가치 있다고 생각하는 일에 힘을 쏟습니다. 황금만능주의 시대에 사는 모든 사람들이 돈에 힘을 쏟습니다. 힘을 다하여 하나님을 사랑하는 것이 영원을 보장하는 복임에도 잠시잠깐 있다가 없어질 돈에 힘을 쏟는 것이 현실입니다. 하나님께서는 그런 사람들을 향해 이렇게 경고하십니다.

"부하려 하는 자들은 시험과 올무와 여러 가지 어리석고 해로운 욕심에 떨어지나니 곧 사람으로 파멸과 멸망에 빠지게 하는 것이라. 돈을 사랑함이 일만 악의 뿌리가 되나니 이것을 탐하는 자들은 미혹을 받아 믿음에서 떠나 많은 근심으로써 자기를 찔렀도다"(딤전 6:9-10).

이 말씀은 성도가 힘을 다하여 하나님 사랑이 아닌 돈 사랑에 빠질 때, 시험과 올무(함정)에 빠지며 결국은 파멸과 멸망에 빠지게 된다는 경고인 것입니다. 마태복음 19장에 부자 청년도 믿음의 사람이었지만 이 범주에 속한 사람으로서 힘을 다해 예수님(하나님 말씀)을 사랑한 것이 아니고 힘을 다해 돈 사랑에 빠져 영생의 주님을 버리고 돈을 따라간 사람입니다.

그러므로 예수님께서는 이러한 어리석음에 빠지지 않도록 말씀을 하십니다.

"그런즉 너희는 먼저 그의 나라와 그의 의를 구하라. 그리하면 이 모든 것을 너희에게 더하시리라"(마 6:33).

이 말씀은 우리 성도들의 삶에 있어서 의식주를 해결하는 돈이 중요하고 먹고 사는 문제가 중요하지만, 그것보다 더 중요한 것은 영원한 하나님 나라이고, 의인(죄인 아닌)의 길에 서는 것이니 너는 그것을 먼저 구하고 그것에 힘을 쏟으라는 말씀입니다. 그리하면 모든 것(먹고 사는 돈)을 더해 주시겠다는 주님의 약속인 것입니다.

성도들의 소망은 잠시 사는 세상이 아니라 영원한 천국을 위해 사는 사람들입니다. 그러므로 모든 힘을 다해 영원한 하나님이 계신 천국을 위해 달려가야 합니다.

"천국은 마치 밭에 감추인 보화와 같으니 사람이 이를 발견한 후 숨겨두고 기뻐하며 돌아가서 자기의 소유를 다 팔아 그 밭을 사느니라"(

마 13:44).

이 말씀은 천국이 있음을 확신하는 사람은 마치 어마어마한 보석이 감춰진 밭을 발견한 사람 같아서 도무지 가만히 있을 수가 없으므로 그동안 모아둔 모든 재산을 투자해서라도 그 밭을 산다는 말씀입니다. 이 말씀에서 주목할 것은 "모든 소유를 다 팔아"입니다. 다시 말하면 천국이 있음을 확신하는 성도의 삶은 모든 힘을 다해 하나님을 위해서, 천국을 위해서 달려가지 않을 수 없다는 주님의 말씀인 것입니다.

힘을 다해 하나님을 사랑하고, 힘을 다해 하나님을 찾는 사람은 반드시 천국의 영광의 주인공이 된다는 것이 성경이 증언하는 사실입니다.

누가복음 2장에 안나라는 여자 선지자가 등장합니다. 이 여인은 세상적인 눈으로 보면 참으로 불행한 삶의 여인입니다.

"또 아셀 지파 비누엘의 딸 안나라 하는 선지자가 있어 나이가 매우 많았더라. 그가 결혼한 후 일곱 해 동안 남편과 함께 살다가 과부가 되고 팔십사 세가 되었더라"(눅 2:36-37).

안나는 결혼 후 7년 만에 남편이 죽고 청상과부가 되는 비운을 맞아 84세가 된 노인이었습니다. 유대 사회에서 과부는 사회적으로 항상 돌보아줘야 하는 비천한 존재였습니다. 그러므로 하나님께서 정하신 율법에도 항상 고아와 과부는 유대 사회의 돌봄의 대상으로 정하신 것을 봅니다. 그런데 성경은 이러한 비천하고 보잘 것 없는 늙은 여인을 선지자라고 부르고 있습니다. 그러면 도대체 그는 어떻게 하나님의 말씀을 대언하여 선포하는 신령한 선지자의 반열에 들게 된 것일까요?

"이 사람이 성전을 떠나지 아니하고 주야로 금식하며 기도함으로 섬기더니 마침 이때에 나아와서 하나님께 감사하고 예루살렘의 속량을 바라는 모든 사람에게 그에 대하여 말하니라"(눅 2:37,38).

비천하고 초라한 안나가 선지자가 된 이유는 결혼 7년 만에 청상과부가 되어서 다시 육신의 남편을 얻으려 세상으로 간 것이 아니라 힘을 다하여 하나님을 찾되, 주의 성전을 떠나지 아니하고 주야로 금식하며 오직 힘을 다하여 영원한 신랑 되신 예수님을 구한 것입니다. 그리고 성령님이 주시는 분별력으로 탄생한 지 얼마 안 된 아기 예수를 정확히 메시아로 알아본 참으로 놀라운 은혜를 입은 것도 힘을 다해 하나님을 찾은 것이 그 이유입니다.

그러므로 안나는 아기 예수로 오신 그리스도를 만민에게 전하는 선지자가 되었음을 성경은 증언하고 있습니다.그러나 그 나라 백성들과 종교지도자들은 예수께서 행하시는 어마어마한 기적을 보고도 예수님을 이단의 괴수로 몰아 죽이는 죄인이 되어 멸망의 길로 갔습니다.

요한복음 3장에 니고데모는 당시에 바리새인이며 종교지도자의 한 사람으로서 밤중에 예수님을 찾아옵니다.

위험한 기독교

"그런데 바리새인 중에 니고데모라 하는 사람이 있으니 유대인의 지도자라. 그가 밤에 예수께 와서 이르되 랍비여 우리가 당신은 하나님께로부터 오신 선생인줄 아나이다. 하나님이 함께 하시지 아니하시면 당신이 행하시는 이 표적을 아무도 할 수 없음이니이다. 예수께서 대답하여 이르시되 진실로 진실로 네게 이르노니 사람이 거듭나지 아니하면 하나님의 나라를 볼 수 없느니라"(요 3:1-3).

니고데모는 왜 밤중에 예수님을 찾아온 것일까요? 그 이유는 당시의 유대 종교지도자들은 예수님을 이단의 괴수로 몰아갔고 누구든지 예수를 따르는 자는 유대 사회에서 출교시키던 시대였기 때문입니다.

"이미 유대인들이 누구든지 예수를 그리스도로 시인하는 자는 출교하기로 결의하였으므로 그들을 무서워함이라"(요 9:22b).

이러한 시대에 종교지도자인 니고데모가 사람들의 낯을 피해서 밤중에 예수님을 찾아온 것입니다. 그러면 그는 무엇 때문에 유대 사회에서 내쫓길 위험을 무릅쓰고 예수님을 찾아온 것일까요?
아마도 그는 어떻게 하면 천국에 들어가는지 영생에 대한 궁금증을 가지고 온 것이 분명합니다. 그 이유는 예수님께서는 그의 심중을 이미 아시고 묻지도 않았는데 단도직입적으로 그에게 네가 거듭나지 않으면 하나님 나라를 들어가기는커녕 볼 수조차 없다고 말씀하신 것입니다.

"진실로 진실로 네게 이르노니 사람이 거듭나지 아니하면 하나님의 나라를 볼 수 없느니라"(요 3:3).

그토록 궁금했던 해답이 천국에 들어가려면 거듭나야 한다는 예수님의 말씀에 귀가 번쩍 뜨인 니고데모는 거듭남이 무슨 뜻이며 방법이 무엇인지 묻습니다.

"예수께서 대답하시되 진실로 진실로 네게 이르노니 사람이 물과 성령으로 나지 아니하면 하나님의 나라에 들어갈 수 없느니라"(요 3:5).

아마도 니고데모는 예수님의 이 말씀에서 영생의 길에 대한 인생의 해답을 얻고 성령을 사모하여 성령으로 거듭난 삶을 산 것이 틀림없는 듯합니다. 그 증거는 예수님께서 십자가에 처형당실 때 제자들은 모두 배신하고 도망쳤지만, 니고데모는 아리마대 요셉과 함께 예수님의 시신을 가져다가 장례를 다 치르는 역사의 주인공이 되었기 때문입니다.

"아리마대 사람 요셉은 예수의 제자이나 유대인이 두려워 그것을 숨기더니 이 일 후에 빌라도에게 예수의 시체 가져가기를 구하매 빌라도가 허락하는지라. 이에 가서 예수의 시체를 가져가니라. 일찍이 예수께 밤에 찾아왔던 니고데모도 몰약과 침향 섞은 것을 백 리트라쯤 가지고 온지라. 이에 예수의 시체를 가져다가 유대인의 장례법대로 그 향품과 함께 세마포로 쌌더라"(요 19:38-40).

예수님을 처음 만났을 때는 박해 속에 두려움에 떨며 밤에 찾아왔던 니고데모였지만, 예수님의 말씀에서 해답을 찾은 니고데모는 성령으로 거듭나서 유대 사회에서 최고의 이단의 괴수로 처형당한 예수님을, 이제는 밤이 아닌 모든 사람들이 보는 앞에서 장례 도구를 가져와서 예수님의 장례를 함께 치른 것은 성령으로 충만하고 담대한 그의 모습인 것입니다. 마치 제자들이 성령충만하기 전에는 배신하고 주님을 떠났지만 성령충만 받은 후에 모두 순교하기까지 부활의 주님에 증거자가 된 것같이 말입니다.

이렇게까지 니고데모가 담대한 믿음의 주인공이 된 이유는 그도 역시 유대 사회에서 내쫓기는 위협을 무릅쓰고 힘을 다해 하나님을 찾았기 때문입니다.

예수님을 따르던 제자들은 살기등등한 십자가 앞에서 모두 배신자가 되어서 다시 옛날의 갈릴리 바다로 돌아가 어부가 됩니다. 부활하신 예수님은 다시 그들을 찾아오셔서 신신당부한 말씀은 예루살렘을 떠나지 말라는 것입니다.

"사도와 함께 모이사 그들에게 분부하여 이르시되 예루살렘을 떠나지 말고 내게서 들은바 아버지께서 약속하신 것을 기다리라. 요한은 물로 세례를 베풀었으나 너희는 몇 날이 못 되어 성령으로 세례를 받으리라 하셨느니라"(행 1:4,5).

근데 왜 예수님은 제자들에게 예루살렘으로 가라고 하시는 걸까요? 그것은 하나님의 계획은 유대의 중심부인 예루살렘에 초대교회를 세우는 것이었기 때문일 것입니다.

"오직 성령이 너희에게 임하시면 너희가 권능을 받고 예루살렘과 온 유대와 사마리아와 땅 끝까지 이르러 내 증인이 되리라"(행 1:8).

그러나 제자들의 입장에서 예루살렘으로 간다는 것은 생명의 위협을 느끼는 굉장히 위험한 길입니다. 그곳은 예수님이 십자가에 처형당하신 곳이며, 십자가의 원수들이 포진해 있는 곳이기 때문입니다. 제자들이 예루살렘에 가는 것은 목숨을 다하고 힘을 다하지 않으면 갈 수 없습니다. 그러나 그들은 주님의 말씀에 순종하여 예루살렘에 가서 마가의 다락방에 모여 기도할 때, 성령의 불이 임하여 죽기까지 사명을 다하는 하늘의 주인공이 됩니다.

하나님은 사모하는 심령을 만족케 하시는 분입니다. 빈부귀천 막론하고 힘을 다해 하나님을 찾는 사람들을 하나님께서는 만나 주십니다.

오늘날 우리 기독교인들의 문제는 힘을 쏟을 곳에 안 쏟고 엉뚱한 곳에 쏟기 때문에 문제입니다. 돈 버는 일에 쏟는 힘을 그것의 반이라도 하나님께 쏟는다면 아마도 모두가 하늘과 땅의 권세를 가지신 하나님의 기적의 주인공이 될 것입니다.

"나를 간절히 찾는 자가 나를 만날 것이니라"(잠 8:17).

위험한 기독교

(결론)

하나님께서 우리에게 명령하신 첫째 계명으로 "네 마음을 다하고 목숨을 다하고 뜻을 다하고 힘을 다하여 하나님을 사랑하라."는 명령은 우리 힘으로 절대 할 수 없습니다. 그것은 제자들도 못했습니다. 제자들이 누구인가요? 그들은 3년간 예수님을 따라다니며 온갖 기적을 보고 경험한 사람들입니다. 그러므로 예수님이 하나님임을 알고 죽기까지 따르겠다고 장담했던 사람들입니다.

"베드로가 이르되 내가 주와 함께 죽을지언정 주를 부인하지 않겠나이다 하고 모든 제자도 그와 같이 말하니라"(마 26:35).

그러나 자신만만하게 죽기까지 주를 따르겠다던 제자들은 어떻게 했나요?

"이에 제자들이 다 예수를 버리고 도망하니라"(마 26:56).

제자들의 믿음의 고백은 작심삼일도 못가서 십자가 앞에서 모두 배신자가 되어 다시 어부로 돌아가고 말았습니다. 이것이 육신을 갖고 사는 우리의 현실입니다.

그러면 제자들은 비로소 언제 죽기까지 주를 따르는 참 제자가 되었나요?

그것은 오순절 성령 충만 사건 이후입니다.

성령 충만을 받은 그들은 더 이상 비겁자가 아니었습니다. 엊그

제만 해도 숨어 지내던 그들이 마음을 다하고 목숨을 다하여 힘을 다하여 하나님을 사랑하는 제자들이 됩니다. 영원한 천국의 영광의 주인공이 되는 길은 오직 성령 충만을 받는 입니다.

이것이 얼마나 중요하면 예수님께서는 마태복음 25장의 열 처녀의 비유를 통해서 오직 성령의 기름이 충만한 사람만이 천국에 들어가고 성령의 기름이 소멸되어가는 미련한 자들은 못 들어감을 경고하셨습니다.

열 처녀의 비유의 결론은 "그런즉 깨어 있으라. 너희는 그날과 그때를 알지 못하느니라"(마 25:13).

이 말씀은 주님이 심판주로 오실 날에 깨어 기도하라는 것으로서 그런 사람만이 성령 충만하여 천국에 입성한다는 말씀입니다.

깨어 있는 비결로 제일 중요한 것은 힘을 다하여 하나님을 찾아야 합니다.

하나님의 네 가지 명령 중에서 가장 중요한 명령은 힘을 다해 하나님을 사랑하라는 명령이라고 할 수 있습니다. 왜냐하면 힘을 다해 하나님을 찾는 사람을 하나님께서 만나주시고 반드시 성령으로 함께 하시기 때문입니다.

"너희가 악할지라도 좋은 것을 자식에게 줄줄 알거든 하물며 너희 하늘 아버지께서 구하는 자에게 성령을 주시지 않겠느냐 하시니라(눅 11:13).

육신을 입은 우리는 성령이 오셔야 비로소 마음을 다하고 목숨을 다하며 뜻(생각)을 다하며 힘을 다하여 하나님을 사랑할 수 있습니다.

"너희가 육신대로 살면 반드시 죽을 것이로되 영으로서 몸의 행실을 죽이면 살리니"(롬 8:13).

또한 우리가 성령 충만하지 못하여 마음과 목숨과 뜻을 다하여 하나님을 사랑할 수 없는 연약한 믿음일지라도 간절히 하나님을 찾고 진정으로 회개하는 사람은 천국에 입성할 수 있습니다.

"내가 진실로 너희에게 이르노니 낙타가 바늘귀로 들어가는 것이 부자가 하나님나라에 들어가는 것보다 쉬우니라"(마 19:23-24).

예수님께서 제자들에게 경고하실 때 제자들의 반응은 "제자들이 듣고 몹시 놀라 이르되 그렇다면 누가 구원을 얻을 수 있으리이까?"였습니다. 예수님의 경고에 제자들이 몹시 놀란 것은 그런대로 계명을 지킨 부자 청년이 천국에 들어가기가 이렇게 어렵다면 과연 누가 구원을 받을 수 있느냐는 것입니다.

그때 예수님의 대답은 "사람으로는 할 수 없으나 하나님으로서는 다 하실 수 있느니라"(26)는 답변이었습니다. 이 말씀은 천국입성의 권한은 하나님께서 갖고 계시니 혹 천국에 들어갈 자격자가 아니라도 하나님은 입성시키실 수 있다는 말씀으로 들립니다. 그렇습니다. 천국입성의 열쇠는 하나님께서 갖고 계십니다. 그러면 부족하더라도 누가 천국에 들어가는 것인가요? 진정으로 회개하는 사람입니다.

예수님 우편의 강도는 세상에서 못된 강도로 지옥백성으로 살았지만 십자가에서 예수님 앞에 진정으로 회개하므로 천국입성을 약속받았습니다. 우편 강도의 진정한 회개는 누가복음에서만이 그의 회개가 얼마나 진정한 회개였는가를 다루고 있습니다(눅 23:39-43).

누가복음 18장에 바리새인과 세리가 하나님의 성전에 올라가서 기도할 때 세리는 세상에서 '개 같은 놈'이라는 비난을 받는 악의 자리에 있었지만 기도할 때 "세리는 멀리 서서 감히 눈을 들어 하늘을 쳐다보지도 못하고 다만 가슴을 치며 이르되 하나님이여 불쌍히 여기소서. 나는 죄인이로소이다"(눅 18:13).라고 기도합니다.

그러나 바리새인은 "서서 따로 기도하여 이르되 하나님이여 나는 다른 사람들 곧 토색, 불의, 간음을 하는 자들과 같지 아니하고 이 세리와도 같지 아니함을 감사하나이다 나는 이레에 두 번씩 금식하고 또 소득의 십일조를 드리나이다"(11,12).라고 기도합니다.

그때 예수님은 두 사람의 기도에 대하여 "내가 너희에게 이르노니 이에 저 바리새인이 아니고 이 사람이 의롭다 하심을 받고 그의 집으로 내려 갔느니라."(14a)였습니다.

천국은 의인이 들어가는 나라입니다. 바리새인은 겉으로는 훌륭해 보이는 신앙이었지만 예수님께로부터 의인으로 평가받지 못했습니다.

왜인가요?

훌륭해 보이지만 하나님이 정하신 마음과 목숨과 뜻을 다하는 하나님 사랑의 계명에는 미치지 못했기 때문입니다. 그러면서 회개하지 않았습니다.

바리새인의 또 하나의 문제는 자신을 자랑하듯 내놓는 모든 것들은 하나님의 은혜로서 그 모든 영광을 하나님께 돌려야 되는 것이 하나님에 대한 사랑인데 그 모든 영광을 자기에게 돌리고 있습니다.

그러나 모든 것이 부족해 보이는 세리는 예수님께로부터 의롭다는 인정을 받았습니다.

왜인가요?

가슴을 치는 진정한 회개가 있었기 때문입니다.

우리는 하나님께서 제정하신 영원한 계명 앞에 나는 완전하다고 내세울 사람은 누구도 없습니다. 그러므로 우리 피조물은 겸손하게 진정으로 회개의 자리에 있어야 합니다.

"회개하라 천국이 가까이 왔느니라"(마 3:2).

3) 두 번째 큰 계명

(1) 네 이웃을 네 자신같이 사랑하라

예수님께서는 어떻게 하면 천국에 들어갈 수 있느냐는 율법사의 질문에 성경에 기록된 대로 크고 첫째 되는 계명으로 하나님을 사랑하되 마음을 다하고 목숨을 다하고 뜻을 다하고 힘을 다하여 사랑하라. 이것이 첫째이고, 둘째는 네 이웃을 네 자신같이 사랑하라고 하셨습니다. 다시 말하면 이웃사랑을 실천하는 것은 천국에 들어가는 절대적 조건인 것입니다.

예수님께서는 마태복음 25장 31절 이하에 양과 염소의 비유를 통해서도 이것을 확실하게 보여 주셨습니다.

예수님께서 만왕의 왕으로서 심판주로 오실 때, 양은 오른편에 염소는 왼편에 나눠 두시고 말씀하셨습니다.

"그때에 임금이 그 오른편에 있는 자들에게 이르시되 내 아버지께 복 받을 자들이여 나아와 창세로부터 너희를 위하여 예비 된 나라를 상속 받으라"(34).

"또 왼편에 있는 자들에게 이르시되 저주를 받은 자들아 나를 떠나 마귀와 그 사자들을 위하여 예비 된 영원한 불에 들어가라"(41).

예수님의 심판의 결과는 오른편의 양들은 천국에 들어가라 하셨지만, 왼편의 염소들에게는 영원한 지옥 불에 들어가라 하셨습니다.

그러면 이들이 양이냐, 염소냐, 천국이냐 지옥이냐를 판가름한 기준은 무엇인가요?

그것은 지극히 작은 자에게 이웃사랑을 실천했느냐, 안 했느냐 인 것입니다.

지극히 작은 자가 주릴 때 먹을 것을 주었느냐?

목마를 때 마시게 했느냐?

나그네 되었을 때 영접했느냐?

헐벗었을 때 옷을 입혔느냐?

병들었을 때나 옥에 갇혔을 때 돌보았느냐? 는 것입니다. 이것이 천국입성이냐, 지옥불이냐를 결정하는 기준이었음에도 우리 기독인들은 실감하지 못하고 있습니다.

왜 그런가요?

그동안 예수만 믿으면 구원받아 천국에 간다는 거짓교리에 속았기 때문입니다. 지금도 많은 목회자들이나 신학자들은 왼편의 염소는 믿는 성도가 아닌 이방인이라고 말하고 주장합니다.

그러면 왼편의 염소가 왜 이방인이 아니고 하나님을 믿는 자인지 그 증거를 세 가지로 말씀드리겠습니다.

첫째, 이방인은 여기에 들어올 수 없습니다. 그들은 예수 믿지 않은 불신의 죄, 우상숭배 죄로 이미 최악의 지옥형벌에 들어갑니다. 더 확실한 증거로 이방인이 예수 믿지 않고 지극히 작은 자에게 베푸는 삶을 살았더라도 그는 오른쪽 양 편에 설 수 없고 영원한 지옥입니다.

결코 이방인은 양의 편에 설 수 없습니다. 그런데 심판주는 양들에게 영원한 천국에 들어가라고 명하셨습니다. 이 자리에 이방인은 절대 그들의 선행으로 천국에 참여 못합니다. 오른 편의 양이될 수 있는 절대조건은 예수님의 십자가 보혈로 죄 씻음 받은 성도로서 지극히 작은 자에게 행한 선행이 그 조건입니다.

둘째, 심판주로 오실 예수님은 천국에 들어갈 성도를 양으로, 지옥에 던져질 자들을 염소로 표현했습니다. 그러면 왜 하고많은 짐승 중에 염소일까요? 지옥에 갈 자는 맹수로서 늑대나 이리나 사자로 표현하지 않고 왜 하필 염소인가요? 그 이유는 염소는 항상 양과 한 우리 속에서 생활하고, 같은 먹이를 먹고 활동합니다. 이와 같이 염소는 양들이 신앙생활 하는 교회 안에서 함께 하나님 말씀을 먹으며 살아갑니다.

예수님께서는 더 확실한 증거로 교회 안에는 알곡과 가라지가 같이 자라고 있다고도 말씀하셨습니다.

"사람들이 잘 때에 그 원수가 와서 곡식 가운데 가라지를 덧뿌리고 갔더니 싹이 나고 결실할 때에 가라지도 보이거늘"(마 13:25-26).

이 말씀은 교회 안에는 알곡 같은 하나님의 성도들과 마귀가 심어 놓은 가라지 같은 성도가 같이 생활한다는 것입니다. 그러나 곡식은 추수 때가 있듯이 하나님의 심판 날에 알곡 성도는 천국으로, 가라지는 지옥 불로 경고하십니다.

"둘 다 추수 때까지 함께 자라게 두라. 추수 때에 내가 추수꾼들에게 말하기를 가라지는 먼저 거두어 불사르게 단으로 묶고 곡식은 모아 내 곳간에 넣으리라 하리라(마 13:30).

이와 같이 예수님의 말씀 전체를 검토해보더라도 염소는 결코 이방인이 아닌 것입니다.

셋째, 마태복음 25장 전체의 흐름을 보면 염소는 이방인이 아니고 믿는 자임을 알 수 있습니다. 마태복음 25장은 성령에 대한 세 가지 비유로 기록되어 있습니다.

첫 번 비유는 열 처녀의 비유로서 성령 충만해야 천국에 입성하고 그렇잖으면 못 들어간다는 경고성의 비유입니다.

그 다음 비유는 달란트의 비유로서 이것도 성령에 대한 말씀인 것은 성령이 오시면 은사가 나타나는데, 하나님께 받은 은사로서 얼마나 열매를 거두었느냐에 대해 심판 날에 상급이냐, 그렇잖으면 한 달란트 받은 사람처럼 열매를 맺지 못하고 영원한 형벌이냐가 결정된다는 경고입니다.

그 다음 양과 염소의 비유도 역시 성령에 대한 비유로서 성령은 하나님이 영으로서 우리에게 오는 것이므로 그 영이 오시면 외적으로는 은사가 나타나지만, 내적으로는 열매가 나타나는데 그 열매는 성령의 아홉 가지 열매로서 이것을 하나로 말하면 사랑인 것입니다. 그 사랑으로 네가 얼마나 이웃 사랑의 열매를 맺었느냐는 심판인 것입니다.

이와 같이 마태복음 25장은 성령의 열매를 보고 심판하는 장으로서 결코 이방인이 이 자리에 올 수 없는 것은 그들에게는 성령이 내린 일이 없기 때문입니다.

(2) 왜 이렇게 가혹한가?

그러면 생각해 볼 것은 어떻게 지극히 작은 자에게 베풀지 않은 것이 이렇듯 지옥 불에 떨어지는 영원한 심판의 대상이 될 만큼 가혹한 것인가요?

그것은 이웃을 사랑하되 네 자신처럼 사랑하라는 계명은 해도 되고 안 해도 되는 것이 아닌 반드시 행해야 하는 크고 둘째 되는 계명이기 때문입니다. 이웃 사랑이 크고 둘째라고 주님이 말씀하셨으니 이것은 십계명에서 금한 살인, 간음, 도둑질, 이웃에 대한 거짓 증거보다도 더 큰 계명입니다.

하나님께서는 구약의 율법에서도 택한 이스라엘 백성들에게 이웃 사랑을 반드시 실천할 것을 법으로 규정하시고 명령하셨습니다.

"너는 여섯 해 동안은 너의 땅에 파종하여 그 소산을 거두고 일곱째 해에는 갈지 말고 묵혀두어서 네 백성의 가난한 자들이 먹게 하라 그 남은 것은 들짐승이 먹으리라. 네 포도원과 감람원도 그리할지니라"(출 23:10-11).

"네가 밭에서 곡식을 벨 때에 그 한 뭇을 밭에 잊어버렸거든 다시 가서 가져오지 말고 나그네와 고아와 과부를 위하여 남겨두라. 그리하면 네 하나님 여호와께서 네 손으로 하는 모든 일에 복을 내리시리라. 네가 네 감람나무를 떤 후에 그 가지를 다시 살피지 말고 그 남은 것은 객과 고아와 과부를 위하여 남겨두며 네가 포도원의 포도를 딴 후에 그 남은 것을 다시 따지 말고 객과 고아와 과부를 위하여 남겨두라"(신 24:19-21).

이렇듯 지극히 작은 자를 돕는 이웃 사랑 실천은 하나님께서 제정하신 법입니다.

이렇게 하나님께서 정하신 법대로 살지 않을 때, 하나님의 양과 비슷한 염소로서 영원한 지옥에 심판의 대상이 된다는 것이 예수님의 경고인 것입니다.

(결론)

오늘날 우리 그리스도인들은 미혹의 시대에 살고 있습니다. 예수만 믿으면 구원받아 천국에 입성하며, 결코 구원은 잃지 않는다는 견인교리는 거짓이며 미혹된 것입니다.

하나님의 법과 계명은 믿는 자들에게 주신 법이며 계명입니다. 믿지 않는 이방인들에게 주신 법이 절대 아닙니다. 다시 말하면 성도의 삶은 예수님의 십자가의 보혈로 죄 씻음 받은 의인이 되었으니 계속적으로 의인의 삶을 살기 위해서는 하나님의 법과 계명을 지키라는 것입니다. 그렇잖고 죄 사함 받은 의인이 하나님의 법과 계명을 어기면 다시 죄인이 되어 심판의 대상이 된다는 것이 하나님 말씀입니다. 그러므로 하나님께서는 바울을 통해 이렇게 경고하십니다.

"항상 복종하여 두렵고 떨림으로 너희 구원을 이루라"(빌 2:12b).

이 말씀에서 구원은 하나님의 법에 순종을 넘어 복종하는 자들이 받는 것이므로 너는 항상 하나님의 법에 복종하고, 하나님의 법을 어기면 반드시 심판하시는 공의에 하나님이시기 때문에 두렵고 떨리는 마음으로 법과 계명을 지키라는 말씀인 것입니다.

그러므로 우리는 두렵고 떨리는 마음으로 기도하지 않을 수 없습니다. 기도하는 사람만이 성령 충만하여 온전한 복종의 길을 갈 수 있습니다. 또한 우리는 기도하면서 잘못된 것들을 회개하고 하나님 사랑, 이웃 사랑을 늘 염두에 두고 실천하여 천국입성을 넘어 면류관의 주인공이 됩시다.

6. 하나님의 뜻을 이루려면

하나님께서 우리에게 명령하신 성경 말씀들은 모두 하나님께서 우리를 향하신 하나님의 뜻입니다. 하나님께서는 하나님의 자녀들이 이 땅에서 행해야 할 규범들(하나님의 뜻)을 우리에게 말씀하셨는데 그 말씀들은 하나님의 절대적인 명령으로 되어 있습니다. 그런데 문제는 그러한 명령들을 우리 힘으로는 이룰 수 없다는 사실입니다.

하나님께서는 우리가 하나님의 명령들을 이룰 수 없는 연약한 존재임을 아시기 때문에 보혜사 성령님을 보내신 것이며, 이것은 제자들의 삶을 보더라도 부인할 수 없는 명백한 사실인 것입니다.

오순절 성령 충만을 받기 전에 그들은 하나님의 최고 명령인 마음과 목숨과 힘을 다하여 하나님을 사랑하지 못했습니다. 또한 둘째 큰 계명인 네 이웃을 네 자신 같이 사랑하라는 말씀도 못 지켰습니다.

왜인가요?

그들은 3년 동안 예수님을 따라다니며 최고의 가르침을 예수님께 직접 듣고, 또한 행하시는 기적을 몸소 체험한 사람들로서 예수님이야말로 하나님의 아들이시며 메시아임을 알았습니다.

그러면 이제는 이분이 메시아임을 온 유대인들에게 깨우치고 전해서 그들로 구원에 이르게 해야 할 사명자들임에도 불구하고 그들은 십자가 앞에서 모두 도망가기에 바빴고, 이웃 사랑의 최고인 영혼 구원은커녕 다시 옛날의 어부로 돌아가는 이기적인 모습을 보였습니다.

그러던 그들이 오순절 성령 충만을 받은 이후로는 완전히 달라져서 서슬 퍼런 권세 앞에도 목숨을 걸고 예수님을 전합니다. 그 결과 3천명, 5천명이 주님께 돌아와 구원에 이르는 이웃 사랑이 실천되어 초대교회가 시작된 것입니다. 제자들이 목회하던 초대교회도 역시 성령 충만해서 이웃사랑을 몸소 실천하는 교회였음을 성경은 증언합니다.

"믿는 무리가 한 마음과 한 뜻이 되어 모든 물건을 서로 통용하고 자기 재물을 조금이라도 자기 것이라 하는 이가 하나도 없더라. 사도들이 큰 권능으로 주 예수의 부활을 증언하니 무리가 큰 은혜를 받아 그 중에 가난한 사람이 없으니 이는 밭과 집 있는 자는 팔아 그 판 것의 값을 가져다가 사도들의 발 앞에 두매 그들이 각 사람의 필요를 따라 나누어 줌이라"(행 4:32-35).

이것이 성령 충만한 초대교회의 모습으로서 전체성도 중에 가난한 자가 없음은 부유한 자들이 모두 이웃사랑을 적극적으로 실천하여 자기 것들을 내놓았기 때문이라고 증언하고 있습니다.

1) 오직 성령으로

예수님은 하나님의 아들이었지만 30세 이전까지는 우리와 다를

위험한 기독교

바 없는 평범한 삶을 살았던 것처럼 보입니다. 그러던 예수님이 드디어 하나님의 아들로서의 신적인 능력은 세례 요한에게 겸손하게 세례받을 때 하늘이 열리고 성령이 비둘기같이 예수님께 내리면서 공생애가 시작되었습니다.

"예수께서 세례를 받으시고 곧 물에서 올라오실 새 하늘이 열리고 하나님의 성령이 비둘기 같이 내려 자기 위에 임하심을 보시더니"(마 3:16).

이때부터 예수님은 성령의 능력으로 가시는 곳마다 병자가 일어나고 귀신이 떠나갑니다.

"하나님이 나사렛 예수에게 성령과 능력을 기름 붓듯 하셨으매 그가 두루 다니시며 선한 일을 행하시고 마귀에게 눌린 모든 사람을 고치셨으니 이는 하나님이 함께 하셨음이라"(행 10:38).

인간이신 예수님이 행하신 선한 일과 그분이 가시는 곳마다 일어나는 모든 치유와 축귀와 권능과 기적은 성령 충만의 역사였음을 성경은 증언합니다.

제자들이나 그들이 목회하던 초대교회를 보더라도 하나님의 뜻을 이루는 절대적인 비결은 오직 성령밖에 없음을 우리는 인정하지 않을 수 없습니다.

2) 기독교가 범하는 오류 중의 오류

"항상 기뻐하라. 쉬지 말고 기도하라. 범사에 감사하라. 이것이 그리스도 예수 안에서 너희를 향하신 하나님의 뜻이니라. 성령을 소멸하지 말며 예언을 멸시하지 말고 범사에 헤아려 좋은 것을 취하고 악은 어떤 모양이라도 버리라"(살전 5:16-22).

위의 성구는 기독교인이라면 모르는 이가 거의 없을 만큼 달달 외울 수 있는 성구로서, 기독교 백화점에서도 이 성구를 상품화해서 심방선물도 많이 하고 있을 만큼의 누구에게나 알려진 성구입니다.

그러나 위의 성구에서 기독교인들이 범하는 가장 큰 실수는 "성령을 소멸하지 말며"이하의 문구를 빼고 "하나님의 뜻이니라"에서 마친다는 것입니다. 아마도 거의 모든 기독교인들이 이 같은 실수를 하고 있습니다. 그러면 이것이 왜 잘못된 것일까요?

위의 성구 중에 핵심적인 키포인트는 '성령을 소멸하지 말며'입니다.

다시 말하면 성령으로 해야 하나님의 뜻인 항상 기뻐하라. 쉬지 말고 기도하라. 범사에 감사하라. 는 하나님의 명령을 실행하여 우리를 향한 하나님의 뜻을 이룰 수 있다는 말씀입니다.

위험한 기독교

3) 하나님의 뜻을 이루려면

(1) 항상 기뻐하라

현대 의학은 사람들이 웃을 때 몸에서 엔돌핀이라는 호르몬이 나와서 우리 몸을 건강하게 한다는 정보를 알아냈습니다. 그러므로 몇 해 전에 소천한 기독교인 ㅇㅇㅇ박사는 억지로라도 웃으라며 마치 웃음 전도사라고 할 만큼의 웃음을 몸소 실천하며 많은 사람들에게 웃음이 주는 인체의 유익함을 전하고 강조했습니다. 그러므로 건강해 보이던 그의 모습은 그의 주장대로 그것이 진리인 듯 그럴듯해 보였습니다. 그러나 그는 장수시대임에도 오래 살지 못하고 70세 전에 일찍이 소천하므로 그동안의 그의 주장이 참으로 진리인지 많은 사람을 의아하게 했습니다.

항상 얼굴에 웃음을 잃지 않고 억지로라도 웃었던 그의 모습은 주님의 명령을 이루려는 뜻으로 보였지만 결과는 허무하게 끝났습니다.

많은 기독인들이 '항상 기뻐하라'는 하나님의 명령을 이루기 위해 이것을 실천하기를 애쓰고 노력합니다. 그러나 인간은 환경의 지배를 받는 연약한 존재입니다. 좋은 환경에서 기뻐하는 삶은 누구나 할 수 있지만 고난 속에서 혹은 두려움과 공포가 가득한 분위기 속에서 이 명령을 지킨다는 것은 있을 수 없는 일로 보이며 심히 어려운 일처럼 보입니다. 하나님께서는 우리 인간은 항상 기뻐할 수 없는 연약한 존재인 것을 아십니다. 그럼에도 불구하고 하나님께서 기뻐하되 항상 기뻐하라고 명령하신다면 이것은 창조주 하나님의 피조물을 향한 횡포라고 생각됩니다. 왜 인가요? '항상 기뻐하라'는 명령은 해도 되고 말아도 되는 문제가 아닌 반드시 해야 하는 하나님의 명령이며, 하나님의 명령을 어기면 죄가 되기 때문입니다.

그러면 하나님께서는 이 명령을 지키기 위해 우리에게 어떻게 하라는 것인가요? 그것은 성령으로만이 가능하기 때문에 성령을 소멸치 말라는 것입니다. 그러면 그것이 왜 성령으로 가능할까요? 그것은 성령의 9가지 열매 중에 '희락'의 열매가 있기 때문입니다. 다시 말하면 성령은 극한 환경 속에서도 기쁨을 줄 수 있는 영입니다. 이것은 성경을 통해서도 증거된 사실인 것입니다.

사도행전 7장 전체는 스데반 집사가 서슬 퍼런 산헤드린 공회 앞에서 종교지도자들에게 복음을 증거하는 내용입니다. 만왕의 왕 예수님께서 바로 며칠 전에 이 산헤드린 공회에서 사형판결을 받고 십자가에 처형당하셨습니다.스데반은 이들에게 복음을 전하다가 결국은 돌에 맞아 죽습니다. 살기등등한 이들 권세 앞에 스데반의 모습을 성경은 이렇게 증언합니다.

"공회 중에 앉은 사람들이 다 스데반을 주목하여 보니 그 얼굴이 천사의 얼굴과 같더라"(행 6:15).

이것이 돌에 맞아 죽는 살기등등한 권세 앞에 스데반의 모습이었습니다. 천사의 얼굴과 같다는 말은 미소를 잃지 않는 얼굴 표정과 평화스런 모습을 표현할 때나 쓸 수 있는 말입니다. 결코 두

위험한 기독교

려움이 가득한 표정에는 천사의 얼굴 같다는 말이 어울릴 수 없습니다.

그러면 그의 이러한 죽음의 위협 앞에서도 기쁨을 잃지 않았던 비결이 무엇인가요? 그것은 성령 충만입니다. 초대교회의 일곱 집사 선출조건은 성령 충만하고 지혜 충만하여 성도들에게 칭찬 받는 사람이어야 했습니다. 일곱 집사 중의 선두로 꼽힌 스데반으로서 성령 충만이 그의 비결인 것입니다.

"그들이 이 말을 듣고 마음에 찔려 그를 향하여 이를 갈거늘 스데반이 성령 충만하여 하늘을 우러러 주목하여 하나님의 영광과 및 예수께서 하나님 우편에 서신 것을 보고 말하되"(행 7:54-55).

쿼바디스라는 영화는 실제적인 역사를 배경으로 만들어진 영화입니다. 네로 황제가 기독교인들을 죽일 때 원형경기장에 기독교인들을 묶어놓고 굶주린 사자들을 풀어 놓습니다. 최악의 공포와 두려움 속에 그들은 사자들의 먹이가 됩니다. 그런데 네로가 집행 현장에 와서 죽은 기독인들을 들여다보고 한 말은 "이것들이 미쳤네! 웃으며 죽었네!"라고 한말이 지금도 생생히 기억이 됩니다.

성령이 충만하니 그들은 죽음의 위협에도 굴하지 않았고, 최악의 죽음 앞에서도 기쁨을 잃지 않은 것은 성령님의 은혜로 된 것입니다. 하나님의 뜻은 우리 성도들이 성령으로 충만해서 항상 기쁨을 잃지 않고 사는 것으로서 이것은 성령으로만이 가능한 것이며 하나님께서는 성령 충만으로 항상 기뻐하는 삶을 살라고 명령하시는 것입니다.

(2) 쉬지 말고 기도하라

이 명령의 순종도 역시 성령으로만 가능합니다.

기도를 하되 쉬지 말고 기도하라는 명령은 우리 육신의 힘으로는 절대 할 수 없습니다. 이것은 제자들의 삶을 통해서도 입증된 사실입니다. 예수님께서 십자가 지시기 전의 심정이 얼마나 처참했는지 성경은 이렇게 증언합니다.

"베드로와 세베대의 두 아들을 데리고 가실 새 고민하고 슬퍼하사 이에 말씀하시되 내 마음이 매우 고민하여 죽게 되었으니 너희는 여기 머물러 나와 함께 깨어 있으라"(마 26:37-38).

하나님이신 예수님도 십자가의 처절한 고난 앞에서 고민을 하되 매우 고민해서 죽을 지경에 이르렀다고까지 말씀하시면서 너희도 깨어 기도하라고 제자들에게 자신의 심정을 토로합니다.

그리고 그들을 두시고 조금 떨어진 곳에 이르러 땀방울이 핏방울이 되도록 기도하십니다. 그리고 제자들에게 오셔서 그들이 자는 것을 보시고

"너희가 나와 함께 한 시간도 이렇게 깨어 있을 수 없더냐? 시험에 들지 않게 깨어 기도하라. 마음에는 원이로되 육신이 약하도다"(마 26:40-41).

위험한 기독교

이 말씀은 내가 너희에게 원하는 대로 너희도 기도하기를 원하지만 육신(잠)에 사로잡혀 기도할 수 없는 지경에 있다는 말씀입니다.

"내가 너희에게 이르노니 너희는 성령을 따라 행하라. 그리하면 육체의 욕심을 이루지 아니하리라. 육체의 소욕은 성령을 거스르고 성령은 육체를 거스르나니 이 둘이 서로 대적하므로 너희가 원하는 것을 하지 못하게 하려 함이니라"(갈 5:16-17).

이 말씀은 우리 안에는 육체의 욕심을 따라 살고자 하는 마음과 성령 하나님의 뜻대로 살고자 하는 마음이 항상 대적하여 싸운다는 말씀입니다. 이 싸움에서 승리하려면 성령이 강해서(성령 충만) 육체를 이겨야 하는 것입니다. 그러나 성령은 충만이 아니고 소멸 상태이면 육체의 욕심이 강해져서 육신대로 살다가 멸망으로 가는 것입니다. 제자들은 주님의 경고에도 불구하고 기도하지 않고 육신에게 져서 잠에 곯아떨어지므로 모두 십자가 앞에서 배신자가 되고 말았습니다. 그렇게 자신만만하던 수제자 베드로도 예수님을 세 번이나 부인하고 배신합니다.

"조금 후에 곁에 섰던 사람들이 나아와 베드로에게 이르되 너도 진실로 그 도당이라. 네 말소리가 너를 표명한다 하거늘 그가 저주하며 맹세하여 이르되 나는 그 사람을 알지 못하노라 하니 곧 닭이 울더라"(마 26:74).

성경은 베드로가 세 번째 예수님을 부인할 때는 '저주하며 맹세했다'고 기록하는데 그러면 누구를 저주했다는 말일까요? 아마도 그는 모든 사람 앞에서 자신은 예수의 사람이 아니란 것을 확실하게 증명하기 위해서 예수님을 저주한 것으로 보입니다. 이것이 예수님을 그토록 사랑해서 모든 걸 다 버리고 쫓았던 예수님의 수제자의 입에서 나온 현실적인 문제인 것입니다.

어떻든 제자들은 예수님의 경고대로 시험에 들지 않으려면 깨어 기도하라는 명령에도 불구하고 잠에 곯아떨어지므로 모두 배신자가 되고 말았습니다. 제자들의 신앙을 볼 때 신앙이란 것은 가르침과 신앙고백으로만 되는 것이 절대 아닙니다. 제자들은 이 세상 최고의 선생인 하나님의 아들로부터 가르침 받았고, 당신은 하나님의 아들이시라고 고백하며 죽기까지 따르겠다고 결단한 사람들입니다. 그러나 그들은 예수님의 죽음 앞에서 모두 실패자가 되고 말았습니다. 왜인가요? 기도하지 않았기 때문입니다. 기도하지 않았기 때문에 예수님의 경고대로 모두 시험에 들어 옛날의 어부로 돌아가고 말았습니다. 그러나 예수님께서는 배신하고 떠난 그들을 버리지 아니하시고 부활하신 후에 제자들을 찾아오셨습니다.

"사도와 함께 모이사 그들에게 분부하여 이르시되 예루살렘을 떠나지 말고 내게서 들은 바 아버지께서 약속하신 것을 기다리라. 요한은 물로 세례를 베풀었으나 너희는 몇 날이 못 되어 성령으로 세례를 받으리라"(행 1: 4-5).

위험한 기독교

제자들이 예수님의 말씀에 순종하여 다시 예루살렘의 마가에 다락방으로 모입니다. 모여서 그들이 한 일은 "오로지 기도에 힘쓰더라"(행 1:14b).

그들은 이때서야 그토록 자신만만했던 자신들이 왜 신앙의 패배자가 되었는지 철저히 깨닫게 된듯합니다. 그리고 왜 하나님의 아들이신 예수님은 그토록 습관적으로 기도 하셨는지, 십자가 지시기 전에 그 십자가의 사명을 감당하기 위해서 얼마나 몸부림치며 땀방울이 핏방울이 되도록 기도하셨는지, 이 모든 것을 감당하신 배경에는 기도가 있었고, 기도할 때 부어지는 성령의 은혜가 있었다는 것을 깨달은 것입니다.

그러므로 그들은 지난 날 자신들의 배신을 철저히 회개하고 약속하신 성령을 부어달라고 오로지 기도에 힘썼습니다. 드디어 오순절 명절날에 오로지 기도에 힘쓰던 제자를 비롯한 120문도에게 불같은 성령이 임하였습니다.

성령 충만한 베드로의 설교 앞에 3천 명, 5천 명이 회개하고 주께 돌아와서 초대교회 예루살렘교회가 시작된 것입니다.

초대교회가 대형교회를 이루면서 제자들만으로는 감당할 수가 없어서 일곱 집사를 선출해서 일꾼으로 세울 때 그들을 세운 이유를 성경은 이렇게 증언합니다.

"형제들아 너희 가운데서 성령과 지혜가 충만하여 칭찬받는 사람 일곱을 택하라 우리가 이 일을 그들에게 맡기고 우리는 오로지 기도하는 일과 말씀 사역에 힘쓰리라"(행 6:3-4).

제자들은 오로지 기도와 말씀 사역을 감당하기 위해서 일곱 집사를 세운 것입니다. 제자들이야말로 이제야 참으로 기도의 중요성을 깨닫고 쉬지 않고 기도하는 삶을 살게 된 것은 성령님의 은혜로 된 것입니다.

제자들이 가는 곳에 성령이 임했고, 성령이 임할 때 방언이 터졌습니다. 방언 은사를 주신 이유는 쉬지 말고 기도하라는 말씀을 이루기 위해서 주신 은사라고 생각합니다. 방언 은사가 있으면 언제 어디서도 쉬지 않고 기도가 되며 하나님의 뜻을 이룰 수 있는 것은 성령님의 은혜입니다.

"모든 기도와 간구를 하되 항상 성령 안에서 기도하고 이를 위하여 깨어 구하기를 항상 힘쓰며 여러 성도를 위하여 구하라"(엡 6:18).

(3) 범사에 감사하라

하나님께 감사하는 삶을 살되 어떠한 상황에서라도 감사하라는 것은 하나님의 명령입니다. 이것은 해도 되고 말아도 될 문제가 아닌 하나님의 명령으로서 이것도 어기면 죄인 것입니다.

좋은 일에 감사는 누구라도 감사할 수 있지만 혹독한 고난 속에서 감사는 어려운 일입니다. 그러나 하나님께서는 시련 속에서라도 그럼에도 불구하고 감사하라는 것입니다.

구약의 이스라엘 백성들이 광야생활을 할 때에 그들은 시련을 당할 때면 어김없이 원망 불평이 나왔고 그럴 때마다 더욱 가혹한 하나님의 징계가 있었습니다. 심지어는 원망 불평하는 백성들에

위험한 기독교

게 불뱀을 보내서 물게 하시므로 독이 전신에 퍼져 죽게 하셨습니다. 그런데 성경은 이러한 이스라엘의 실패를 이렇게 증언합니다.

"그들 가운데 어떤 사람들이 원망하다가 멸망시키는 자에게 멸망하였나니 너희는 그들과 같이 원망하지 말라. 그들에게 일어난 이런 일은 본보기가 되고 또한 말세를 만난 우리를 깨우치기 위하여 기록되었느니라"(고전 10:10-11).

이 말씀에서 우리는 '말세를 만난 우리를 깨우치기 위해서 기록되었다'는 말씀에 주목해야 합니다. 그러면 무엇을 깨우친다는 말인가요? 하나님께서는 원망 불평을 너무나 악하게 보는 죄이기 때문에 이스라엘이 원망 불평하다가 당한 심판을 거울삼아 항상 우리의 삶에 깨우침을 받고 경각심을 가지라는 말씀입니다. 이렇듯 하나님께서는 범사에 감사하지 않고 원망 불평하는 것을 악하게 보십니다.

그러나 우리는 환경의 지배를 받는 존재입니다. 기쁜 일에 감사는 누구나 할 수 있지만 처절한 환경 속에서의 감사는 참으로 실천하기 어렵습니다. 환경의 지배를 받는 우리는 연약하여 감사보다 원망과 불평이 먼저 나오는 것이 우리의 현실인 것입니다. 그럼에도 그것이 하나님의 명령이란 것을 생각하면 이제는 방법론을 생각해 보아야 할 것입니다.

그렇다면 방법은 무엇인가요? 인간은 연약하여 환경의 지배를 받는 존재입니다. 절망적인 악한 환경에서는 자연이 원망이 나옵니다. 그러나 그러한 절망적인 상황에서도 절망을 초월하여 소망이 넘치면 감사가 나오게 되는 것입니다. 이것을 이루시는 분이 성령 하나님이십니다.

"소망의 하나님이 모든 기쁨과 평강을 믿음 안에서 너희에게 충만하게 하사 성령의 능력으로 소망이 넘치게 하시기를 원하노라"(롬 15:13).

이 말씀에서 성령 하나님은 우리 안에서 소망이 넘치게 하신다고 증언합니다. 소망이 넘치는 사람에게 원망이 나올 수 없습니다. 소망이 넘치므로 혹독한 시련과 위기에서도 감사가 나오게 되는 것입니다.

또한 성령의 은사 중에는 믿음의 은사가 있습니다. 믿음의 은사가 커서 세상이 감당하지 못할 믿음을 가진 사람은 환경의 지배를 받지 않습니다.

이스라엘의 광야생활에서 생명과 같은 물이 없을 때의 상황은 처절하기 그지없는 상황입니다. 자신뿐만 아니라 부모나 어린 자녀들이 뜨거운 광야에서 목말라서 물을 찾을 때의 심정은 이루 말할 수 없을 것입니다.

그러나 한편으로 강한 나라 애굽을 열 가지 재앙으로 항복시키시고 그들을 해방시킨 하나님은 그들과 함께 하신다는 증거로 불기둥과 구름기둥으로 그들을 인도하고 계십니다.

성령의 은혜로 하나님에 대한 믿음이 있는 사람들은 함께하시는 하나님 앞에 오직 감사가 나오게 되고 결코 원망이 나올 수 없습니다.

(결론)

이와 같이 환경의 지배를 받는 연약한 우리들이 항상 기뻐하라. 쉬지 말고 기도하라. 범사에 감사하라는 하나님의 명령에 복종하여 하나님의 뜻을 이루는 삶은 성령의 은혜로 되는 것이므로 우리는 하나님의 뜻을 이루기 위해서 항상 성령 충만을 위해 기도해야 합니다.

하나님께서는 우리가 연약하여 우리의 힘으로 하나님의 뜻을 이루지 못할 것을 아십니다. 그러므로 보혜사(곁에 와서 돕는 이) 성령을 우리에게 부어주시는 것은 하나님의 놀라운 은혜입니다.

"너희가 악할지라도 좋은 것을 자식에게 줄줄 알거든 하물며 너희 하늘 아버지께서 구하는 자에게 성령을 주시지 않겠느냐 하시니라"(눅 11:13).

4) 성령을 소멸치 않으려면

(1) 예언을 멸시하지 말라

성령은 하나님이십니다. 하나님께서 하나님의 자녀들에게 성령을 부어 주실 때 일어날 일에 대해 성경은 이렇게 증언합니다.

"하나님이 말씀하시기를 말세에 내가 내영을 모든 육체에 부어 주리니 너희 자녀들은 예언할 것이요 너희의 젊은이들은 환상을 보고 너희의 늙은이들은 꿈을 꾸리라. 그때에 내가 내 영을 내 남종과 여종들에게 부어 주리니 그들이 예언할 것이요"(행 2:17-18).

하나님께서는 말세를 만난 성도들에게 더욱 더 성령을 부어 주신다는 약속입니다. 말세에 이렇듯 성령을 부어주시는 이유는 이때는 기근, 지진, 전쟁, 박해, 배도, 거짓 그리스도와 거짓 선지자들의 출현이 많이 일어나므로(마태복음 24장 참고) 이러한 환난 속에 세상을 이기는 길은 성령님의 은혜가 있을 때만 승리할 수 있기 때문입니다.

성령님이 우리에게 오시면 성령님이 일하시는 방법 중의 하나가 예언, 환상, 꿈임을 성경은 증언합니다. 하나님께서는 이렇듯 예언, 환상, 꿈으로 자신의 뜻을 우리에게 알려주시므로 결코 이러한 것들을 무시하고 멸시하면 안 되는 것입니다.

예언을 멸시하는 것은 하나님의 말씀을 멸시하는 것입니다. 왜인가요? 하나님의 말씀이 예언(혹은 꿈과 환상)으로 임했기 때문입니다. 이스라엘의 초대 왕 사울은 성령 충만을 거듭해서 받은 왕입니다. 그러나 그는 사무엘이 받은 예언 즉, '아말렉 족속을 진멸하라'는 하나님의 명령을 거역하므로 성령이 떠나고 악신이 들어와서 패망의 길로 가고 말았습니다. 사울의 신앙이 실패한 이유는 성령이 소멸된 것으로서 그 이유는 예언을 멸시했기 때문입니다.

예언은 이렇듯 하나님이 우리에게 말씀하시는 방법 중의 하나이

위험한 기독교

므로 성경은 예언을 적극 권장합니다.

"사랑을 추구하며 신령한 것들을 사모하되 특별히 예언을 하려고 하라"(고전 14:1).
"나는 너희가 다 방언 말하기를 원하나 특별히 예언하기를 원하노라"(고전 14:5).

그러나 반면에 하나님께서는 예언을 할 때에 질서 있게 하라고 권고합니다.

"예언하는 자는 둘이나 셋이나 말하고 다른 이들은 분별할 것이요"(고전 14:29).

이 말씀에서 분별하라는 것은 예언이 성령님으로부터 온 것인지 악한 영으로부터 온 것인지 분별해서 받으라는 말씀입니다. 하나님의 말씀대로 예언을 분별하지 않고 받을 때 하나님의 뜻이 아닌 거짓된 것일 수 있기 때문에 분별이 필요함을 말씀하는 것입니다.

(2) 악은 어떤 모양이라도 버리라
성령을 소멸하지 않기 위해서 해야 할 중요한 일은 '악은 버리고 좋은 것을 취하라'는 것입니다. 이 말씀은 다시 말하면 하나님께서 우리에게 하라고 명령하신 것들과 하지 말라고 명령하신 것들을 지키라는 말씀입니다.

우리의 삶 속에서 항상 모든 일에 하나님이 원하시는 것이 무엇인지를 헤아려서 행하고 하나님께서 악하게 보는 것들을 버리라는 것으로서 이것은 다시 말하면 계명을 지키라는 말씀입니다. 하나님의 계명은 '하라'는 법과 '하지 말라'는 법으로서 이러한 계명을 어기는 것은 죄이기 때문에 하나님이신 성령님은 결코 계명을 어긴 죄인과 같이 할 수 없기 때문입니다.

"너희는 너희가 하나님의 성전인 것과 하나님의 성령이 너희 안에 계시는 것을 알지 못하느냐? 누구든지 하나님의 성전을 더럽히면 하나님이 그 사람을 멸하시리라. 하나님의 성전은 거룩하니 너희도 그러하니라"(고전 3:16-17).

이 말씀은 하나님의 성령이 우리 마음에 내주하고 계시니 계명을 어겨 죄를 범하면 하나님이 너희를 멸하시리라는 경고입니다. 멸한다는 말은 죽이는 게 아닌 성령을 거두신다는 말씀으로 들립니다. 이것이 틀림없는 것은 죄를 범하는 대로 하나님이 멸하시면 이 세상에 살아날 존재가 없습니다.

' 하나님의 성전은 거룩하니 너희도 그러하니라.'는 말씀대로 우리의 몸은 성령 하나님을 모신 하나님의 거룩한 성전입니다. '거룩'이란 단어는 '죄와는 완전히 분리'된 상태인 것입니다.

우리는 여기서 심각하게 생각해 볼 것이 있습니다.

성령을 모신 성도가 죄를 범하고 회개하지 않을 때 사울 왕처럼 성령이 떠납니다. 그러면 성령은 하나님인데 하나님이 범죄한 사

위험한 기독교

람을 버리고 떠나신 것인가요? 그렇지 않으면 범죄한 사람이 하나님을 버린 것인가요? 이것은 따지고 보면 범죄한 그 사람이 하나님을 버린 것입니다.

범죄의 배후에는 마귀가 있으므로 하나님의 말씀보다 마귀를 따라갔기 때문입니다.

"죄를 짓는 자는 마귀에게 속하나니"(요일 3:8a).

하나님은 결코 죄와 함께 할 수 없는 거룩한 분이기 때문에 죄의 자리에서 회개하지 않는 사람과는 결코 함께 할 수 없는 분이십니다.

성령의 사람 다윗은 자기의 충성스런 부하 우리야의 아내 밧세바와 간음에 빠졌고 죄가 발각될까 두려워서 그 남편도 전쟁터에서 죽게 하였고, 그의 아내를 자기의 아내로 삼습니다. 다윗은 십계명 중에 간음치 말라, 살인하지 말라, 네 이웃에 것을 탐내지 말라는 세 개의 계명을 범했습니다. 그러나 다윗의 위대함은 나단 선지자의 책망 앞에 철저하게 회개했다는 것입니다. 절대 권세 왕의 신분임에도 겸손하게 회개했습니다. 그리고 밧세바를 범한 후 시편에서 그는 이렇게 기도합니다.

"나를 주 앞에서 쫓아내지 마시며 주의 성령을 내게서 거두지 마소서"(시 51:11).

"하나님께서 구하시는 제사는 상한 심령이라. 하나님이여 상하고 통회하는 마음을 주께서 멸시하지 아니하시리이다"(시 51:17).

　범죄 후 다윗의 간절한 기도는 성령을 거두지 말아달라는 애원이었습니다. 다윗이 이렇게 애원하듯 기도한 이유는 자기의 장인 사울 왕에게서 하나님께서 성령을 거두셨을 때 그에게 악신이 들어가 패망으로 가는 모습을 누구보다도 몸소 경험한 사람이었기 때문일 것입니다.

　하나님께서는 다윗의 회개를 받으셨고 그에게서 성령을 거두지 않으셨습니다. 그러한 악한 범죄자임에도 성령이 소멸되지 않은 이유는 철저한 회개였습니다.

　우리는 거듭난 사람임에도 누구나 죄성이 있으므로 하나님께서는 '악은 어떤 모양이라도 버리라'고 명령하십니다. 악을 버리고 말씀으로 사는 것은 철저한 회개의 열매를 맺는 것으로서 그런 사람만이 성령을 소멸치 않고 늘 충만한 삶을 살 수 있는 것입니다.

위험한 기독교

7. 천국과 지옥을 결정하는 성경 푸는 법(원리)

　기독교의 역사는 하나님 말씀을 잘못 풀어서 멸망으로 간 역사입니다.

　구약시대는 성경을 잘못 왜곡한 거짓 선지자들이 백성을 멸망으로 인도했고, 예수님 시대에는 서기관, 바리새인, 율법사들이 성경을 잘못 풀어서 거짓된 선생이 되어 백성을 멸망으로 인도했고(마 8:11 참조), 오늘날 이 시대도 마찬가지라고 하나님께서는 베드로를 통해 말씀하십니다.

　"우리가 사랑하는 형제 바울도 그 받은 지혜대로 너희에게 이같이 썼고 또 그 모든 편지에도 이런 일에 관하여 말하였으되 그중에 알기 어려운 것이 더러 있으니 무식한 자들과 굳세지 못한 자들이 다른 성경과 같이 그것도 억지로 풀다가 스스로 멸망에 이르느니라" (벧후 3:14-16)

　이 말씀은 하나님께서 베드로를 통해 미래에 일어날 일들을 예언하신 것으로 보입니다. 그 증거는 당시의 바울서신을 쓴 바울은 베드로와 동시대의 사람으로서 그 당시의 바울서신은 성경으로 인정하지 않은 시대입니다.

　바울이 쓴 편지를 "다른 성경과 같이 억지로 풀다가 스스로 멸망에 이르렀다"(16)고 증언합니다. 이것은 아마도 오늘날의 기독교에서 일어날 일에 대해서 예언한 것이 분명한 것으로 보입니다.

그 증거는 종교개혁자 마르틴 루터는 바울서신 로마서 1장 17절 "오직 나의 의인은 믿음으로 살리라".는 한 구절로 이신칭의 교리를 만들어 기독교를 개혁했습니다.

그러나 그는 야고보서 2장 17절 "행함이 없는 믿음은 그 자체가 죽은 것이라"고 믿음을 정의한 말씀을 가치 없는 지푸라기 서신이라고 말하였습니다.

기독교는 애처롭게도 성경의 일부분만을 인정하고 다른 부분은 성경으로 인정하지 않는 사람에 의해 개혁되었습니다. 그 결과 오늘날에도 기독교의 핵심적인 가르침인 구원론이 두 가지입니다. 왜 이런 결과가 나온 것인가요? 그 이유는 성경을 잘못 풀었기 때문임을 본문은 증언합니다.

1) 무식한 자들과 굳세지 못 한 자

성경을 억지로 풀어서 멸망(지옥)으로 가게 한 자들은 누구인가에 대해 본문은 '무식한 자들'과 '굳세지 못한 자들'이라고 말씀합니다. '굳세지 못한 자'는 헬라어 '아스테리크토이'는 '진리에 서지 못한 초신자'를 말하며 '무식한 자'는 '아마데이스'라는 단어로 "배우지 않는 자'란 뜻입니다.

다시 말하면 '성경은 초신자의 심정으로 항상 배워야 하는 책'으로 이것을 행하지 않는 자는 무식한 자란 뜻입니다. 예수님 시대에 종교지도자들이야말로 예수님이나 제자들에게 배워야 할 입장인데 그들은 예수님의 가르침에 대해 거부하고 배척한 무식한 자들이었습니다.

성경은 배워야 합니다. 그러면 누가 누구에게 배워야 할까요? 헬라어나 히브리어에 박식한 신학박사나 선생인가요? 절대 아닙니다. 그 이유는 원어로 성경을 읽고 신앙생활 했던 이스라엘 백성도 성경을 잘못 풀어서 멸망으로 갔습니다(마 8:11 참조). 그들은 성경도 박식해서 서기관, 율법사들은 성경을 늘 품고 사는 사람들입니다. 예수님은 그들이 소경된 인도자로 백성을 멸망으로 인도했음을 경고했습니다.

2) 성경은 누구에게 배워야 하나?

예수님이 메시아로 이 땅에 오신 것은 구약성경의 예언대로 오신 것입니다. 그러나 아이러니하게도 그 당시의 종교지도자들은 성경 중심의 신앙생활을 했음에도 불구하고 메시아를 대적하는 자리에 선 것은 성경을 잘못 푼 것이 그 이유입니다.

이스라엘이 약속된 대로 오신 메시아를 향해 대적하고 원수로 여길 때 정확하게 메시아를 알아본 사람이 있습니다. 누가복음 2장에 시므온은 이미 아기 예수 때 그를 메시아로 정확히 알아보고 그를 품에 안고 하나님을 찬양합니다. 그러면 시므온은 어떻게 아기 예수를 정확하게 메시아로 알아보았나요? 성령님이 알려주셨습니다.

"성령이 그 위에 계시더라"(눅 2:25b).

"그가 주의 그리스도를 보기 전에는 죽지 아니하리라는 성령의 지시를 받았고"(26),

그러던 중에 어느 날 성령님의 인도함으로 성전에 가보니 마리아와 요셉이 아기 예수를 데리고 성전에 온 것입니다. 그때 시므온이 아기 예수를 안고 하나님을 찬양합니다.(눅 2장 참조).

세례요한 역시 예수님께서 이미 공생애 시작하시기 전에 메시아를 알아보았습니다,
어떻게 알았나요?
세례 베풀 때 성령이 비둘기같이 내리는 그이가 메시아라는 것을 성령님이 알려주신 것입니다(요 1:33-34 참조).세례요한은 그의 어머니 뱃속부터 성령 충만했던 사람이라고 성경은 증언(눅 1:15 참조)하고 있으니 그도 역시 성령님이 알게 한 것입니다. 예수님께서 행하시는 온갖 기적과 이적을 보기도 전에 메시아임을 알아본 분별력은 성령님께로부터 온 것이었음을 성경은 증언합니다.

"하나님의 일을 하나님의 영외에는 누가 알리요(고전 2:11)."
"진리의 성령이 오시면 그가 너희를 모든 진리 가운데로 인도하시리니(요 16:13)."

오늘날도 마찬가지입니다. 성령의 은사는 여러 가지이지만 지

혜의 말씀의 은사와 지식의 말씀의 은사가 있습니다. 그러면 이 둘은 무엇이 다른가요? 지혜의 말씀의 은사는 성경을 인용하는 기술이라고 할 수 있습니다.

솔로몬 왕이 받은 지혜를 보겠습니다. 두 여자가 한 아들을 데리고 와서 자기 아들이라고 우기는 것을 재판할 때에 솔로몬 왕은 '모든 어머니는 자기 자식을 생명같이 여긴다'는 말은 누구나 아는 지식이었지만 적재적소에 인용하니 만민을 놀라게 하는 명 판결이 되었습니다(왕상 3:19-28 참조)

마찬가지로 성경도 은혜가 되도록 잘 인용하는 지혜의 은사가 있습니다.

그러면 지식의 말씀의 은사는 무엇일까요? 성경에 나오는 '지식'이란 단어는 세상 지식이 아닙니다. 그것은 모두 하나님을 아는 지식을 말합니다. 다시 말하면 이것은 성경을 바로 푸는 은사라고 할 수 있습니다.

성경은 성경의 저자이신 성령님께서 풀어줘야 풀리는 책입니다. 하나님께서 성령으로 역사하셔서 성경을 바로 알게 하고, 하나님의 뜻을 바로 알려주는 사람들이 있습니다. 이들을 가리켜 '선지자'라고 부릅니다. 선지자란 한문으로 '앞서서 알려주는 사람'을 의미하며, 세례요한이나 시므온도 선지자가 된 것은 성령이 알려주셨기 때문입니다. 이스라엘이 소경된 인도자를 따라 멸망으로 갈 때에 하나님께서 그들을 암탉이 병아리 품듯 품어서 천국으로 인도하시려고 보낸 사람들이 선지자였지만, 그들은 선지자를 돌로 쳐 죽였고, 그 결과 멸망으로 갔음을 성경은 지적하고 있습니다(마 23:37 참조).

다시 말하면 신앙생활에 있어서 천국과 지옥을 좌우하는 것은 선지자들에게 배우고 그들의 인도를 받아야 하는 것이며 오늘날에도 선지자처럼 쓰시는 종들이 있다는 것을 잊지 말아야 합니다.

"하나님이 교회 중에 몇을 세우셨으니 첫째는 사도요, 둘째는 선지자요 셋째는 교사요 그 다음은 능력을 행하는 자요,...."(고전 12:28a)

3) 성경을 푸는 절대적인 원리

하나님께서는 자신의 뜻을 성경을 통해 우리에게 모든 것을 알려주셨지만 기독교 역사에 수많은 이단이 생기고 멸망으로 간 이유는 성경을 잘못 풀었기 때문입니다.

이단들도 성경에 박식한 사람들이 많습니다. 그러면 왜 이러한 오류가 생겨서 이단이 되는 것일까요? 그 이유는 성경을 통해 하나님의 뜻을 찾기에 앞서 자신의 생각과 주장을 찾으려고 하기 때문입니다.

하나님의 말씀 성경은 방대한 양의 말씀으로 가득한 책입니다. 성경은 너무나 방대한 글이기 때문에 자신의 주장이나 교리를 만들려면 얼마든지 만들 수 있습니다. 여기저기서 한 구절씩 인용해서 말입니다. 이것이 기독교가 진리가 아닌 비 진리로 인하여 멸망으로 가는 이유입니다.

성경은 한분이신 하나님의 입으로부터 나온 그분의 말씀입니다. 진리는 결코 둘이 될 수 없습니다.

그러므로 성경을 푸는 절대적인 원리는 성경 전체의 문맥이 맞아야 합니다.

예를 들어서 로마서에 "누구든지 주의 이름을 부르는 자는 구원을 받으리라"(롬 10:13). 그러나 예수님은 "나더러 주여 주여 하는 자마다 다 천국에 들어갈 것이 아니요"(마 7:21).라고 상반된 말씀을 하셨습니다.

바울을 통해 주신 성경은 누구라도 주님의 이름만 불러도 구원받아 천국에 간다는데 예수님께서는 주님의 이름을 주여 주여 라고 애타게 불러도 천국에 들어가는 것이 아니라고 하시니 도대체 어느 것이 구원의 길이 맞는 것인지 종잡을 수 없는 것처럼 보입니다. 그렇기에 성경은 성경전체 문맥에 맞춰서 풀어야 하는 것입니다.

4) 서신서를 어떻게 볼 것인가

하나님께서는 베드로를 통해 "다른 성경과 같이 그것들(서신서)을 억지로 풀다가 멸망에 이르렀다."고 말씀하십니다. 우리가 잘 아는 바와 같이 신약시대 사도들이 교회들에게 쓴 편지들이 성경이 된 것은 성령의 감동으로 기록한 편지들이기 때문입니다.

그러면 서신서는 누가 누구에게 쓴 것인가요? 그것은 그 당시에 사도들이 이역만리 먼 교회의 성도들에게 쓴 편지들입니다. 그 편지에는 교회들마다 상황이 다르기 때문에 그들의 상황에 맞는 하나님 말씀을 글로 써서 전한 것입니다. 그러므로 서신서들은 교회들의 상황에 따라 전한 하나님의 메시지이기 때문에 그 시대의 교회 상황을 염두에 두고 읽어야 하나님의 뜻을 알 수 있습니다.

예를 들어서 구원파 이단들이 생명처럼 여기는 구절입니다.

"염소와 송아지의 피로 하지 아니하고 오직 자기의 피로 영원한 속죄를 이루사"(히 9:12)

그들은 예수님께서 영원히 죄를 사하는 속죄를 십자가에서 이루셨기 때문에 회개도 필요 없고 결코 구원은 잃지 않는다고 주장합니다. 칼빈주의의 한 번 구원은 영원한 구원은 이 말씀에 근거를 둔 것인 듯도 합니다. 그러나 착각하지 말아야 할 것은 히브리서는 히브리인들(이스라엘)을 깨우치기 위한 당시의 서신(편지)입니다. 그들은 예수님이 십자가에서 세상 죄를 지고 가는 하나님의 어린양으로 속죄제물 되신 것을 믿지 않고 여전히 황소와 양의 피로 속죄제물을 삼았습니다. 죄를 지을 때마다 그들은 이런 동물제사로 죄 사함 받으려 했으므로 그들의 어리석음을 깨우치기 위해서 이제는 너희가 그럴 필요 없다. 세상 죄를 지고 가는 하나님의 어린 양 예수께서 희생제물이 되셨으므로 그분을 영원히 속죄 제물로 삼아 예수님의 십자가를 의지하여 회개하고 죄 사함 받으라는 것이지 그들이 주장하는 것같이 회개하지도 않았는데 십자가가 미래의 죄까지도 모두 사함 받는 영원한 속죄는 절대 아닌 것입니다. 그러므로 히브리서는 예수 그리스도의 우월함에 대해 증거하며 너

위험한 기독교

희가 학수고대하던 메시아가 그분임을 증거하는 서신인 것입니다.

고린도서는 바울이 고린도 교회 성도들에게 쓴 편지로서 그 당시의 고린도는 항구도시로 성적으로 매우 문란한 도시였습니다.

"누가 그 아버지의 아내를 취하였다 하는도다. 그리하고도 너희가 오히려 교만하여져서 어찌하여 통한히 여기지 아니하고 그일 행한 자를 너희 중에서 쫓아내지 아니하였느냐?"(고전 5:1-2)

고린도교회가 성적으로 얼마나 타락했는지 그중에는 가장 가까운 사람을 근친상간하고서도 회개하지도 않고 그런 자를 성도로 여기는 교회를 향해 바울의 권고는 그런 자를 내쫓으라(출교)는 것입니다. 또한 바닷가의 항구 도시들의 특징은 우상숭배가 많으므로 고전 8-9장은 우상숭배에 대해 권고하는 글이며, 이런 간음죄와 우상숭배자는 결코 천국에 못 들어감을 경고합니다.

"불의한 자가 하나님의 나라를 유업으로 받지 못할 줄을 알지 못하느냐? 미혹을 받지 말라. 음행하는 자나 우상숭배 하는 자나 간음하는 자나 탐색하는 자나 남색하는 자나 도적이나 탐욕을 부리는 자나 술 취하는 자나 모욕하는 자나 속여 빼앗는 자들은 하나님의 나라를 유업으로 받지 못하리라"(고전 6:9-10).

이 경고의 말씀에서 하나님 나라에 못 들어갈 성적인 범죄가 무려 네 가지(음행, 간음, 탐색, 남색)임은 오늘날 성적으로 문란한 이 시대에 주지해서 명심해야 할 사실인 것을 잊지 말아야 합니다.

갈라디아서는 바울이 갈라디아교회에 쓴 편지로서 당시의 갈라디아교회의 상황은 성령 충만한 교회였으나 점점 성령이 소멸되고 세속화되어 가는 교회였습니다.

"너희가 이같이 어리석으냐? 성령으로 시작하였다가 이제는 육체로 마치겠느냐?"(갈 3:3).

성령이 소멸되고 은혜가 떨어진 교회의 특징은 육체를 따라 사는 정욕과 분쟁과 혼란입니다. 그런 그들을 향해 바울을 통한 하나님의 경고입니다.

"음행, 더러운 것, 호색, 우상숭배, 주술, 원수 맺는 것, 분쟁, 시기, 분 냄, 당 짓는 것, 분열함, 이단, 투기, 술 취함, 방탕함 이런 일을 하는 자들은 하나님의 나라를 유업으로 받지 못하리라"(갈 5:19-21).

이 경고에서 은혜가 떨어진 교회에서 일어나는 범죄들(원수 맺는 것, 분쟁, 시기, 분 냄, 당 짓는 것, 분열함)은 이 시대의 교회들에서도 흔히 볼 수 있는 모습들로서 죄 같지도 않은 이러한 죄들은 천국에 못 들어가는 죄임을 정신 차려 명심해야 합니다.

그러므로 너희가 영생의 천국에 들어가려면 다시 성령을 회복하

위험한 기독교

라고 하나님께서는 바울의 입을 통해 권고합니다.

 "자기의 육체를 위하여 심는 자는 육체로부터 썩어질 것을 거두고 성령을 위하여 심는 자는 성령으로부터 영생을 거두리라"(갈6:8).

 영생의 나라 천국에 입성하려면 성령을 회복하여 성령으로 하라는 것은 마태복음 25장의 열 처녀의 비유에서 성령의 기름을 충만하게 준비하여 성안(천국)에 입성한 슬기로운 다섯 처녀와도 맥락을 같이 하는 말씀인 것입니다.

5) 로마서를 어떻게 보아야 하는가

 신학자들은 로마서가 성경의 핵심으로서 계란으로 따지면 노른자와 같다고 말합니다. 이런 주장이야말로 예수님보다도 바울을 더 우위에 두는 말로 들리며, 이런 주장이야말로 성경을 잘못 푸는 대표적인 예인 것입니다.

 먼저 로마서를 알려면 당시의 로마교회 상황을 알아야 합니다. 당시의 로마교회의 상황은 주후 57년으로서 이때의 로마 황제는 클라디우스황제(A.D.41-54)의 뒤를 이어서 악명 높은 네로황제가 통치하던 시기에 로마서가 써졌습니다. 이 두 황제는 기독교를 지독하게 탄압한 황제들로서 클라우디우스황제는 기독교인들을 로마에서 추방시켰고, 그 뒤를 이은 네로는 로마 시내에 불을 지르고 그것이 기독교인들의 소행이라고 누명을 씌워 죽이고 박해한 자입니다. 로마의 10대 황제가 자신을 황제 신으로 받들게 했고, 거기에 저항한 기독인들을 무참히 죽였습니다. 이때에 순교한 기독인들이 50만여 명이 넘는다는 글을 읽은 적이 있습니다. 로마서는 황제들 중에도 최악의 박해자 네로가 통치하던 시기에 쓰였음에도 기독인들은 권세에 굴하지 않고 믿음을 지켰습니다. 그러므로 바울은 로마서 서두에 그들의 놀라운 믿음을 이렇게 응원합니다.

"먼저 내가 예수 그리스도로 말미암아 너희 모든 사람에 관하여 내 하나님께 감사함은 너희 믿음이 온 세상에 전파됨이로다"(롬 1:8).

이 말씀은 그 당시의 로마교회 성도들이 권세에 굴복하지 않고 순교로서 믿음을 지키는 너희의 믿음이 얼마나 놀라운지 온 세상에 그 소문이 퍼졌다면서 그로 말미암아 바울 자신은 그들의 믿음을 하나님께 감사하고 있는 것입니다.

역사기록에 의하면 이 시대의 로마 황제들은 자신을 신으로 받들도록 강요했습니다. 이러한 권세에 굴복하지 않고 대항하는 사람들은 항상 기독교인들이었습니다. 그러므로 사탄의 앞잡이들은 기독교인들을 색출하기 위해서 갖가지의 교묘한 술책을 이용한 것이 세상 역사였습니다.

다니엘서에 느브갓네살왕은 두라 평지에 자기 신상을 세우고 나팔소리와 함께 자기 신상 앞에 절하게 하므로 복종하지 않는 다니엘의 세 친구를 정확하게 적발해서 처형하고자 했습니다.

위험한 기독교

또한 역사기록에 의하면 십자가의 원수들은 십자가 밟기나 예수님 사진에 침 뱉기나 이러한 방법으로 기독교인들을 색출해서 죽이거나 박해했습니다.

그러면 로마 시대는 어떻게 기독교인들을 색출했을까요? 역사에 의하면 이 시대 사람들이 서로 만날 때의 인사말은 "가이사는 우리 신입니다"였다고 합니다. 그러나 기독인들은 거기에 맞서서 "아닙니다. 우리의 신은 예수님(하나님)입니다."라고 반박하고 신앙을 지켰던 것입니다. 이러한 반박은 곧바로 철창 행이었고, 굶주린 사자 밥이 되어야만 했습니다(영화 퀴바디스의 배경). 영화 '바울'을 보면 사람을 불태워 가로등으로 삼았고, 바울 역시 로마에서 목이 잘려 순교 당했습니다. 황제들의 박해가 얼마나 처참했는지 그들은 카타콤이라는 지하 묘지에 들어가서 신앙생활하며 자신의 믿음을 지켰던 것입니다.

지금 로마에는 카타콤의 총길이가 872킬로로 서울에서 부산을 왕복하는 거리로서 로마의 지하는 기독교 유적지가 되었으므로 로마에는 지하철이 없다는 글을 읽은 적이 있습니다. 이렇듯 기독교인들은 처절한 박해에 굴하지 않고 지하 묘지에 들어가 믿음을 지켰습니다. 이런 시대를 배경으로 로마서가 쓰여졌습니다.,

믿음이 약한 자들은 그들의 위협과 권세 앞에 굴복하는 변절자들도 상당히 있었을 것입니다.

"오직 나의 의인은 믿음으로 말미암아 살리라(롬 1:17)."
"누구든지 주의 이름을 부르는 자는 구원을 받으리라(롬 10;13)."

"사람이 마음으로 믿어 의에 이르고 입으로 시인하여 구원에 이르느니라(롬 10:10)."

이 말씀들은 그들을 권면하기 위한 글인 것입니다. 이 시대에 주의 이름을 부르고 주님을 입으로 시인하는 것은 죽음을 각오하는 믿음의 고백인 것입니다.

그런데 바울은 주를 시인함과 주의 이름을 부름이 어떻게 죽음을 각오하고 구원받아 천국 입성까지 약속할 수 있는 걸까요?

그 증거는 만왕의 왕 예수님께서는 이런 박해를 이기는 믿음은 반드시 천국에 입성할 뿐 아니라 상급의 주인공이 될 것을 약속하셨기 때문입니다.

"의를 위하여 박해를 받는 자는 복이 있나니 천국이 그들의 것임이요 나로 말미암아 너희를 욕하고 거짓으로 너희를 거슬러 모든 악한 말을 할 때에는 너희에게 복이 있나니 기뻐하고 즐거워하라 하늘에서 너희 상이 큼이라"(마 5:10-12).

그러므로 바울은 로마 성도들에게 권면하기를 너희가 이런 박해를 이기고 끝까지 믿음을 지키는 승리자가 되기 위해서는 하나님의 율법을 지키라고 권면합니다.

"무릇 율법 없이 범죄한 자는 또한 율법 없이 망하고 무릇 율법이 있고 범죄한 자는 율법으로 말미암아 심판을 받으리라. 하나님 앞에서는

위험한 기독교

율법을 듣는 자가 의인이 아니요 오직 율법을 행하는 자라야 의롭다하심을 얻으리니"(롬 3:12-13).

이 말씀은 하나님의 율법을 모르고 사는 이방인들은 반드시 심판받아 영원히 망하는 지옥 길로 가지만, 하나님의 율법을 알면서 율법을 지키지 않는 자들은 하나님의 율법에 의해 심판을 받게 된다는 말씀입니다.

하나님 앞에서는 오직 하나님의 율법을 지키는 자가 의인되어 천국에 들어간다는 말씀입니다. 그런데 바울은 지금 현재 처절한 박해 속에 죽느냐 사느냐의 기로에 있는 로마교회의 성도들에게 왜 율법을 논하고 있는 것일까요?로마서에는 율법에 대한 말씀들이 많이 증거되고 있습니다. 죽느냐 사느냐의 박해 속에 있는 성도들에게 하나님의 율법을 논하는 것은 어찌 보면 어울리지 않는 말입니다. 그러나 우리는 율법의 첫 계명을 생각해 봅니다.

예수님께서 천국(영생)은 어떻게 갑니까? 라고 묻는 율법사에게 '율법에 무엇이라 기록했느냐?'라고 되묻습니다.그때 그는 '마음을 다하고 목숨을 다하고 뜻을 다하고 힘을 다하여 하나님을 사랑하라 하였나이다. 둘째는 네 이웃을 네 몸과 같이 사랑하라 하였나이다.'라고 대답합니다.

이때 주님의 대답은 '네 말이 옳다. 이를 행하라. 그러면 네가 영생(천국)을 얻으리라.'고 말씀하셨습니다.

다시 말하면 바울이 처절한 박해 속에서 죽느냐 사느냐의 생사의 위기에 있는 로마 성도들에게 '율법을 지켜야 의인'이라는 권면은 생사를 넘는 박해 속에서라도 마음과 목숨과 힘을 다하여 하나님을 사랑하라는 계명을 생명 걸고 지키라는 말씀입니다.

왜인가요?

그것이 천국입성의 길이기 때문입니다.

"누구든지 사람 앞에서 나를 시인하면 나도 하늘에 계신 내 아버지 앞에서 그를 시인할 것이요 누구든지 사람 앞에서 나를 부인하면 나도 하늘에 계신 내 아버지 앞에서 그를 부인하리라"(마 10:32-33).

"그러나 두려워하는 자들과 믿지 아니하는 자들과 흉악한 자들과 살인자들과 음행하는 자들과 점술가들과 우상숭배 자들과 거짓말하는 모든 자들은 불과 유황으로 타는 못에 던져지리니 이것이 둘째 사망이라"(계 21:8).

불과 유황으로 타는 지옥에 던져질 사람 중에 '두려워하는 자들'이 들어갑니다.

현대어 성경에서 '두려워하는 자들'은 ''나를 따르지 않고 돌아선 비겁자'로 번역했습니다. 권세의 박해 앞에 비겁하게 굴복한 자들은 천국입성은커녕 지옥불의 심판을 당해야 한다는 것이 하나님의 경고입니다.

그러므로 바울은 로마교회의 성도들에게 구약시대의 북이스라엘 아합 왕과 이세벨이 하나님의 백성을 박해하여 바알에게 굴복시킬 때 끝까지 승리했던 7천명의 남은 자가 되라고 권면합니다.

위험한 기독교

"너희가 성경이 엘리야를 가리켜 말한 것을 알지 못하느냐? 그가 이스라엘을 하나님께 고발하되 주여 그들이 주의 선지자들을 죽였으며 주의 제단들을 헐어 버렸고 나만 남았는데 내 목숨도 찾나이다 하니 그에게 하신 대답이 무엇이냐? 내가 나를 위하여 바알에게 무릎을 꿇지 아니한 사람 칠천 명을 남겨 두었다 하셨으니 그런즉 이와 같이 지금도 은혜로 택하심을 따라 남은 자가 있느니라"(롬 11:2-5).

이렇듯 로마서는 사탄의 앞잡이 네로황제의 처절한 기독교인 탄압 시대에 그들을 권면하기 위해서 성령의 감동으로 쓴 바울의 편지입니다. 기독교인들이 신앙을 지킨다는 것은 죽음을 각오하지 않으면 안 되는 길이었습니다. 박해에도 불구하고 목숨을 걸고 신앙을 지키는 길은 오직 성령으로만이 될 수 있음을 권고하고 있습니다.

"그러므로 형제들아 우리가 빚진 자로되 육신에게 져서 육신대로 살 것이 아니니라. 너희가 육신대로 살면 반드시 죽을 것이로되 영으로써 몸의 행실을 죽이면 살리니 무릇 하나님의 영으로 인도함을 받는 사람은 곧 하나님의 아들이라"(롬 8: 12-14).

이 말씀은 너희가 박해 속에서라도 육신이 살고자하는 대로 살면 반드시 죽고(둘째 사망 지옥), 성령으로서 몸의 행실을 죽이고 끝까지 믿음을 지키면 살리라는 것은 영생 천국의 입성을 의미합니다.

다시 말하면 박해 시대에 생명을 걸고 믿음을 지키는 길은 오직 성령으로만 할 수 있음을 권고하는 것으로서 이것은 마치 제자들이 성령 충만하기 전에는 모두 배신자가 됐지만 오순절에 성령 충만을 받으므로 모두 순교하기까지 사명감당한 것처럼 말입니다. 이와 같이 서신서들은 그 시대의 교회 상황들에 맞는 하나님의 메시지이기 때문에 이것을 염두에 두어야 성경이 풀리는 것입니다.

6) 권도인가 명령인가?

바울은 고린도전서에서 이런 말을 했습니다.

"그러나 내가 이 말을 함은 권도요 명령은 아니라"(고전 7:6).

이 말은 다시 말하면 바울이 받은 하나님의 말씀은 '권도'와 '명령'으로 나눌 수 있다는 것입니다. 그러면 이 두 단어가 무슨 뜻인가에 대해 주석서에는 '명령'은 어느 시대에나 절대적으로 순종해야 하는 불변의 하나님의 법이며, '권도'는 절대적인 하나님의 명령이 아니라 시대를 따라 변할 수 있다는 것입니다. 그러므로 성경을 푸는데 또 하나의 원리는 '명령'인가 '권도'인가를 분별하는 지혜가 필요한 것입니다.

로마서의 시대 상황은 주를 시인하면 죽이며 옥에 가두는 박해 시대이기 때문에 그 시대에 예수를 입으로 시인만하면 '구원'받는 약속은 그 시대에 국한된 '권도'에 속하는 구원의 약속인 것이고,

어느 시대에나 이루어지는 "명령'에 속하는 구원의 약속은 아닌 것입니다. 이것은 마태복음 7장 21절이 증거입니다.

"나더러 주여 주여 하는 자마다 다 천국에 들어갈 것이 아니요 다만 하늘에 계신 내 아버지의 뜻대로 하는 자가 들어가리라"(마7:21).

또한 예수님께서 하신 말씀 중에서도 '권도'와 '명령'을 분별해야 합니다. 예를 들어서 예수님께서는 "나는 이스라엘의 잃어버린 양외에는 보내심을 받지 아니하였노라."고 말씀하셨습니다. 그러나 이 말씀 또한 그 시대의 상황을 고려한 '권도'임에 틀림없습니다. 왜냐하면 그렇게 말씀하신 예수님은 이방인인 로마 백부장의 기도를 그 자리에서 응답하셨을 뿐 아니라 "이스라엘에서 이만한 믿음을 보지 못하였노라."고까지 하시며 이방인의 믿음을 이스라엘의 믿음보다 높이 평가하셨기 때문입니다.

예수님께서는 자신들만이 구원받은 절대적인 하나님의 백성이고 이방인은 개라고 믿는 그들에게는 그들의 수준에 맞게 눈높이를 맞추신 듯 보입니다. 그것이 바로 '권도'라는 것입니다.

특히 우리 기독인들이 거의 누구나 암송하는 요한복음 3장 16절은 예수님을 믿는 자마다 멸망치 않고 영생 천국에 들어가며, 요한복음 5:24은 예수만 믿으면 심판도 받지 않는다는 약속도 '명령'아닌 그 시대에만 국한된 '권도'가 틀림없습니다.

그 증거는 마 7:21절에 주여 주여라는 고백을 뛰어넘어 주의 이름으로 선지자 노릇, 귀신을 쫓고, 많은 권능까지 행했을지라도 천국에 들어가지 못했다고 말씀하셨기 때문입니다.

이 말씀은 다시 말하면 천국에 못 들어가면 그것은 심판의 대상이 된다는 말씀이기 때문에 이것은 요한복음 5장 24절의 믿는 자는 심판이 없다는 말씀과 대립이 됩니다. 결코 주님은 한입으로 두 말씀하시는 분이 아니며 또한 그렇다면 성경은 진리가 될 수 없습니다.

그러면 요한복음의 믿는 자마다 영생 천국에 들어간다는 말씀과 믿는 자에게는 다시 심판이 없다는 약속은 어떻게 보아야 할까요?

이 시대 역시 박해 시대입니다. 그 박해가 얼마나 심했으면 요한복음 9장에 보면 예수님께서 날 때부터 맹인이었던 자를 눈을 뜨게 한 기적을 두고 바리새인들이 맹인의 부모를 찾아와서 묻습니다.

"당신의 아들이 참으로 날 때부터 맹인이었었냐?

어떻게 눈을 떴느냐?".

그때 그 부모의 대답은 우리에게 묻지 말고 본인에게 물어보라는 것입니다. 그 부모가 앞 못 보는 맹인으로 태어나 저주스런 삶을 살았던 아들이 눈을 떴음에도 이 기쁜 소식을 사실대로 말하지 못한 이유에 대해 성경은 이렇게 증언합니다.

"그 부모가 이렇게 말한 것은 이미 유대인들이 누구든지 예수를 그리스도로 시인하는 자는 출교하기로 결의하였으므로 그들을 무서워함이라"(요 9:22).

"그러나 관리 중에도 그를 믿는 자가 많되 바리새인들 때문에 드러나게 말하지 못하니 이는 출교를 당할까 두려워함이라"(요 12:42).

이것이 요한복음을 기록할 당시의 이스라엘의 상황이었습니다. 출교란 유대 사회에서 쫓겨나는 것을 말하며 누구든지 예수를 믿고 따르는 사람은 유대 나라에서 내쫓김을 당하는 탄압을 당해야만 했습니다.

로마서는 로마 황제들의 탄압 속에서 기록되었다면 요한복음은 이스라엘의 종교지도자들의 박해와 탄압 속에서 기록된 것입니다. 그러므로 예수님이 말씀하신 그 당시의 믿음은 유대 회당에서 쫓겨날 것을 각오한 믿음이며, 예수님께서도 그 권세들에게 십자가 처형을 당하셨고, 스데반집사도 그들에게 복음을 전하다가 돌에 맞아 죽었습니다. 나중에 기독인이 된 바울도 그를 죽이려는 비밀 결사대까지 있었음을 성경은 증언합니다. 그리스도를 믿는다는 것은 엄청난 박해를 각오해야 했으며 그러한 희생을 각오한 믿음을 통해 예수님께서는 구원을 약속한 것입니다.

이것이 '권도'인 또 다른 증거는 예수님 믿으면 영생 천국(요 3:16 참조)과 심판도 없다(요 5:24 참조)고 기록한 요한은 요한일서에서는 전혀 다른 말씀을 증언합니다.

"그 형제를 미워하는 자마다 살인하는 자니 살인하는 자마다 영생이 그 속에 거하지 아니하는 것을 너희가 아는 바라"(요일서 3:15).

이 말씀은 미움도 살인이며, 마음에 미움을 품으면 영생의 주님이 그 속에 거하실 수 없으니 심판의 대상이 된다는 말씀입니다. 요한이 기록한 요한일서에서는 믿음의 형제가 사망에 이르는 죄를 범하면 그를 위해 기도도 하지 말라고(요일 5:16 참조) 경고합니다. 다시 말하면 그런 자는 비록 믿는 형제라 할지라도 필경 심판받아 영원한 형벌을 받는 것이므로 그를 위해 기도하지 말라고 했습니다. 이로 보건대 예수님께서 말씀하신 요한복음 3장 16절과 5장 24절의 약속은 박해 시대의 생명을 건 그 시대의 믿음을 말하는 '권도'가 틀림없는 것입니다.

"의를 위하여 박해를 받는 자는 복이 있나니 천국이 그들의 것임이요 나로 말미암아 너희를 욕하고 박해하고 거짓으로 너희를 거슬러 모든 악한 말을 할 때는 너희에게 복이 있나니 기뻐하고 즐거워하라 하늘에서 너희의 상이 큼이라 너희 전에 있던 선지자들도 이같이 박해하였느니라"(마 5:10~12).

(결 론)

그렇다면 어느 시대에나 동일하게 주시는 하나님의 '명령'은 무엇일까요?

"나더러 주여 주여 하는 자마다 다 천국에 들어갈 것이 아니요 다만 하늘에 계신 내 아버지의 뜻대로 행하는 자라야 들어가리라. 그 날에 많은 사람이 나더러 이르되 주여주여 우리가 주의 이름으로 선지자 노릇하며 주의 이름으로 귀신을 쫓아내며 주의 이름으로 많은 권능을 행하지 아니 하였나이까 하리니 그때에 내가 그들에게 밝히 말하되 불법을 행하는 자들아 내게서 떠나가라 하리라"(마 7:21-23).

이 말씀에서 주목해야 할 것은 22절에 '그 날'은 어느 날일까요? 이것은 누구에게나 임할 최후 심판의 날이기 때문에 이 말씀은 어느 시대에나 주시는 하나님의 '명령'입니다. 심판의 날에 심판 대상자들의 믿음을 보십시오. 참으로 대단합니다.

주의 이름으로 선지자 노릇하고, 귀신을 쫓고, 많은 권능을 행한 능력자들입니다. 아마도 이 범주에 든 사람들은 오늘날에 큰 부흥을 이룬 대형교회 목회자 또는 성령 받은 능력 은사자와 그외 믿음 좋은 성도 대다수가 포함될 것입니다. 그러나 주님은 그들을 모른다고 하셨으니 이들은 천국입성이 아닌 심판의 대상임에 틀림없습니다.

그러면 주님은 왜 모른다고 하셨나요?

그 이유는 불법을 행했기 때문입니다. 아버지 뜻대로 행하지 않았기 때문입니다.

성경은 하나님의 약속이며. 하나님의 법이고 하나님의 뜻입니다. 하나님의 법을 어기면 불법자가 되어 천국입성에서 제외된다는 것이 주님의 경고인 것입니다. 이러한 불행의 제일 큰 이유는 성경을 잘못 풀었기 때문입니다. 그러므로 우리는 자신이 알고 있는 성경 지식이 굉장히 위험할 수 있으므로 자신이 알고 있는 것이 맞는 것인지 확인해야 하며, 항상 배우는 자의 자세로 겸손하게 말씀을 따라 순종하므로 천국에서 영광의 주인공이 되시기를 바랍니다.

"내 백성이 지식이 없으므로 망하는도다"(호 4:6).
"심령이 가난한 자는 복이 있나니 천국이 그들의 것임이요"(마 5:3).

부록

간증: 나를 세 번 살리신 하나님

저는 원주 강성침례교회에 다니는 원중구 집사입니다.

죽을 고비에서 하나님의 기적을 두 번이나 경험하였기에 저와 같이 인생의 고비에 있는 분들에게 힘과 위로가 되기 위해 이 글을 쓰게 되었습니다.

저는 원주 무실동에서 태어나 올해 67세가 되기까지 원주에서 살았습니다. 저에게는 두 분의 형들과 누나, 남동생이 있었는데 불행하게도 저의 형제들은 모두 50세 이전에 모두 간암, 간경화로 돌아가셨습니다. 남동생마저 몇 해 전에 그렇게 죽고 말았습니다.

집안 내력을 따라 간이 좋지 않은 저에게도 위기가 왔습니다. 간경화로 수술을 받았는데, 다시 재발한 것이 48세 때였습니다. 소망 없는 나날을 보내던 중에 강성교회 목사님께 전도를 받아 교회에 다니기 시작했습니다. 다시 재발한 상태라서 복수가 남산처럼 차올랐고, 얼굴은 황달이 와서 저의 몰골은 걸어 다니는 시체 같았습니다. 수원 아주의대병원에서 진료를 받았는데 담당의사는 "간이 다 망가져서 간이식밖에는 길이 없다"고 하셨습니다. 형제들과 같이 저에게도 죽음이 가까이 왔음을 느낄 수밖에 없는 가운데, 하나님의 기적으로 고침을 받고자 기도원에 갔지만 복수가 너무 차올라서 이틀 만에 돌아올 수밖에 없었습니다. 담임목사님께서 기도는 교회에 와서 하자고 하셔서 밤마다 철야하며 기도했고 목사님께서도 안수기도 해주시는 가운데 기적같이 고침을 받았습니다. 더 이상 복수도 차지 않고 완치를 보았고, 성령 세례도 받고, 신령한 은사도 받았습니다.

죽을 병에서 고침 받는 기적도 보고, 신령한 은사도 받았지만 저의 신앙은 점점 식어졌습니다. 의식주를 책임져야 할 집안의 가장으로서 과일 장사에 집중하다보니 이제는 겨우 주일 낮 시간만 예배드리고 주일 오후에도 과일 장사에 치중했습니다.

그러던 중에 얼마 전, 과일 장사를 하던 저는 갑자기 피를 토하고 쓰러져 기독병원에 실려가 입원하게 되었습니다. 담임목사님께서 병문안 오셔서 이런 말씀을 하셨습니다. "피는 생명인데 피를 토한 것은 하나님의 경고입니다. 집사님은 이대로 하나님 앞에 가면 결코 천국에 못갑니다. 회개 많이 하세요." 하시고는 가셨고, 저는 그 말을 들을 때 설마 구원을 못 받겠나 하는 마음으로 반신반의했습니다. 목사님이 가시고 나서 저는 병실에서 또다시 피를 토하고 의식을 잃었습니다.나중에 안 사실이지만 저는 심장박동이 일시 중단돼서 의사들이 인공호흡을 시켜 겨우 살렸고, 인공호흡기에 의존한 채 중환자실에서 20여일을 의식 없이 식물인간 상태로 있어야 했습니다. 병원에서는 소생불가 판정을 받았다는 사실은 나중에 의식이 돌아와서야 알았습니다. 그런데 중환자실에서 식물인간 상태였던 저는 놀라운 영적세계를 경험했습니다. 마귀가 다섯 놈이 저를 데려가려고 덤벼들었습니다. 그런 후 저는 지옥의 형벌장소에 떨어져서 여러 사람과 함께 늪 같은 곳에 빠져서

위험한 기독교

고통 속에 허우적거리며 빠져나오려고 몸부림치고 있었습니다. 지금 생각해 보면 끔찍하기만 합니다. 그런 후 20여일 만에 깨어났을 때는 중환자실이었습니다.

이런 위기에서 저를 두 번이나 살려주신 하나님에 은혜를 생각할 때 감사할 뿐이며, 또한 저와 같은 이런 삶에 위기를 당한 분들에게 기적의 하나님을 꼭 알려드리고 싶어서 이글을 쓰게 되었습니다. 또한 신앙생활하시는 여러 형제자매님들에게 당부하고 싶은 말씀은 천국에 들어가려면 하나님의 말씀 따라 순종의 삶을 사시라고 꼭 일러드리고 싶습니다. 신앙생활은 대충해도 구원받는 줄 알았는데, 그렇게 쉽게 가는 천국이 아님을 저는 너무나도 뼈저리게 경험케 해주셨습니다. 영적으로도 다시 기회를 주셔서, 둘째 사망에서 살려주신 하나님은 모두 세 번 저를 죽음에서 살려주신 좋으신 하나님입니다. 하나님께 감사드립니다.

"나더러 주여 주여 하는 자마다 다 천국 갈 것이 아니라 다만 하늘에 계신 내 아버지 뜻대로 행하는 자라야 들어가리라" (마 7:21)

"어떤 사람이 여짜오되 주여 구원을 받는 자가 적으니이까? 그들에게 이르시되 좁은 문으로 들어가기를 힘쓰라. 내가 너희에게 이르노니 들어가기를 구하여도 못하는 자가 많으리라" (눅 13:23-24)

원주강성침례교회 원중구 집사 010-5365-5575
교회 033)762-3373, 010-8878-8291

위험한 기독교

초판 인쇄 2024년 9월 25일
초판 발행 2024년 10월 1일

지 은 이   노성철
펴 낸 이   최성열
펴 낸 곳   하늘빛출판사
출판등록   제 251-2011-38호
주   소   충북 진천군.읍 중앙동로 16
전   화   043-537-0307 / 010-2284-3007
가   격   15,000원
I S B N   979-11-87175-42-1 (03230)